ARTHUR C.
DANTO

O descredenciamento
filosófico da arte

OUTROS LIVROS DA **FILÔ**

FILÔ

A alma e as formas
Ensaios
Georg Lukács

**A aventura da filosofia francesa
no século XX**
Alain Badiou

Ciência, um Monstro
Lições trentinas
Paul K. Feyerabend

**Do espírito geométrico e
Da arte de persuadir**
E outros escritos de ciência, política e fé
Blaise Pascal

Em busca do real perdido
Alain Badiou

A filosofia crítica de Kant
Gilles Deleuze

A ideologia e a utopia
Paul Ricœur

Jacques, o sofista
Lacan, *logos* e psicanálise
Barbara Cassin

**O primado da percepção
e suas consequências filosóficas**
Maurice Merleau-Ponty

Relatar a si mesmo
Crítica da violência ética
Judith Butler

A sabedoria trágica
Sobre o bom uso de Nietzsche
Michel Onfray

Se Parmênides
O tratado anônimo *De Melisso Xenophane
Gorgia*
Barbara Cassin

Sobre a arte poética
Aristóteles

**A teoria dos incorporais
no estoicismo antigo**
Émile Bréhier

A união da alma e do corpo
em Malebranche, Biran e Bergson
Maurice Merleau-Ponty

A vida psíquica do poder
Teorias da sujeição
Judith Butler

FILÔAGAMBEN

A aventura
Giorgio Agamben

Bartleby, ou da contingência
Giorgio Agamben
seguido de *Bartleby, o escrevente*
Herman Melville

A comunidade que vem
Giorgio Agamben

Gosto
Giorgio Agamben

O homem sem conteúdo
Giorgio Agamben

Ideia da prosa
Giorgio Agamben

Introdução a Giorgio Agamben
Uma arqueologia da potência
Edgardo Castro

Meios sem fim
Notas sobre a política
Giorgio Agamben

Nudez
Giorgio Agamben

A potência do pensamento
Ensaios e conferências
Giorgio Agamben

O tempo que resta
Um comentário à *Carta aos Romanos*
Giorgio Agamben

FILÔBATAILLE

O culpado
Seguido de *A aleluia*
Georges Bataille

O erotismo
Georges Bataille

A experiência interior
Seguida de *Método de meditação* e
Postscriptum 1953
Georges Bataille

A literatura e o mal
Georges Bataille

A parte maldita
Precedida de *A noção de dispêndio*
Georges Bataille

Sobre Nietzsche: vontade de chance
Seguido de *Memorandum [...]*
Georges Bataille

Teoria da religião
Seguida de *Esquema de uma história
das religiões*
Georges Bataille

FILÔBENJAMIN

O anjo da história
Walter Benjamin

Baudelaire e a modernidade
Walter Benjamin

Estética e sociologia da arte
Walter Benjamin

**Imagens de pensamento
Sobre o haxixe e outras drogas**
Walter Benjamin

Linguagem, tradução, literatura
(Filosofia, teoria e crítica)
Walter Benjamin

Origem do drama trágico alemão
Walter Benjamin

**Rua de mão única
Infância berlinense: 1900**
Walter Benjamin

Walter Benjamin
Uma biografia
Bernd Witte

FILÔESPINOSA

**Breve tratado de Deus,
do homem e do seu
bem-estar**
Espinosa

Espinosa subversivo
e outros escritos
Antonio Negri

**Princípios da filosofia cartesiana e
Pensamentos metafísicos**
Espinosa

**A unidade do corpo
e da mente**
Afetos, ações e paixões em Espinosa
Chantal Jaquet

FILÔESTÉTICA

O belo autônomo
Textos clássicos de estética
Rodrigo Duarte (Org.)

**O descredenciamento filosófico
da arte**
Arthur C. Danto

Do sublime ao trágico
Friedrich Schiller

Íon
Platão

**Objetos trágicos,
objetos estéticos**
Friedrich Schiller

Pensar a imagem
Emmanuel Alloa (Org.)

FILÔMARGENS

O amor impiedoso
(ou: Sobre a crença)
Slavoj Žižek

**Estilo e verdade em
Jacques Lacan**
Gilson Iannini

Interrogando o real
Slavoj Žižek

Introdução a Foucault
Edgardo Castro

Introdução a Jacques Lacan
Vladimir Safatle

Kafka
Por uma literatura menor
*Gilles Deleuze
Félix Guattari*

Lacan, o escrito, a imagem
*Jacques Aubert, François Cheng,
Jean-Claude Milner,
François Regnault, Gérard Wajcman*

Psicanálise sem Édipo?
Uma antropologia clínica da histeria em
Freud e Lacan
*Philippe Van Haute
Tomas Geyskens*

O sofrimento de Deus
Inversões do Apocalipse
*Boris Gunjevic
Slavoj Žižek*

ANTI**FILÔ**

A Razão
Pascal Quignard

FILŌESTÉTICA   **autêntica**

ARTHUR C.
DANTO

O descredenciamento filosófico da arte

2ª reimpressão

PREFÁCIO Jonathan Gilmore

TRADUÇÃO Rodrigo Duarte

Copyright © 1986, 2005 Columbia University Press
Copyright © 2014 Autêntica Editora

Título original: *The Philosophical Disenfranchisement of Art*

Todos os direitos reservados pela Autêntica Editora. Nenhuma parte desta publicação poderá ser reproduzida, seja por meios mecânicos, eletrônicos, seja via cópia xerográfica, sem a autorização prévia da Editora.

COORDENADOR DA COLEÇÃO FILÔ
Gilson Iannini

CONSELHO EDITORIAL
Gilson Iannini (UFMG); *Barbara Cassin* (Paris); *Carla Rodrigues* (UFJR); *Cláudio Oliveira* (UFF); *Danilo Marcondes* (PUC-Rio); *Ernani Chaves* (UFPA); *Guilherme Castelo Branco* (UFRJ); *João Carlos Salles* (UFBA); *Monique David-Ménard* (Paris); *Olímpio Pimenta* (UFOP); *Pedro Süssekind* (UFF); *Rogério Lopes* (UFMG); *Rodrigo Duarte* (UFMG); *Romero Alves Freitas* (UFOP); *Slavoj Žižek* (Liubliana); *Vladimir Safatle* (USP)

EDITORAS RESPONSÁVEIS
Rejane Dias
Cecília Martins

PREPARAÇÃO
Cecília Martins
Rogério Bettoni

REVISÃO
Lizete Mercadante
Lúcia Assumpção

PROJETO GRÁFICO E CAPA
Diogo Droschi

DIAGRAMAÇÃO
Christiane Morais

Dados Internacionais de Catalogação na Publicação (CIP)
(Câmara Brasileira do Livro, SP, Brasil)

Danto, Arthur C.
   O descredenciamento filosófico da arte / Arthur C. Danto ; prefácio por Jonathan Gilmore ; tradução Rodrigo Duarte. -- 1. ed.; 2. reimp. -- Belo Horizonte : Autêntica Editora, 2019. -- (Coleção Filô/Estética)

   Título original: The Philosophical Disenfranchisement of Art.
   ISBN 978-85-8217-045-8

   1. Arte - Filosofia 2. Estética I. Gilmore, Jonathan. II. Título. III. Série.

12-12008   CDD-700.1

Índices para catálogo sistemático:
1. Arte : História : Filosofia 700.1
2. Filosofia da história da arte 700.1

Belo Horizonte
Rua Carlos Turner, 420
Silveira . 31140-520
Belo Horizonte . MG
Tel.: (55 31) 3465 4500

www.grupoautentica.com.br

São Paulo
Av. Paulista, 2.073, Conjunto Nacional, Horsa I
23º andar . Conj. 2310-2312
Cerqueira César . 01311-940 São Paulo . SP
Tel.: (55 11) 3034 4468

Para Barbara Westman

9 **Nota sobre a tradução**
Rodrigo Duarte

11 **Prefácio**
Jonathan Gilmore

25 **Apresentação**

33 **O descredenciamento filosófico da arte**

57 **A apreciação e a interpretação de obras de arte**

81 **Interpretação profunda**

103 **Linguagem, arte, cultura, texto**

117 **O fim da arte**

153 **Arte e disturbação**

171 **Filosofia como/e/da literatura**

199 **Filosofando a literatura**

225 **Arte, evolução e a consciência da história**

Nota sobre a tradução

Rodrigo Duarte

É sempre um enorme desafio traduzir Arthur Danto, tendo em vista não apenas a complexidade e o alcance teórico de seu pensamento, mas também a qualidade literária de seu texto, que – diferentemente da maioria esmagadora dos autores com origem na filosofia analítica, os quais privilegiam a clareza da exposição em detrimento do interesse expressivo – atinge frequentemente os limites das possibilidades sintáticas da língua inglesa, operando, no âmbito semântico, com vocábulos que nos melhores dicionários sempre aparecem com a advertência *archaic* ou *obsolete*. Some-se a essa dificuldade semântica, na outra ponta, o uso de expressões muito coloquiais ou gírias, as quais desafiam o tradutor a encontrar equivalentes no vernáculo que não traiam a nuance de sentido pretendida por Danto. Além disso, há ainda os neologismos criados pelo filósofo com o objetivo de designar fenômenos recentes no cenário das artes e da cultura. Neste livro há, *verbi gratia*, todas as variantes da palavra grega *kledon* (espécie de dito oracular cujo enunciador é inconsciente quanto à sua natureza); mas talvez o exemplo mais impactante seja o da "*disturbation*" – palavra obsoleta na língua inglesa, significando uma espécie de arte "de alto risco", a qual nos obriga à tradução como "disturbação", palavra, naturalmente, não dicionarizada no português.

O próprio título da obra em inglês contém não exatamente um neologismo, mas a negativa do termo – dicionarizado – "*enfranchisement*", num uso abertamente alternativo ao mais corrente na atualidade, o qual se poderia traduzir apressadamente como "desfranqueamento". Mas, considerando-se que nem a filosofia é proprietária de grife, nem a arte não teria sido "desfranqueada" pela primeira, por não ter cumprido cláusulas do contrato de franquia, o melhor a se fazer é buscar a etimologia do termo e proceder a uma tradução menos literal, porém conceitualmente mais correta. Vários dicionários associam a família semântica de "*franchise*" como incorporada à língua inglesa no início do século XV, advinda do francês "*enfranchiss-*", que significa libertar e, principalmente, conferir direito de voto a uma pessoa ou coletividade. Considerando-se que "*franchise*" era, em termos práticos, uma credencial para votar e que, no português atual, a palavra "franquia", como já se assinalou, tem um significado mais comercial do que político, optou-se, aqui, por traduzir "*franchisement*" por "credenciamento" e, consequentemente, "*desinfranchisement*" por "descredenciamento".

Last but not least, eu gostaria de agradecer imensamente a Myriam Ávila pelas excelentes sugestões de tradução de intricadas passagens do original inglês, as quais, certamente, tornaram o resultado final desta versão em português bem melhor. Naturalmente, todos os seus defeitos são de minha inteira responsabilidade.

Prefácio

Jonathan Gilmore

Os nove ensaios coligidos neste livro são escritos sobre tópicos diferentes para ocasiões diferentes, mas eles expõem e desenvolvem, de um para o outro, um tema comum: a filosofia da história da arte. Essa forma de investigação busca explicar não tanto a natureza da arte em dado ponto de sua história, mas por que a arte tem de fato uma história. Em outras palavras, em que sentido a história da arte apresenta uma forma ou estrutura interna, de modo que a arte posterior não se segue à anterior apenas em termos cronológicos, mas também em termos de desenvolvimento, alimentando a realização de alguma meta abrangente e definidora? Esse tipo de questão já esteve no centro do pensamento filosófico sobre as artes, por exemplo, na grande visão hegeliana da arte como apenas um estágio no progresso teleológico do Espírito em direção a uma forma adequada de autoconhecimento. E uma evolução artística interna desse tipo, uma vez extraída da grande narrativa histórico-mundial da qual, para Hegel, ela era apenas um capítulo, foi um problema teórico central, e também uma premissa central, na fundação da disciplina acadêmica da história da arte. Assim, Alois Riegl descreveu de que modo os materiais e a técnica historicamente específica de uma obra de arte serviam apenas como fatores negativos que influenciavam o modo como sua *Kunstwollen*, ou "determinação interna", é realizada. E Heinrich Wölfflin explicava a arte como "uma forma que se realiza internamente", relegando o contexto social de um artista ao *status* de causas apenas subsidiárias que podem ter encorajado ou frustrado o desenvolvimento autônomo de uma tradição visual ao longo de sua própria trajetória (RIEGL, 1985; WÖLFFLIN, 1950, p. 14). Entretanto, assim como posteriormente os historiadores da arte desceram dessas alturas vertiginosas da especulação teórica para redirecionar o seu novo campo a preocupações historicamente mais enraizadas sobre influência e atribuição, fontes e técnica – segregando até tempos recentes esses precursores de mente filosófica nos confins seguros da atividade acadêmica historiográfica –, posteriormente também os filósofos da arte dispensaram amplamente pensamentos especulativos desse tipo, abandonando-os como inspiração metafísica, e transitaram em especulações sobre o sentido da história para a análise do sentido dos termos.

Em *A transfiguração do lugar-comum* (1981), principal obra de Danto sobre o conceito de arte, ele propôs uma definição de arte delineada como um conjunto de condições necessárias e acessoriamente suficientes. Essa teoria se distinguiu das formas predominantes da análise conceitual (inclusive aquela da obra anterior de Danto na filosofia da ação, do conhecimento e da história) porque, embutido numa de suas condições, estava o reconhecimento de que o objeto da teoria é constituído de modos diferentes, em épocas diferentes. Isso significa que Danto argumentava que uma obra de arte, além de se tornar possível por uma teoria da arte indexada a um momento histórico particular, também é uma função parcial de uma interpretação limitada pela possibilidade histórica (a esse último tópico é dada uma especificação, neste volume, em "A apreciação e a interpretação de obras de arte"). Desse modo, mesmo dois objetos manifestamente idênticos podem ser ontologicamente distintos, sendo um uma obra de arte e o outro não, e a diferença é explicada pelas diferentes teorias da arte incorporadas nos contextos históricos de onde surgem os objetos. Nessa teoria, uma obra de arte é constituída em relação a uma interpretação; ou seja, a interpretação não entra em cena só depois que aparece a obra de arte totalmente formada. Tanto em termos da interpretação que as constitui quanto das teorias que as tornam possíveis, as obras de arte têm uma dimensão histórica ineliminável. Assim, a definição de Danto é tanto essencialista quanto historicista: dois modelos de compreensão geralmente tomados para distinguir tipos contrários de teoria, são, na filosofia da arte de Danto, conjuntos.

Porém, ao reconhecer que a história desempenha um papel constitutivo em sua definição de arte, Danto retrocedeu a uma das grandes questões que a filosofia analítica da arte havia renegado, uma questão talvez não muito distante daquelas a cuja legitimidade filosófica ele tinha se oposto em sua *Filosofia analítica da história*.[1] Essa era a indagação se, em adição à existência de uma conexão externa entre obras de arte, cada qual tendo na teoria de Danto uma dimensão histórica inelimínável, poderia haver também uma conexão interna: um desenvolvimento de tipo narrativo que se desdobra de obra a obra, de movimento a movimento ou de período a período. É especificamente com referência ao desenvolvimento de uma filosofia da arte genuína que a arte exibe uma história interna, descrita por "O fim da arte", como a chegada a um desfecho. Os ensaios seguintes tratam de muitas questões filosóficas concernentes às artes – autonomia, beleza, política, interpretação, expressão, incorporação e estilo –, mas a filosofia da história da arte de Danto permeia todas elas.

É característica de um desenvolvimento interno – em que um fim, em certo sentido, está contido em um início – que cada termo do desenvolvimento diga algo sobre a natureza do que se desenvolve entre eles. "O fim da arte" aborda a filosofia que é revelada pela arte quando esta atinge o seu fim histórico; "O descredenciamento filosófico da arte" aborda a filosofia que enforma a natureza da arte em seus primórdios históricos. Para Hegel, a história do mundo é coextensiva com a história do progresso dialético da consciência, ou Espírito, no vir a conhecer a si mesma. O fim dessa história chega quando o Espírito, que estava incorporado na cultura e nas instituições humanas durante todo o seu progresso, não está mais autoalienado por concepções errôneas sobre a própria natureza, mas reconhece a si mesmo *em* si mesmo. Quando Hegel falou sobre o "fim da arte", ele

---

[1] Argumentando contra o que ele chama "filosofia substantiva da história", Danto escreve que esses teóricos tentam "ver os eventos enquanto tendo significado no contexto de um todo histórico que se assemelha a um todo artístico, mas, nesse caso, o todo em questão é o todo da história, abrangendo passado, presente e futuro". Mas, diferentemente do modo como alguém pode ver a significância de um evento dentro de uma história ficcional quando tem o todo da história nas mãos, "o filósofo da história não tem diante dele o todo da história. Ele tem, no máximo, um fragmento – o todo passado" (DANTO, 1985, p. 8.).

queria dizer que a arte havia atingido seus limites enquanto veículo cognitivo pelo qual o autoconhecimento do Espírito podia progredir, cedendo tal papel à religião e, depois, à filosofia. Isso foi muitas vezes tratado por aqueles a quem Hegel influenciou como uma proclamação da queda da qualidade artística, mas isso está longe da visão de Hegel. O fim da arte é, para Hegel, somente o fim da capacidade da arte de continuar a servir como uma fonte adequada para a autorreflexão do Espírito, estando excessivamente ligada às questões materiais e à apresentação sensorial para obter a forma puramente conceptual que o mais avançado estado de conhecimento do Espírito requer. A arte, depois desse fim, é "libertada", significando isso não que ela deixe de ser produzida, mas que ela já não porta o fardo de ser o modo de organização do princípio da autoconsciência do Espírito.

O enfoque de Danto à história é explicitamente hegeliano. Mas, diferentemente da visão metafísica de Hegel, a tese de Danto é empírica. Ou seja, sua tese não repousa numa visão daquilo em que a história – consequentemente a história da arte – resulta, mas na atribuição de certos projetos a artistas no passado que permitiram o desenvolvimento progressivo em direção a uma meta comum. Ele descreveu recentemente sua visão ao proclamar "que um certo tipo de fechamento havia ocorrido no desenvolvimento histórico da arte, que uma era de assombrosa criatividade, durando talvez seis séculos no Ocidente, tinha chegado ao fim" (DANTO, 1997, p. 21). Essa história cobriu dois episódios distintos: um corresponde à realização progressiva do realismo pictórico, um modelo renascentista da arte, associado a Giorgio Vasari; o outro corresponde à tentativa progressiva e autorreflexiva da arte de identificar suas condições essenciais, um modelo modernista da arte proposto por Clement Greenberg.

> Vasari, construindo a arte como representacional, a vê ficando cada vez melhor ao longo do tempo, na "conquista da aparência visual". Essa narrativa terminou para a pintura quando o cinema se demonstrou muito mais capacitado para reproduzir a realidade do que a pintura podia fazer. O Modernismo começou perguntando: o que a pintura poderia fazer à luz disso? E ele começou a ensaiar sua própria identidade. Greenberg definiu uma nova narrativa em termos de uma ascensão às condições identificadoras da arte. E ele encontrou-as nas condições materiais do

medium. A narrativa de Greenberg [...] chega ao fim com o Pop [...] Ela chegou ao fim quando a arte chegou ao fim, quando a arte, por assim dizer, reconheceu que a obra de arte não tinha nenhum modo específico de existência (DANTO, 1997, p. 125).

Embora o desenvolvimento da arte no período inicial possa ser explicado por sua interiorização de uma teoria da verossimilhança, e o desenvolvimento da arte no período posterior, por sua interiorização de uma teoria da especificidade do *medium*, nenhuma das explicações foi bem-sucedida como uma definição de arte genuinamente adequada. Mas ao se candidatarem a uma teoria da arte, ainda que anuladas por contraexemplos da história da arte posterior, essas teorias de fato ocupam dois momentos no progresso, tal como Danto o compreende, em direção à realização de uma definição bem-sucedida do que a arte essencialmente é.

Um elemento crucial no esquema histórico de Hegel foi que ele viu não apenas os meios ou os gêneros de representação artística como algo que exibe uma história desenvolvimentista progressiva, mas também o *conteúdo* dessa representação – expressão da natureza do Espírito – como algo que permite um desenvolvimento. Então não é que no início uma noção plenamente realizada do Espírito seja expressa obscuramente por causa de uma técnica demasiado primitiva; antes disso, a compreensão que o Espírito tem de si mesmo, nos estágios iniciais, é, ela própria, incipiente.

Analogamente, na visão de Danto, a autoconsciência filosófica da arte se desenvolveu paralelamente aos modos de representá-la. Somente com a chegada de coisas como Pop Art e Fluxus, a música de John Cage e a dança de Merce Cunningham – arte que toma como sua substância objetos, sons ou ações cotidianos – a questão da natureza de fato é posta em sua própria forma, enquanto uma questão sobre como uma coisa pode ser uma obra de arte e outra não, quando ambas são indiscerníveis em suas propriedades manifestas. Greenberg (1993, p. 254) viu essa indiscernibilidade como um signo da falência da arte, dizendo do minimalismo, por exemplo, que "um tipo de arte mais próximo da condição de não arte não poderia ser contemplado". Danto, porém, viu esse momento como o triunfo da arte, quando ela finalmente realizou sua própria filosofia, incorporando, a saber, uma teoria aproximadamente completa do que é a arte. Danto sugeriu que todos os problemas filosóficos circundam esses pares indiscerníveis, se as questões individuais são concernentes à diferença entre ações e movimentos involuntários que parecem a mesma coisa; à vida de sonhos e à vida real, em que nada interno à experiência revela a que ordem pertence; à questão de *A República* sobre a vantagem de ser justo contra o se sair bem apenas aparentando sê-lo, etc. (ver DANTO, 1989). Na visão de Danto, foi finalmente a própria arte, não diligentes estetas de gabinete, que pôs a questão filosófica central sobre a arte na forma correta. Mas enquanto a questão "o que é arte?" atinge sua expressão mais evidente em obras como *Brillo Box*, de Warhol, Danto pensa que, em obras desse tipo, a arte chegou a um ponto que limita até onde ela pode ir para fornecer uma definição de si própria. Não pode haver mais desenvolvimento histórico da arte nesses termos porque, uma vez que a questão da arte é posta em sua forma própria, a arte não é o tipo apropriado de prática tipificada pelo raciocínio teórico e abstrato que poderia fornecer uma resposta, mas a reflexão filosófica o é. Isso não significa, como costuma ser frequentemente incompreendido pelos críticos de Danto, que a arte se torna filosofia ("Meu pensamento não era que a arte doravante seria apenas filosofia numa forma defletida. Era, antes, que, tendo crescido a partir de dentro a questão de sua própria natureza em forma filosófica e como matéria de inevitabilidade histórica, a arte tinha ido tão longe quanto pôde nessa direção" [DANTO, 1993, p. 212]). Antes, significa que a arte, depois desse término, já não desempenha um papel na geração de sua própria definição. Pode haver desenvolvimentos da arte depois do fim da arte, mas nenhum desenvolvimento *essencial*, isto é, não mais progresso na procura da arte por autodefinição adequada.

Danto está ciente, é claro, de que esse tipo de pretensão em atestar o fim da arte tem uma tradição própria: se isso significou que a arte atingiu seu zênite, como no elogio a Michelangelo, feito por Vasari, de ter marcado "a perfeição da arte"; seu nadir, como na acusação desdenhosa de Hans Sedlmayr de que o que foi uma vez um todo orgânico tinha agora se deteriorado num "caos estilístico"; sua obsolescência política, como na divisa do Dadá berlinense *"Kunst ist tot"*; ou sua exaustão, como nos comentários de Donald Judd (1965, p. 74-82) sobre a pintura: "uma forma só pode ser usada de tantos modos. Ao plano retangular é dada a envergadura de uma vida. A simplicidade requerida para enfatizar o retângulo limita os possíveis arranjos dentro dele"[2].

A teoria de Danto compartilha com esses tipos de alegações uma aparente similaridade estrutural, na qual cada reconhecimento do fim da arte é internamente conexo a um tipo de definição classificatória ou conceitual do que é a arte. A diferença é que, na teoria de Danto, a questão do que é a arte tem sido o motor do desenvolvimento da arte em direção ao seu fim, um fim que consiste no surgimento, na medida possível dentro de seus próprios limites, de uma definição de arte pela qual sua própria história possa ser compreendida. Assim, a história da arte é também a história da filosofia da arte.

O que é impactante na escrita de Danto é o quão substancial é o relacionamento entre sua filosofia e a arte que lhe é contemporânea. Não é apenas que a amplitude e a concretude dos exemplos dão vivacidade às suas discussões – um tipo de carne para o espírito – nem sempre encontrada na filosofia anglo-americana, mas que os seus ensaios podem ser lidos tanto como intervenções nas preocupações do mundo da arte contemporâneo quanto como as alegações filosóficas abstratas que eles expõem. Mas aqui podem surgir incompreensões, já que a ideia de que a arte, ou pelo menos a pintura, tinha chegado ao fim estava muito no ar quando o ensaio de Danto foi escrito, e ele reconheceu os "maus tempos estéticos" (DANTO, 1990) do período. Mas nos escritos de outros, um pronunciamento desse tipo era geralmente oferecido menos como alegação histórica do que como uma crítica avaliadora do que a arte tinha se tornado. Danto pode ter compartilhado o juízo crítico da arte que provocou esses pronunciamentos sobre sua morte, mas teria sido consistente com a sua tese, no momento em que ele a propunha, se a arte estivesse florescendo. Porque a tese de Danto não é uma teoria da arte contemporânea tanto quanto uma teoria da arte cuja descoberta se tornou possível pela arte contemporânea. Para possibilitar o tipo de generalidade de aplicação que uma teoria requer, talvez tenha sido necessária a extraordinária demolição, nos anos 1960, dos limites pensados para marcar o terreno da arte, mas a teoria estava, em princípio, disponível para os filósofos da arte dos

---

[2] Ver a discussão dessas narrativas internas da história da arte em Gilmore (2000).

tempos anteriores, mesmo os grandes filósofos especulativos para quem a definição de arte não era uma questão sobre conceitos, mas sobre a relação da arte com a verdade, com a humanidade e com o divino. E é uma incrível ironia que a visão de Danto da história da arte pudesse ter sido gerada a partir de uma gama de paradigmas artísticos contemporâneos cuja diminuição estética foi motivada em parte por uma antipatia exatamente para com a visão exaltada da arte que aqueles filósofos especulativos propuseram. De fato, admitindo diferenças na linguagem e no estilo filosófico, as alegações centrais da filosofia da história da arte de Danto seriam reconhecíveis enquanto filosofia para a grande tradição filosófica alemã de Kant, Hegel, Schopenhauer e Nietzsche, de uma maneira que a arte que serve como exemplo em sua teoria, enquanto arte, não poderia.[3]

Deve-se notar que os exemplos desempenham papéis distintos em sua filosofia da arte e em sua filosofia da história da arte. Na primeira, uma obra como *Brillo Box*, de Warhol, serve para promover uma teoria da arte que, se verdadeira, aplica-se nem mais nem menos a *Brillo Box* do que a qualquer outro exemplo de arte, do passado ou contemporânea, mesmo que obras que têm objetos comuns como gêmeos indiscerníveis se prestem a uma melhor exposição filosófica. Na filosofia da história da arte, entretanto, as obras particulares às quais Danto apela decerto têm uma conexão interna com a filosofia que ele promove: porque, aqui, elas não funcionam como exemplos de arte tanto quanto funcionam como partes da história da arte, e o lugar aonde chegam nessa história, com que tipo de conteúdo e possibilitadas por qual tipo de teoria servem como fenômenos empíricos aos quais a narrativa histórica de Danto se aplica. Pinturas barrocas de tetos e quadrados minimalistas são em igual medida exemplos de arte, mas a ordem temporal em que elas aparecem é importante para uma filosofia da história da arte. Ao fundamentar seu pensamento na urdidura e na trama da história, Danto iniciou uma revolução no pensamento filosófico sobre as artes — um movimento que parte de exemplos hipotéticos predicáveis que, embora concebidos para testar os limites da arte, sempre ficaram aquém

---

[3] Exceto, talvez, como um tipo de metáfora literária, por exemplo naquilo que Danto descreve em *A transfiguração do lugar-comum* como Kierkegaard imaginando o Mar Vermelho pintado como um quadrado vermelho.

das respostas do próprio mundo da arte ao que a arte poderia ser, e segue na direção de uma forma de análise que rastreou muito mais intimamente a explicação histórica real de seus objetos, seu significado e sua identidade. Isso possibilitou que a filosofia da arte avançasse nos modos como o fez a filosofia da ciência, uma vez que Thomas Kuhn e outros mostraram a vantagem de se considerar a história da ciência na tentativa de compreender sua natureza: perguntar não tanto sobre a estrutura da ciência, mas sobre a estrutura de sua história.

Se o enfoque acima descreve o estado da filosofia da arte hoje, o ensaio-título deste volume descreve a filosofia e a arte em seus começos socráticos e platônicos. Nele, Danto identifica duas perspectivas prevalentes na arte: uma, que a arte é perigosa e portanto sujeita à censura ou ao controle políticos; e a outra, que a arte existe a vários níveis de distância da realidade ordinária, impotente para efetuar qualquer mudança significativa no mundo humano. Esses dois modos de compreender a arte – na realidade, duas acusações deixadas na porta da arte – parecem contraditórios, ele escreve, até que se descubra que o segundo é uma reação filosófica ao primeiro. Isso quer dizer que, "num tipo de estado de guerra entre filosofia e arte", a filosofia vê a arte como rival, como um desafiante à supremacia da razão sobre a mente dos homens. Desse modo, Danto descreve a filosofia exposta no Livro X de *A República*, de que a arte é mímesis, ou no *Íon*, de que o artista carece de conhecimento sobre o que ele faz – "seus poderes sendo não aqueles da razão, mas os de forças mais obscuras e confusas" – como componentes de uma teoria universalmente desabonadora da arte, concebida não tanto para dar conta da essência da arte, mas para neutralizar o seu poder por meio de um exílio metafísico, negando à arte eficácia causal ou validade epistêmica no mundo real. E a história da estética, na visão de Danto, continua esse descredenciamento, seja na efemerização kantiana da arte como objeto de juízo desinteressado, fora do reino das preocupações práticas e políticas do ser humano, seja na "usurpação" hegeliana da arte, na qual ela é rebaixada como uma forma inadequada de filosofia.[4] Em "Arte e disturbação", Danto

---

[4] Danto retoma o tema do efeito deformante de uma estética desse tipo, que se distancia de nossa compreensão da arte, em *The Abuse of Beauty: Aesthetics and the Concept of Art* (2003).

descreve como alguns artistas, principalmente na *performance art*, buscam furar as membranas protetoras que essas teorias da autonomia artística e da estetização estabelecem, precisamente ao empregar coisas como sangue, nudez, dor verdadeira ou perigo real em sua arte, às quais se deve reagir de uma maneira contígua à maneira como se reage a elas também fora da arte. Embora compartilhe a sofisticação conceitual e autorreflexiva da arte no período moderno, essa arte sugere um esforço para se reconectar com o tipo de poder que a arte tinha no período medieval e no ritual orgiástico dionisíaco que Nietzsche descreve como precursor da tragédia clássica, em que o santo ou o deus não é simplesmente simbolizado pela arte, mas presente em seu interior. E esse poder da arte, ou a percepção dele, escreve Danto, "foi uma das coisas que os filósofos podem ter temido quando se voltaram para a efemerizacão da arte enquanto assunto da teoria" (neste volume, p. 165).

Danto pretende que sua arqueologia dessas atitudes diante da arte vá, de algum modo, na direção de seu retrocesso, como um diagnóstico terapêutico que, em si mesmo, serve como cura. Mas ele não está preocupado com a questão histórica atual ou, digamos, estatística, sobre se, nas palavras de Auden, "a poesia nada faz acontecer", mas com uma explicação de por que a filosofia tornou essa alegação uma profissão de fé metafísica de suas teorias potentemente descredenciadoras. Isto é, embora o ensaio seja sobre uma visão da arte gerada pela filosofia e subsequentemente tomada como interna à autocompreensão da própria arte, ele também trata de como a filosofia, por meio dessa caracterização da arte, compreende a si mesma. Pois se a filosofia propôs uma teoria descredenciadora da arte ao chegar à sua autocompreensão, o que acontece a essa autocompreensão quando aquela teoria da arte, da qual ela dependia, já não parece legítima? De fato, embora Danto não sancione a proposta de que a filosofia e a literatura sejam, na medida em que se relacionam com a realidade, assimiláveis como dois gêneros de *écriture* (um tema considerado em "Filosofia como/e/da literatura", neste volume), ele descreve as autoconcepções da arte e da filosofia como suficientemente relacionadas entre si, de modo que sua teoria sobre a natureza pós-histórica da arte não pode deixar de sugerir que alguma teoria da natureza pós-histórica da filosofia possa também ser requerida.

É talvez irônico que, ao contar a história da arte por intermédio das linhas hegelianas, Danto acabe – como Hegel – contando também a história da filosofia, de sua perambulação por várias concepções errôneas, tais como no alto positivismo, sob as quais a mesma operação de efemerização que a filosofia aplica à arte – estabelecendo que aquela seja uma forma falsa, ou pelo menos inferior, de conhecimento – é aplicada à filosofia, por sua vez, diante da ciência. Isso porque o surgimento da arte a partir de sua concepção filosófica errônea poderia ser um passo no caminho de formação, por parte da filosofia, de uma concepção mais adequada de si mesma, um pensamento não distante do comentário de Hegel de que, depois de seu fim, "A arte nos convida à consideração intelectual, e não com o propósito de criar novamente arte, mas para saber filosoficamente o que a arte é"[5]. Independentemente do que a filosofia em geral possa conceber de si mesma hoje, a visão que Danto oferece da filosofia da arte é gloriosa. Propondo em "Filosofando a literatura" que um recredenciamento da arte significará a revisão da própria autocompreensão da filosofia, ele conclui: "Em minha visão, a filosofia da arte é o *coração* da filosofia" (neste volume, p. 207). Se uma geração anterior de filósofos procurou mostrar que a filosofia da arte não era, no fundo, senão um conjunto de problemas assimilável em última instância à investigação filosófica comum da epistemologia, da lógica, da metafísica e da mente, Danto mostrou que as questões mais urgentes na arte concerniam não à similaridade ou à identidade entre arte e tudo mais, mas às *diferenças*.

Referências e leitura complementar

BELTING, Hans. *The End of the History of Art*. Tradução de Christopher S. Wood. Chicago: University of Chicago Press, 1987.

CARRIER, David. *Artwriting*. Amherst: University of Massachusetts Press, 1987.

CARROLL, Noel. Essence, Expression, and History: Arthur Danto's Philosophy of Art. In: ROLLINS, Mark (Org.). *Danto and His Critics*. Oxford: Basil Blackwell, 1993. p. 79-106.

---

[5] HEGEL, G. W. F. *Hegel's Aesthetics: Lectures on Fine Art*. Tradução de T. M. Knox. Oxford: Oxford University Press, 1975, p. 11.

DANTO, Arthur C. *The Abuse of Beauty: Aesthetics and the Concept of Art.* New York: Open Court, 2003.

DANTO, Arthur C. *After the End of Art: Contemporary Art and the Pale of History.* Princeton, N. J.: Princeton University Press, 1997.

DANTO, Arthur C. Approaching the End of Art. In: *The State of the Art,* New York: Prentice Hall, 1987. p. 202-218.

DANTO, Arthur C. Art After the End of Art. In: *Embodied Meanings: Critical Essays and Aesthetic Meditations.* New York: Farrar Straus Giroux, 1994. p. 321-333.

DANTO, Arthur C. Bad Aesthetic Times. In: *Encounters and Reflections: Art in the Historical Present.* New York: Farrar Straus Giroux, 1990. p. 297-312.

DANTO, Arthur C. *Connections to the World: The Basic Concepts of Philosophy.* New York: Rarper & Row, 1989.

DANTO, Arthur C. *Encounters and Reflections: Art in the Historical Present.* New York: Farrar Straus Giroux, 1990.

DANTO, Arthur C. Learning to Live with Pluralism. In: *Beyond the Brillo Box: The Visual Arts in Post-Historical Perspective.* New York: Farrar Straus Giroux, 1992. p. 217-231.

DANTO, Arthur C. *Narration and Knowledge: Includinq the Integral Text of Analytical Philosophy of History.* New York: Columbia University Press, 1985.

DANTO, Arthur C. Narrative and Style. In: *Beyond the Brillo Box: The Visual Arts in Post-Historical Perspective.* New York: Farrar Straus Giroux, 1992. p. 233-248.

DANTO, Arthur C. Narratives and the End of Art. In: *Encounters and Reflections: Art in the Historical Present.* New York: Farrar Straus Giroux, 1990. p. 331-345.

DANTO, Arthur C. Responses and Replies. In: ROLLINS, Mark (Org.). *Danto and his Critics.* Oxford: Basil Blackwell, 1993. p. 193-216.

DANTO, Arthur C. The Shape of Artistic Pasts: East and West. In: *Beyond the Brillo Box: The Visual Arts in Post-Historical Perspective.* New York: Farrar Straus Giroux, 1992. p. 115-129.

DANTO, Arthur C. *The Transfiguration of the Commonplace: A Philosophy of Art.* Cambridge, Mass.: Harvard University Press, 1981.

GILMORE, Jonathan. *The Life of a Style: Beginnings and Endings in the Narrative History of Art.* New York: Comell University Press, 2000.

GOEHR, Lydia. Art and Politics. In: LEVINSON, Jerrold (Org.). *The Oxford Handbook of Aesthetics.* Oxford: Oxford University Press, 2003. p. 471-485.

GREENBERG, Clement. *The Collected Essays and Criticism.* 4 v. Chicago: University of Chicago Press, 1986-1993.

HEGEL, G. W. F. *Hegel's Aesthetics: Lectures on Fine Art*. Tradução de T. M. Knox. Oxford: Oxford University Press, 1975.

HERWITZ, Daniel. *Making Theory/Constructing Art: On the Authority of the Avant-Garde*. Chicago: University of Chicago Press, 1993.

JUDD, Donald. Specific Objects. *Arts Yearbook*, n. 8, p. 74-82, 1965.

RIEGL, Alois. *Late Roman Art Industry* (1901). Roma: Giorgio Bretschneider, 1985.

WÖLFFLIN, Heinrich. *Principles of Art History: The Problem in Later Art* (1915). 7. ed. New York: Dover, 1950.

Apresentação

Uma vez, numa exposição de arte conceitual realizada no New York Cultural Center, vi uma obra que consistia numa mesa comum com alguns livros sobre ela. Os próprios livros eram de filósofos analíticos como Wittgenstein e Carnap, Ayer e Reichenbach, Tarski e Russell. Poderia ser a minha mesa de estudos, já que era suficientemente insólita para ser reduzida a uma mera superfície de trabalho e os livros eram do tipo que eu consultava frequentemente para o trabalho filosófico que eu estava fazendo na época.

Que deveria haver uma obra de arte que se parecia, para todos os propósitos relevantes, com um objeto advindo da *Lebenswelt*, sem qualquer reivindicação, no entanto, ao *status* de arte, era uma possibilidade já bem compreendida. Certamente, isso era bem compreendido por mim, já que foi precisamente essa possibilidade que gerou meus primeiros esforços próprios na filosofia da arte. Meu primeiro artigo, "O mundo da arte", de 1964, tinha sido uma resposta analítica a uma exposição, à qual me refiro com frequência, consistindo em efígies de caixas de Brillo, de Andy Warhol, realizada na Stable Gallery no início daquele ano. A questão de por que essas efígies eram arte, enquanto as caixas de Brillo, a que elas se assemelhavam intimamente, não o eram, foi o problema que me dominou naquele momento. Estava claro que as diferenças entre uma caixa de Brillo comum e uma de Warhol não poderia dar conta da diferença entre arte e realidade, e a questão era: o que pode?

Por volta de 1964, o Expressionismo Abstrato estava sentenciado como movimento artístico e, de fato, o seu desmantelamento começara já em 1957, por meio da obra de Johns e de Rauschenberg, que usaram algumas de suas formas para encobrir o fato de que eles tinham começado algo novo e incompatível com suas próprias preocupações e premissas. Mas o movimento ainda estava vivo na mente de um grande número de artistas, e eu me lembro do violento repúdio às ideias que desenvolvi em "O mundo da arte" quando as apresentei, a convite do crítico Irving Sandler, em "O Clube", como era chamado: um lugar em que pintores da segunda geração do Expressionismo Abstrato se encontravam para acirradas discussões. Os artistas claramente não estavam preparados para uma filosofia da arte que não valorizasse de modo nenhum os imperativos românticos e gestuais que definiam a pintura para os membros de O Clube, todos acuados, embora poucos tivessem consciência disso. O único apoio que recebi naquela noite foi do pintor Al Held, ele próprio já mudando de orientações artísticas: ele me guiou, como Virgílio, por entre homens e mulheres balbuciantes e murmurantes, que não queriam ouvir o que eu tinha a dizer.

Mas quando livros filosóficos de ordem austera e técnica como aqueles que estavam sobre a mesa começaram a ser, por assim dizer, adquiridos e reconhecidos pelo mundo da arte, foi como se alguma transformação profunda tivesse ocorrido na consciência artística. Um relacionamento totalmente diferente entre filosofia e arte, apenas uma década após o fracasso em O Clube, parecia agora existir. Era quase como se a filosofia, de algum modo, agora fizesse parte do mundo da arte, um fato para o qual essa obra era uma metáfora, considerando que em 1964 a filosofia ficava fora desse mundo e se lhe dirigia a partir de uma distância alienante. Afinal, quem pode se esquecer da cruel *boutade* de Barnett Newman, voltada, quem diria, justamente para Susanne Langer: "A estética é para a arte o que a ornitologia é para os pássaros"? Agora, era como se a arte convidasse a filosofia a articular uma relação que obras como essa, expondo livros sobre a mesa, poderiam apenas simbolizar.

Uma consequência filosófica de haver obras de arte exatamente como os objetos de uso mais comum foi que a diferença entre eles não poderia repousar em qualquer presumida diferença estética.

Antigamente, as qualidades estéticas pareciam, aos teóricos, ser suficientemente semelhantes às qualidades sensoriais, como que para sugerir que o sentido da beleza deveria ser um sétimo sentido – sendo a sensibilidade moral talvez o sexto. Mas da mesma forma que a obra de arte e a coisa real compartilhavam todas as qualidades sensoriais, de modo que não poderíamos distingui-las tendo apenas os sentidos como base, também não poderíamos distingui-las esteticamente se as diferenças estéticas fossem diferenças sensoriais. *Não é* que a estética seja irrelevante para a apreciação da arte, mas sim que ela não pode fazer parte da definição de arte se um dos propósitos da definição é explicar de que modo as obras de arte diferem das coisas reais. Essa diferenciação foi o que busquei por meio de uma série de escritos que culminaram com *A transfiguração do lugar-comum*. Um dos componentes que para mim deveria ser central para a identidade das obras de arte era sua localização histórica. Ou seja, o fato de algo ser a obra que era, ou mesmo ser uma obra de arte em geral, era uma função parcial de onde, na ordem histórica, ela se originou e com quais outras obras, no complexo histórico a que pertencia, ela poderia ser situada. Desse modo, a história – e a história da arte em particular – não era algo que fornecesse fatos interessantes, embora predominantemente externos, sobre obras já completamente acessíveis sem o conhecimento desses fatos. A imagem familiar do espectador historicamente ignorante, paralisado pelo poder atemporal das obras de arte, tinha que ser abandonada. Não havia nenhum poder atemporal. Assim, um polo de minha análise era que a circunstância histórica penetra a substância da arte, de modo que dois objetos indistinguíveis, de períodos históricos diferentes, seriam ou poderiam ser amplamente diferentes como obras de arte, com estruturas e significados diferentes e clamando por reações diferentes. A fim de reagir a eles de algum modo, seria necessária uma interpretação determinada pelos limites da possibilidade histórica. A história, em suma, por ser inseparável da interpretação, era inseparável da própria arte exatamente porque as próprias obras de arte são internamente relacionadas com as interpretações que as definem.

Então, a história tem um papel para desempenhar na análise filosófica da arte. Tudo isso reconheci, mas não posso fingir que comecei a pensar sobre o que alguém chamaria de estrutura da história da arte antes de aquela mesa de livros filosóficos ter me dado o estímulo. Se a arte devesse em algum estágio rejeitar a filosofia como "para os pássaros" e, num estágio posterior, reivindicá-la como parte de sua substância, teríamos então quase uma ilustração do que Hegel considerou ser os estágios na história do Espírito, que culminam com o advento do Espírito chegando a uma compreensão filosófica de sua própria natureza. Quando o Espírito, como sujeito, apreende a essência do Espírito enquanto objeto – quando sujeito e objeto se tornam um –, um hiato terá sido superado e terá transcorrido um período de desenvolvimento interno. Essas são ideias extravagantes, certamente, mas me estimularam a desenvolver uma filosofia da história da arte, em vez de continuar satisfeito com uma filosofia da arte cuja dimensão histórica é inelimínável. E, obviamente, como a filosofia da história sugerida por Hegel requer que a filosofia emerja em certo ponto do processo histórico, era também necessário que aquilo sobre o que eu tentava pensar fosse uma filosofia da filosofia da arte.

Qualquer pessoa que se manteve próxima ao mundo da arte, especialmente o mundo da arte de Nova York, ao longo das várias décadas passadas – minha própria conexão com ele começou no fim dos anos 1940 – deve ter se mantido atenta às extraordinárias oscilações e giros que pontuaram a sua crônica. O Expressionismo Abstrato se elevou para a fama mundial ao longo dos anos 1950 para terminar, abruptamente, apenas na década seguinte. Como atesta a resistência desconcertante dos membros de O Clube, as ideologias do Expressionismo Abstrato continuaram a dominar o pensamento artístico sobre a arte muito tempo depois de o ponto em que o movimento definido por elas ter se transformado no reduto criativo da história da arte. Algo estranho a isso, cujas premissas seriam impensáveis para o Expressionismo, já começava a tomar seu lugar. Era a Pop Art, irreverente e cerebral. E então, depois de meados dos anos 1960 e adentrando nos anos 1970, um movimento sucedeu outro tão rapidamente que parecia que a história da arte era uma concatenação de novidades. Certamente teria havido nisso alguma ocasião para reflexão: havia alguma ordem na história da arte, alguma necessidade interna, por assim dizer, que impulsionasse a arte adiante? Afinal de contas, a sucessão de movimentos poderia ser percebida virtualmente como momentos numa conversação continuada. Ou isso era, de fato, uma coisa depois da outra, sem qualquer núcleo interno ou de desenvolvimento?

Para mim, essa questão se tornou vívida no início dos anos 1980, quando um movimento curioso começou a ocasionar um enorme entusiasmo da parte de *marchands* e colecionadores, curadores e críticos, com ampla participação de jovens artistas. Era o Neoexpressionismo, que irrompeu na consciência do mundo da arte depois de aproximadamente uma década do que retrospectivamente parecia estagnação, quando não havia qualquer direção particular a se destacar, mas apenas a modificação incessante de formas e estilos existentes, perturbações mínimas do que já era aceito e compreendido, quando a única ideologia justificável parecia ser um tipo de pluralismo benigno: faça qualquer coisa que quiser. Uma vez que tudo estava em pé de igualdade com tudo mais – Realismo, Abstração, Expressionismo, Minimalismo –, não poderia haver espaço para progressos. Mas eis que abruptamente ali estava o Neoexpressionismo, festejado de maneira delirante como um progresso, afinal. A história da arte estava de novo nos trilhos! Finalmente ela caminhava para algum lugar! É claro que isso despertou uma nostalgia por entusiasmos anteriores. Era como os anos 1940, 1950, 1960, tudo de novo. Havia o sentido concomitante de que o futuro seria ainda melhor, e tendo sido aprendido como a arte pode se tornar um investimento valioso, houve uma competição para pegá-la ainda no início, para comprar enquanto a compra era possível. Minha convicção era de que esse quadro da história era falso. Eu pensava: a arte não tem esse tipo de futuro.

Houve um momento em que esse pensamento me tomou com a força de uma revelação. Eu estava visitando uma das Whitney Biennials, olhando para uma das novas telas manchadas, imensa e bombástica, pueril e portentosa, superficial e audaciosa. Esse, pensei, não era o caminho para o qual se supunha que as coisas iriam a seguir, e com isso parecia-me que a arte, afinal de contas, deve ter uma história ordenada, um caminho no qual as coisas têm de ir, em vez de outro caminho. A história da arte deve ter uma estrutura interna e mesmo um tipo de necessidade. Essa foi a convicção que motivou meu ensaio "O fim da arte" e os outros escritos que pretendem articular uma filosofia da história da arte, exatamente da maneira grandiosa que aprendi com Hegel, e que me desconcertou por eu a estar aceitando, já que meu primeiro livro, a *Filosofia analítica da história*, de 1965, tinha claramente assumido uma posição, em princípio, contrária a tal possibilidade. Certa ou errada, minha visão agora era que o mundo da arte não estava exigindo apenas uma filosofia da arte. Ele exigia uma filosofia de sua própria história. E isso é o que os ensaios que compõem o presente volume pretendem esboçar.

Escritos para diferentes ocasiões, os nove ensaios coligidos aqui desenvolvem temas abordados nesta introdução. Eles tentam explicar as teses sobre arte e interpretação, arte e filosofia e sobre arte e consciência histórica. Não constituem tudo o que escrevi sobre esses assuntos, ou em geral sobre a filosofia da arte desde a publicação, em 1982, de *A transfiguração do lugar-comum*. E excluem a crítica de arte que venho escrevendo para a *The Nation* desde 1984. Mas eles formam uma ordem narrativa natural, quase como se fossem capítulos de um livro individual com um tema que os abrangesse. Cada um deles se basta como um ensaio integral, mas, mesmo assim, é melhor lê-los do começo ao fim, como se fossem começo e fim de apenas uma história filosófica.

A história começa com dois movimentos descredenciadores, agressões contra a arte. O primeiro é o esforço para tornar efêmera a arte ao tratá-la como conveniente apenas ao prazer, e o segundo é a visão de que a arte é apenas filosofia numa forma alienada: o que ela requer, por assim dizer, é unicamente um beijo de Cinderela a fim de reconhecer que ela realmente era filosofia o tempo todo, apenas enfeitiçada. Ambos os descredenciamentos estão na filosofia da arte de Platão – eles *são* a filosofia da arte de Platão –, e meus ensaios buscam um recredenciamento contra ambos os movimentos. O primeiro conjunto de contramovimentos explica o relacionamento entre arte e interpretação e, em particular, busca tornar a consideração estética secundária na apreciação de obras de arte. O segundo conjunto tenta forçar uma divisão essencial entre filosofia e arte, que rompa, portanto, a conexão entre elas que gerou o modelo de história da arte no qual a arte chega ao seu fim e a sua realização na sua própria autoconsciência filosófica. Meu propósito é mostrar que entramos num período de arte pós-histórica, em que a necessidade de uma constante autorrevolução da arte agora é passado. Não pode nem deve haver novamente nada como a desconcertante sequência de convulsões que definiu a história da arte de nosso século. É claro que sempre haverá causas externas para fazer isso aparecer como se uma história desse tipo devesse continuar indefinidamente, especialmente as externalidades do próprio mercado da arte, que prospera na ilusão de novidades infindáveis. Será mostrado que uma aparência desse tipo é artificial e inventada, além de essencialmente vazia. Em certo sentido, a atmosfera pós-histórica da arte restituirá a arte às finalidades humanas. A fermentação do século XX provará ter sido terminal, mas mesmo tendo sido entusiasmante vivê-la, estamos adentrando um período mais estável e mais feliz do empreendimento artístico, no qual as necessidades básicas, pelas quais a arte sempre foi responsável, podem ser novamente supridas.

Este livro é dedicado à minha esposa, Barbara Westman, uma pessoa de alegria, celebração e criatividade contagiantes. Ela é também o meu paradigma de artista pós-histórica. Minhas dívidas intelectuais e artísticas não podem ser saldadas aqui, mas devo particular gratidão a Richard Kuhns e David Carrier, com quem discuti os argumentos e as teses centrais do livro. Ben Sonnenberg, criador e editor da revista *Grand Street*, me convenceu a me mover em novas direções como alguém que pensa e escreve sobre arte. A Columbia University Press foi notavelmente hospitaleira em acolher este livro: sou grato a John Moore e William Germano pelo entusiasmo, e a Maureen MacGrogan pelo apoio caloroso e generoso. Beneficiei-me grandemente de conversas com Arakawa e Madeline Gins.

O descredenciamento filosófico da arte

Estou descobrindo que é inspirador estar
Onde os escritores podem ser perigosos.

Hortense Calisher

Este ensaio é uma versão expandida de um pronunciamento na
plenária do Congresso Mundial de Estética, em Montreal, em
agosto de 1984. O tema desse congresso era "A arte e as transfor-
mações da filosofia". Uma versão ligeiramente modificada apareceu
em Grand Street. *Sou grato à professora Elinor West por suas*
profundas análises da relação entre Platão e Aristófanes. Se ela
estiver certa, lemos um texto empobrecido de A República *ao*
não apreciar as referências trocadilhescas a Aristófanes a que os
leitores originais desses textos puderam estar atentos.

Em seu grande poema sobre a morte de William Butler Yeats,
Auden escreveu: "A Irlanda ainda tem sua loucura e seu clima/ Porque a poesia nada faz acontecer". Ninguém, suponho, nem mesmo
um visionário poético, esperaria que a lírica dispersasse a umidade
da Ilha Esmeralda, e isso dá a Auden seu paradigma de impotência
artística. A equiparação com a loucura política da Irlanda é então

mencionada para desencorajar a esperança comparativamente fútil, mas frequentemente alimentada, de que a quantidade correta de versos *pode* fazer algo acontecer – embora sua ineficácia na política irlandesa não represente o descrédito especial da arte, pois não está claro que no campo da política alguma outra coisa pudesse ser eficaz. "Penso ser melhor para tempos como esses/ Que a boca do poeta esteja silenciosa, porque, na verdade/ Não temos o dom de estabelecer o direito de um estadista", escreveu Yeats como se fosse uma recusa poética de escrever um poema de guerra. E ele parece ter endossado o pensamento que Auden expressou a ponto de dignificar como arte as ações políticas fracassadas, mesmo que muito calorosamente motivadas: "Conhecemos o sonho deles; o bastante / Para saber que sonharam e estão mortos;/ E o que senão excesso de amor/ Os bestializou até que morressem? [...] Uma terrível beleza nasceu". Que a política se torne poesia quando enobrecida pelo fracasso é uma transferência sentimental, a qual duvido que fosse consoladora para os selvagens atiradores do *Easter Rising*[6], uma vez que estar empenhado de modo suficientemente sério na mudança política, a ponto de derramar sangue real, é exatamente não querer que a própria ação seja avaliada apenas como escrita desviada no meio da violência. Ter escorregado da ordem da efetividade para a ordem da arte, ter alcançado inadvertidamente algo equivalente ao pássaro dourado da sala do trono bizantino ou da figura desconexa de uma urna grega deve, então, ser um duplo fracasso para o guerreiro já derrotado.

"Sei que todos os versos que escrevi, todas as posições que assumi nos anos 1930, não salvaram um único judeu", escreveu Auden com sua característica e ardente honestidade. "Aquelas atitudes, aqueles escritos, só servem a si próprios". E num manuscrito no qual ele trabalhava na época de seu casamento com Chester Kallman, lemos:

> Os artistas e os políticos se entenderiam melhor num tempo de crise como o presente se os últimos percebessem que a história política do mundo teria sido a mesma se nem ao menos um poema tivesse sido escrito, nem um quadro pintado, nem um compasso de música composto.

---

[6] Sangrenta insurreição dos nacionalistas irlandeses contra a dominação britânica, em abril de 1916, que resultou na execução de todos os seus principais participantes. (N.T.)

Essa é, naturalmente, uma demanda empírica, e é difícil saber o quanto ela é verdadeira simplesmente por causa das dificuldades no tópico da explicação histórica. Em certo sentido, o jazz foi a causa da Era do Jazz ou apenas um emblema de suas transformações morais? Os Beatles causaram ou apenas prefiguraram as perturbações políticas dos anos 1960? Ou será que a política simplesmente se tornou uma forma de arte naquele período – pelo menos a política associada à música – enquanto a história política real acontecia num nível diferente de causação? Em todo caso, como sabemos, mesmo as obras com intenção de fisgar a consciência para a preocupação política tinham a tendência, de modo geral, de provocar no máximo uma admiração dirigida a elas e uma autoadmiração moral para aqueles que as admiravam. O cínico bombardeio da aldeia basca de Guernica em 26 de abril de 1937 fez *Guernica* acontecer – então não foi uma mera sagacidade quando Picasso respondeu à questão do oficial alemão, que mostrou a ele um cartão-postal com a pintura: "Você fez isso?", com: "Não, você fez". Todo mundo sabia quem fez o quê e por quê: foi uma atrocidade cometida para ser percebida como tal pelos perpetradores, que por sua vez queriam ser vistos como se estivessem preparados para ir até o fim. A pintura foi usada para angariar fundos destinados a uma ajuda humanitária na guerra da Espanha, mas aqueles que pagaram para ter o privilégio de arquivá-la apenas a usaram como espelho para refletir atitudes que *já* estavam em vigor, e nos anos subsequentes foi necessário conhecimento de história da arte para saber o que estava acontecendo: a obra tornou-se um simpático pano de fundo para fazer amigos no Museu de Arte Moderna, ou um lugar para se encontrar com o(a) namorado(a), como o relógio no Hotel Biltmore; além disso, suas harmoniosas formas em cinza e preto eram simpáticas a ponto de ornamentar os armários de cozinha num sofisticado apartamento sobre o qual eu li uma resenha, onde suflês eram preparados para convidados ilustres e sensíveis, que, não mais que a anfitriã, perceberam que animais eviscerados e mães desesperadas agonizavam acima da fórmica: afinal de contas, como Anita Silvers observou, ela foi pintada mais ou menos à mesma época que *Pesca Noturna em Antibes* e usa o mesmo tipo de formas que aquela obra lírica. Então, no fim, ela fez tanto pelos aldeões devastados quanto o poema de Auden fez pelo defunto Yeats ou o poema de Yeats por seus patriotas massacrados, nada tendo feito acontecer de relevante, simplesmente memorializando, sacralizando, espiritualizando, constituindo um tipo de cenotáfio para abrigar as memórias que se apagam, aproximadamente no nível de uma cerimônia religiosa cuja função é confessar a extrema limitação de nosso poder de fazer algo acontecer. Hegel coloca a religião logo próxima à arte nos estágios finais do itinerário do Espírito, onde a história está acabada e não há nada a fazer senão ser se tornar consciente do que, de todo modo, não pode ser mudado.

Ótimo. Mas se o único papel político da poesia é esse ofício cerimonial, desviante e consolatório – para não dizer relicário –, por que é tão difundida essa atitude política de que *a arte é perigosa*? A história da arte é a história da supressão da arte, ela própria um tipo de futilidade, se aquilo que se procura acorrentar não possui qualquer efetividade e se confere à arte a ilusão de competência, tratando como perigoso algo que não faria nada acontecer se lhe fosse permitido ser livre. Se Auden está correto, de onde vem a crença na periculosidade da arte? Minha própria visão, que pretendo desenvolver neste ensaio, é de que ela não vem do conhecimento histórico, mas sim de uma crença filosófica. Ela é baseada em certas teorias da arte desenvolvidas pelos filósofos, seja o que for que lhes tenha causado em primeiro lugar sentir um perigo na arte, de modo que a própria história da filosofia quase pode ser vista como um esforço colaborativo maciço para neutralizar uma atividade. Na realidade, construir a arte, como faz Auden, como uma atividade causal ou politicamente neutra é em si um ato de neutralização. Representar a arte como algo que, em sua natureza, nada pode fazer acontecer não é tanto um ponto de vista oposto à visão de que a arte é perigosa: é um modo de responder ao perigo sentido na arte tratando-o metafisicamente como se não houvesse nada a que temer.

Mas penso que não podemos chegar a uma avaliação do que arte é, nem do que ela pode e não pode fazer, nem de qual é o seu lugar natural no plano político, até que conheçamos a arqueologia dessas teorias descredenciadoras. A relação da arte com a filosofia é antiga e intrincada, e embora eu a retrate em termos muito lúridos, aqui e no livro inteiro, sou obrigado a reconhecer que sua sutileza pode transcender nossos poderes de descrição analítica, assim como o faz a relação entre mente e corpo, uma vez que simplesmente não podemos separar a arte da filosofia, na medida em que sua substância é em parte constituída por aquilo que se acredita filosoficamente que ela seja. E sua dessubstancialização por seu opressor pode ser uma das grandes vitórias da metafísica política.

Nos primeiros escritos filosóficos sérios sobre arte – talvez os primeiros escritos em que a arte é realmente reconhecida enquanto tal – declara-se um tipo de estado de guerra entre filosofia e arte. Na medida em que a própria filosofia é uma disciplina guerreadora – na qual uma filosofia rompe com outra filosofia com aproximadamente o mesmo grau de antagonismo que encontramos expresso entre a filosofia e a arte nas fatídicas páginas iniciais da estética platônica – deveria ser causa de suspeição que é quase uma unanimidade por parte dos filósofos da arte que a arte nada faz acontecer: em que mais os filósofos concordam? Mesmo um escritor tão engajado como Sartre pensou a respeito da arte; pensou, portanto, em sua própria prática enquanto romancista na ficção em que ele expõe esta visão, como algo fora da ordem das contingências existenciais: um abrigo contra a mutabilidade. Platão, como se sabe, identificou a prática da arte com a criação de aparências das aparências, duplamente distante da realidade à qual se dirige a filosofia. É inquietante que Sartre, como Keats, como Yeats, ponha a realidade artística exatamente onde Platão põe a filosófica, mas esse intercâmbio deixa inalterada a topologia, e nesse ponto podemos observar antecipadamente que a acusação de que a *filosofia* nada faz acontecer não nos é estranha. Em qualquer caso, tanto a filosofia quanto a arte, no esquema platônico, contrastam com o tipo de conhecimento prático dominado pelos artesãos, cujos produtos os artistas meramente imitam. E Platão valeu-se da inferência de que podemos imitar sem ter o menor conhecimento daquilo que imitamos, a não ser sua aparência, de modo que, se o que imitamos é conhecimento, é consistente que alguém possa parecer que o tenha, embora careça dele totalmente. É importante para Platão pôr a arte numa quarentena contra a esfera prático-política, à qual o filósofo pode se permitir descer (imitando a relação na qual as formas representam as aparências); e a ideia de que a arte esteja presa no reino das aparências de segunda ordem assegura que ela nada possa fazer acontecer, mesmo no reino levemente menos degenerado das aparências de primeira ordem, sendo radicalmente epifenomênica, como um sonho ou uma sombra ou um mero reflexo. É como se a metafísica platônica fosse gerada para definir um lugar para a arte, a partir do qual é uma questão de garantia cósmica que ela nada possa fazer acontecer.

Foi mais ou menos por essas razões que diagnostiquei a teoria platônica da arte como amplamente política, um movimento numa luta pela dominação sobre a mente dos homens, na qual a arte é concebida como o inimigo. Assim, o retrato do artista que adquirimos no Livro X de *A República* tem de ser equiparado ao retrato do filósofo – factualmente, o retrato de Sócrates – que obtemos na cruel comédia de Aristófanes, *As nuvens*, em que o filósofo é estigmatizado como fora do nosso alcance com a mesma realidade que Platão estigmatiza o artista como capaz apenas de imitar. *As nuvens* é um ataque ao intelecto em nome do sentimento, muito no sentido em que, milênios depois, Lawrence celebrará o sentimento contra Russell, que ele transforma em ficção em *St. Maur* com uma malícia aristofânica. Desse modo, é somente atingindo a arte em sua própria autoestima que Sócrates explica ao rapsodo Íon que ele (de modo característico da sua disciplina) carece de conhecimento, sendo seus poderes não aqueles da razão, mas os das forças mais obscuras e confusas que se apoderam de Íon e, em última análise, afogam uma audiência atingida num nível inferior ao do intelecto, na medida em que sucumbe a elas. E Íon é retratado como estúpido por Platão a fim de dramatizar a confirmação da psicologia de *A República*, em que a arte é usada contra a arte numa astuta duplicidade. E Platão, como político metafísico, expulsa o artista tanto da república quanto da realidade, à qual ele é tão frouxamente ligado que a imitação nos dá menos uma teoria do que uma metáfora, poderosamente desencorajadora, da impotência. A combinação de perigo e ineficácia soa contraditória até que reconheçamos que essa última é uma resposta filosófica para a primeira, pois se a arte pode ser ontologicamente transferida para a esfera das entidades secundárias e derivativas – sombras, ilusões, delírios, sonhos, meras aparências e tênues reflexões –, bem, esse é um modo brilhante de pôr a arte a salvo, se conseguirmos fazer as pessoas aceitarem um quadro do mundo no qual o lugar da arte se encontre fora dele. E uma vez que a teoria platônica da arte *é* sua filosofia, e uma vez que a filosofia através dos tempos consistiu de aditamentos ao testamento platônico, a própria filosofia pode ser exatamente o descredenciamento da arte, de modo que o problema de separar a arte da filosofia pode ser equiparado ao problema de perguntar o que seria a filosofia sem a arte.

Há dois estágios no ataque platônico. O primeiro, esboçado acima, é interpor uma ontologia na qual a realidade é logicamente imunizada contra a arte. O segundo estágio consiste, tanto quanto possível, em racionalizar a arte, de modo que a razão, pouco a pouco, colonize o domínio dos sentimentos, sendo o diálogo socrático uma forma de representação dramática na qual a substância é a razão exibida como se domasse a realidade ao absorvê-la em conceitos. Nietzsche se refere a isso como "socratismo estético", tendo o filósofo identificado a razão com a beleza a tal ponto que nada que não seja racional poderia ser belo. Isso, como propõe Nietzsche, marca a morte da tragédia, que encontra uma terrível beleza na irracionalidade; mas isso também marca a morte da comédia, que, segundo nos assegura Sócrates, resulta na mesma coisa. E desde essa complexa agressão, uma vitória tão profunda quanto a filosofia já conheceu ou conhecerá, a história da filosofia se alternou entre o esforço analítico para tornar a arte efêmera, e por isso difusa, e a permissão de certo grau de validade para a arte, tratando-a como se ela fizesse o que a própria filosofia faz, porém de forma grosseira.

Essa última estratégia, hegeliana, suscita, portanto, a questão sobre o que a filosofia faz — afinal de contas, a filosofia se encontra muito perto da religião e da arte no seu esquema —, e há uma justiça cômica no fato de que o ataque de dois estágios, consistindo na efemerização e na capitulação, caracterizou a triste história da filosofia nos tempos recentes — como se ela, no final de contas, consistisse nas armas pelas quais estava destinada a morrer. No período do alto positivismo, por exemplo, a filosofia foi pega num papel, em relação à ciência, paralelo àquele em que a arte foi posta com relação ao conhecimento filosófico no esquema platônico — tão distante da ordem cognoscível das coisas, para não dizer significativa, que "a filosofia nada faz acontecer" segue-se como algo óbvio. "A filosofia começa quando a linguagem tira férias" é um eco wittgensteiniano do contraste injusto entre o fazer arte e as habilidades reais da carpintaria e da navegação, com a filosofia sendo agora a sombra inútil de uma ocupação séria. E se tornou um consenso metafilosófico que, desde que não haja qualquer conjunto de fatos para a filosofia lidar, equiparado ao conjunto de fatos – o mundo – ao qual se dirige a ciência, os problemas da filosofia apenas parecem ser problemas reais, quando na realidade são sem sentido, ou *Scheinsprobleme*. A desconstrução do professor Rorty traz essa acre constatação para o momento imediato. Mas, então, vem o pensamento consolador de que, na medida em que ela tem qualquer validade, a filosofia tentou fazer o que a ciência realmente faz, assim como Platão tinha dito efetivamente que a arte fazia de maneira pobre o que a filosofia faz bem: a filosofia apenas *é* ciência impaciente. Pega no dilema de ser ou pseudociência ou protociência, a filosofia reencena assim o dilema que Platão colocou para a arte. E se talvez pudéssemos libertar a filosofia desses trabalhos exaustivos, não encontraríamos um lugar melhor para começar do que libertar deles a arte; e ao emancipar a arte de sua filosofia, podemos emancipar a filosofia de sua própria filosofia paralela; sendo a libertação do ser oprimido, de acordo com uma conhecida fórmula liberacionista, também a libertação do opressor. Em qualquer caso, deve haver algo profundamente comum entre dois empreendimentos que parecem sujeitos a uma mesma dissolução, especialmente quando essa forma de dissolução não tem aplicação alhures, a não ser (obviamente) na religião. Antes de me dirigir a esses últimos otimismos, deixe-me confirmar, de certo modo, minhas impetuosas asseverações históricas sobre a filosofia da arte ao considerar as duas formas de repressão – a que me referi como efemerização e capitulação – como exibidas no pensamento insuspeito de Kant e de Hegel. Os textos são obviamente familiares, mas os subtextos políticos provavelmente não o são.

Para Kant, para começar, nossa atitude diante de obras de arte é caracterizada em termos do que ele chama de *desinteresse*, uma atitude com a qual há imediato contraste quando há um interesse, portanto alguma razão pessoal ou social para levar em conta se algo existe ou não, uma vez que sua não existência ou mesmo sua mudança em certo sentido faria alguma diferença individual ou social. Com obras de arte, não temos nada desse tipo para perder ou ganhar. Não é difícil de ver como Kant deveria assumir esse ponto de vista, dadas as restrições sistemáticas de sua filosofia, porque ele se preocupava em mostrar que os juízos estéticos são universais, com o que ter um interesse seria em certa medida incompatível: se meu juízo está contaminado por meus interesses, ele mal poderia reivindicar uma aquiescência daqueles cujos interesses são diferentes. Uma das razões pelas quais Platão pensou que os filósofos deveriam ser reis era que eles, concernidos apenas e em última análise com as formas puras, não poderiam, coerentemente, *ter* quaisquer interesses no mundo das aparências, não sendo motivados, portanto, pelo que normalmente move homens e mulheres – dinheiro, poder, sexo, amor –, e assim poderiam chegar a decisões desinteressadas. Platão situa inteligentemente as obras de arte também fora do âmbito dos interesses – afinal, quem se sentiria muito feliz por possuir o que meramente parecia ser ouro? Uma vez que ser humano é, muito amplamente, ter interesses, a arte se encontra fora da ordem humana tanto quanto a realidade se encontra fora da ordem aparente primária no sistema platônico – desse modo, embora eles abordem a questão a partir de direções opostas, a implicação em ambos é que a arte é uma espécie de lugar ontológico vago de nossas preocupações definitórias como seres humanos e com respeito às quais, consequentemente, "nada faz acontecer". Isso é reforçado em Kant quando ele fala da arte em termos de "finalidade sem um fim específico". A obra de arte parece como se devesse ser útil para alguma coisa, mas na verdade filosófica ela não o é, e sua ausência de finalidade lógica está relacionada ao desinteresse do público, uma vez que qualquer uso ao qual ela se dispusesse seria um abuso ou uma perversão. Desse modo, a arte é sistematicamente neutralizada; removida, por um lado, do domínio do uso (uma boa coisa: se os artistas carecem de inteligência prática, eles podem simplesmente dar a entender que a têm) e, por outro lado, do mundo de necessidades e interesses. Seu valor consiste em seu desvalor, que, pode-se lembrar, é também a caricatura platônica do pensamento de que a justiça é uma habilidade: quando a *usaríamos*?

Schopenhauer tinha uma visão consideravelmente mais elevada da arte do que Platão demostra em toda sua filosofia, mas num importante sentido ele está de acordo com seus grandes predecessores ao concordar que a arte nada faz acontecer na ordem causal do mundo. Sua importância consiste, antes, no seu poder de nos empurrar *para fora* dessa ordem e de nos pôr num estado de contemplação das coisas eternas. Há uma inferência caracteristicamente má de que a contemplação do atemporal é ela própria atemporal, o que fornece, então, uma alavanca para nos içar, na satisfação de um desejo yeatsiano, para fora da ordem do tempo e do sofrimento. Devemos levar em conta que simplesmente existir no fluxo causal é, na visão schopenhaueriana, sofrer, uma vez que o sofrimento é o traço definidor da existência mundana. Incidentalmente, poderíamos então observar que é preciso distinguir entre o tipo de sofrimento no qual simplesmente consiste a condição humana padrão e esse tipo de sofrimento que ocorre, por assim dizer, aos judeus perseguidos, o qual Auden lamenta não ter sido capaz de mitigar com sua poesia. Certamente teria sido um amargo conselho sugerir aos sofredores esqueléticos de Dachau que a vida *é* sofrimento, embora a contemplação da arte ajude. Como Auden uma vez escreveu sobre a questão particular da fome no terceiro mundo: "É desumano esquecer/ Os países subdesenvolvidos/ Mas um ouvido faminto é tão surdo quanto o ouvido de um suburbano otimista". Mas estou menos preocupado em lidar com o pessimismo – afinal de contas animador – que o velho Schopenhauer defendia do que em acentuar sua continuidade com Kant em perpendicular a arte em relação ao mundo como vontade.

Kant realmente supunha que a arte deveria dar prazer, mas esse prazer terá de ser desinteressado; portanto, uma tépida gratificação, pois desconectado da satisfação de necessidades reais ou do alcançar de metas reais. Trata-se então de um tipo de prazer narcoléptico, o prazer que consiste na ausência de dor, que é exatamente o pensamento de Schopenhauer de que o valor da arte deve residir na liberdade que ela promete quanto às urgências tópicas da vida real. Entretanto, o prazer desinteressado, com seu contraste implícito com as dimensões práticas da existência vivida, sintetiza grandemente a maneira como os filósofos da arte pensaram sobre a arte nos anos intermediários. Santayana pensa a arte em termos de beleza, e a beleza em termos de prazer objetificado, isto é, prazer mais contemplado do que sentido. Bullough mantém a arte a uma distância estética, estabelecendo um contraste explícito entre atitudes estéticas e práticas, começando nosso relacionamento com a arte quando a prática sai de férias. O que Bullough chama de distância estética, outros filósofos denominaram de atenção desinteressada (Stolnitz) ou percepção intransitiva (Vivas), que consiste em olhar para um objeto sem qualquer razão. E, para nos levar ao limiar da presente discussão, o professor Dickie incorpora em sua definição de arte a condição de que algo deve se encontrar na candidatura da apreciação – sendo que ele obviamente se refere à apreciação estética, quaisquer que sejam suas negativas, uma vez que ele fala do casto prazer que o olho pode ter nas curvaturas e nas cores de um objeto (um mictório) que não é comumente apreciado por essas razões por aqueles que as apreciam primariamente.

Esse pequeno resumo do conteúdo da antologia-modelo do curso de graduação de estética fornece uma resposta para a questão que qualquer pessoa – por exemplo, um filisteu – poderia levantar sobre arte (ou que filósofos oficiais poderiam oferecer quando o *National Endowment of Arts* se encontra sob fogo cruzado), a saber, o que é *boa* arte, que *uso* a arte tem: sua bondade consiste em não ser boa para nada e seu uso consiste em não ter nenhum, portanto a questão não se aplica. Desse modo, "a poesia nada faz acontecer" flui do *status* filosófico atribuído pela filosofia até a arte: e esse é um tema com um consenso filosófico tão avassalador que deveria nos dar uma pausa. Isso nos leva a indagar se, antes de ser algo com que o filósofo finalmente lida em nome e em benefício da completude sistemática – um toque final num edifício –, a arte não seria a razão pela qual a filosofia foi inventada, e se os sistemas filosóficos não seriam, em última análise, arquiteturas penitenciárias, de modo que é difícil não vê-los como labirintos para abrigar monstros, protegendo-nos, assim, de algum perigo profundamente metafísico. E talvez devêssemos perguntar se essa guerra com que a discussão começou não está, depois de milênios, ainda sendo feita por filósofos que contribuem engenhosamente para o fim comum de tirar do combate o que talvez não seja um inimigo e que eles nunca pararam para se perguntar se era um inimigo ou não. Se cada período filosófico requer um tipo de amplificador, não deveríamos nos perguntar, afinal, que poder é esse que a filosofia teme? Talvez o temor seja de que, se o inimigo é ilusório, a *filosofia* seja ilusória, já que seu primeiro objetivo tem sido eliminar o que apenas parece ser um dragão!

Na verdade, ocorreu-me algumas vezes que a divisão convencional entre as belas artes e as artes práticas – entre *les beaux arts* e *les arts pratiques* – serve, em nome de um tipo de exaltação, para segregar *les beaux arts* da vida de uma maneira curiosamente paralela àquela em que chamar as mulheres de *belo* sexo é um modo institucional de pôr a mulher numa distância estética, num tipo de pedestal moral que a expulsa de um mundo em que se espera que ela não tenha mais qualquer negócio. O poder de classificar é o poder de dominar, e essas estetizações paralelas devem ser vistas como respostas essencialmente políticas àquilo que foi sentido como perigos obscuros em ambas (ver Germaine Greer). A estética é uma invenção do século XVIII, mas ela é tão exatamente política – e pelas mesmas causas – quanto era a de Platão de pôr os artistas à distância, para o que a distância *estética* é uma refinada metáfora. Deixar os artistas sérios suporem que sua tarefa era produzir a beleza foi uma estratégia encorpada e finalmente bem-sucedida. Assim, o pedestal metafísico sobre o qual a arte conseguiu ser posta – considere-se o museu como um labirinto – é uma transposição política tão selvagem quanto a que transformou as mulheres em damas, pondo-as em saletas para fazer coisas que pareciam um trabalho proposital sem um propósito específico, como, por exemplo, bordados, aquarelas, tricô: seres essencialmente frívolos à disposição para o prazer falsamente desinteressado do opressor. Não admira que Barnett Newman tenha escrito em 1948: "O impulso da arte moderna foi esse desejo de destruir a beleza [...] pela negação completa de que a arte tenha alguma preocupação com o problema da beleza". Não admira que Duchamp tenha dito, haja vista sua obra mais famosa: "O perigo a ser evitado reside no deleite estético".

Devo a Duchamp a ideia de que, na perspectiva da arte, a estética é um perigo, já que, na perspectiva da filosofia, a *arte* é um perigo e a estética é a instância para lidar com ela. Mas, então, o que a arte deveria ser, se ela joga fora o liame com a beleza? Não basta ser autorreferencialmente feio, embora essa seja uma tática que boa parte da arte recente procurou empregar. O enfeiamento é uma instância excessivamente negativa e, no fim, inútil, já que ser feio permanece um modo de ser um objeto estético e, portanto, fica aquém do liame, em vez de superá-lo. É como a autodesfeminilização das mulheres, atirando enfeites às chamas. O modo de deixar de ser um objeto sexual não é se tornar um objeto antissexual, uma vez que se permanece um *objeto* por meio dessa transformação, quando o problema é como deslocar totalmente a objetificação. Refiro-me, obviamente, à objetificação *estética*, e trocar um modo de aparência por outro continua sendo o consentimento da visão de que a essência de algo é sua *aparência*. Então é necessária alguma transformação mais profunda, uma transformação para a qual as superfícies – adoráveis ou terríveis – sejam irrelevantes ou meramente um fato. As telas de Arakawa são *irrelevantemente* belas, já que de fato não são objetos realmente estéticos, como se Arakawa estivesse sutilmente enfatizando o *insight* ontológico de que, afinal de contas, não é necessário ser feio a fim de escapar da servidão da estética. Mas escapar para o *quê*? Isso me leva à versão hegeliana da alternativa proposta por Platão para a efemerização da arte.

A *Fonte* de Duchamp é, como todo mundo sabe, em toda a aparência externa, um mictório – ela era um mictório até que se tornou obra de arte e adquiriu essas propriedades adicionais que as obras de arte possuem em excesso em relação àquelas possuídas por meras coisas reais como mictórios (a obra data de 1917, mas seria necessária uma pesquisa na história do ofício hidráulico para determinar a data do mictório, o que tornou possível para Duchamp usar mictórios com data posterior a *Fonte* quando o original estava perdido: a *obra* permanece datada de 1917). Na sua própria visão, ele escolheu esse objeto em particular pelo que ele esperava que fosse sua neutralidade estética. Ou fingiu que isso era o que ele esperava. Porque mictórios têm uma identidade cultural, para não dizer moral, excessivamente forte que lhes permite ser sem qualquer afeto. Eles são objetos, para início de conversa, altamente sexualizados pelo fato de que mulheres são anatomicamente impedidas de empregá-los na sua função precípua, pelo menos sem grande embaraço. Assim eles mostram sua arrogante exclusividade através da forma (o temor de igual acesso para todo mundo foi um fator preponderante – como será lembrado

– na derrota da ERA[7]). Eles são, além do mais, dadas as realidades culturais, objetos associados com a privacidade (embora menos do que as privadas) e com o que é sujo. Mas qualquer objeto que se encontre na intersecção de sexo e excreção é por demais obviamente carregado, pelas limitações morais que pressupõe, para *simplesmente* estar aí como um objeto culturalmente neutro, escolhido exatamente por sua neutralidade estética. Duchamp estava sendo insincero quando perguntou: "Um mictório – quem estaria interessado nisso?". Seria como tomar o mais sujo verbo da linguagem por um paradigma para ensinar as conjugações: *possivelmente* a energia moral da palavra submergirá na medida em que a ponderamos na perspectiva dos gerúndios e dos mais-que-perfeitos, mas por que lutar, se há inúmeras palavras inocentes? É ingênuo, ao mesmo tempo, tratar o mictório *meramente* como um objeto estético, da mesma maneira que o Taj Mahal, nos seus elegantes gradientes e na sua alvura deslumbrante.

Mas então qual é o fulcro conceitual dessa obra ainda hoje controversa? Meu ponto de vista é que ele reside na questão que ela põe, a saber, por que – referindo-se a si mesma – deveria isto ser uma obra de arte, se outra coisa exatamente *como* isto, a saber, *aquilo* – referindo-se agora à classe dos mictórios irredimidos – é uma peça do ofício hidráulico? Foi preciso muito espírito para levantar a questão dessa forma, uma vez que nenhuma questão do tipo havia sido levantada antes, embora a questão sobre o que é arte tenha sido (argutamente) posta e obtusamente respondida por Platão sobre a base do mundo da arte aceito na época. Duchamp não só levantou a questão "o que é arte?", mas, antes, por que algo é uma obra de arte, quando algo exatamente idêntico *não* o é? Que se compare a grande questão de Freud no que tange à parapráxis, que não é simplesmente "por que esquecemos?", mas, "por que quando de fato esquecemos, lembramos, em vez disso, de *alguma coisa mais*?". Essa forma da questão abriu espaço para uma teoria da mente radicalmente nova. E, no caso de Duchamp, a questão que ele levanta *como uma obra de arte* tem uma forma genuinamente filosófica e, embora ela

---

[7] ERA é a sigla para "Equal Rights Amendment", uma emenda à constituição norte-americana, primeiramente proposta em 1923, que deveria estabelecer a igualdade de direitos civis entre homens e mulheres. (N.T.)

pudesse ter sido levantada com qualquer objeto que se escolhesse (e foi levantada por meio de objetos totalmente não descritos) – em contraste com a capacidade de ser levantada *em qualquer tempo* que se escolha –, ela talvez tenha requerido algo tão antecedentemente resistente à absorção pelo mundo da arte como um mictório, de modo a chamar a atenção para o fato de que, afinal de contas, ele já estava *no* mundo da arte.

Há uma profunda questão sobre qual evolução interna na história da arte tornou historicamente possível, se não historicamente necessário, o *objeto-questão* de Duchamp. Minha visão é que ele só poderia surgir num momento em que ninguém mais poderia ter clareza do que era a arte, embora fosse perfeitamente claro que nenhuma das antigas respostas serviria. Parafraseando Kant, pareceria haver uma essência sem que houvesse qualquer essência particular. É aqui que entram as visões de Hegel.

Para Hegel, o mundo na sua dimensão histórica é a revelação dialética da consciência para si mesma. No seu curioso modo de dizer, o fim da história chega quando o Espírito adquire a consciência de sua identidade enquanto Espírito, não, por assim dizer, alienado de si mesmo por ignorância de sua própria natureza, mas unido *a* si mesmo *por meio* de si mesmo – pelo reconhecimento de que é, nesse caso específico da mesma substância que seu objeto, uma vez que a consciência da consciência é consciência. No portentoso jargão do continente, o dualismo sujeito/objeto é superado. Totalmente à parte dessas reservas que justificadamente manteríamos no que tange a essa superação, para não dizer sua celebração como o fim da história, vale a pena observar que certos estágios nessa história são especialmente marcados, sendo que a arte é um estágio e a filosofia, outro; e é missão histórica da arte tornar a filosofia possível, depois do que a arte não terá mais missão histórica na grande varredura cosmo-histórica. A estupenda visão filosófica hegeliana da história consegue, ou quase consegue, uma surpreendente confirmação na obra de Duchamp, que levanta a questão da natureza filosófica da arte de *dentro* da própria arte, implicando que a arte já é filosofia numa forma vívida e se desincumbiu agora de sua missão histórica ao revelar a essência filosófica em seu cerne. A tarefa agora pode ser entregue à filosofia propriamente dita, que é equipada para dar conta de sua própria natureza, direta e definitivamente. Assim, o que a arte terá no fim atingido como sua realização e fruição é a filosofia da arte.

Mas esse é um modo cósmico de atingir o segundo estágio do programa platônico, que sempre foi substituir a arte pela filosofia. E dignificar a arte, de modo paternalista, como filosofia numa de suas formas autoalienadas, sedenta de clareza quanto à sua própria natureza tanto quanto todos nós temos sede de clareza quanto à nossa. Talvez haja algo nisso. Quando a arte interioriza sua própria história, quando ela se torna autoconsciente de sua história, tal como aconteceu em nosso tempo, de modo que sua consciência de sua história faça parte de sua natureza, talvez seja inevitável que ela deva se tornar finalmente filosofia. E quando ela faz isso, bem, num sentido importante, a arte chega a um fim.

Não posso traçar neste ensaio a estrutura de uma história possível desse tipo (mas veja "O fim da arte"; nesta edição, p. 131). Minha preocupação principal foi pôr em perspectiva a história um tanto desgastada da filosofia da arte como um esforço político grandioso para enfraquecer ou suplantar a arte. E também delinear algumas das estratégias nessa longa e desedificante carreira. É sempre uma questão na psicoterapia se o conhecimento da história de um sintoma constituirá a cura ou apenas um tipo de aquiescência. Nossas patologias podem, afinal de contas, como Freud afirmou de um modo talvez realista, ser o *Kern unser Wesens*[8], e, no caso presente, a arte pode agora ter sido tão impregnada por sua filosofia que não podemos separar as duas a fim de salvar a arte dos conflitos que a estética armou para ela.

Mas, como vingança, a própria filosofia ficou presa nas armadilhas de seus estratagemas. Se a arte nada faz acontecer e a arte não é senão uma forma disfarçada de filosofia, também a filosofia nada faz acontecer. É claro que essa era a visão de Hegel. "Quando a filosofia pinta seu cinza nos cinzas", ele escreveu numa das mais melancólicas frases que um filósofo poderia ler, "então uma forma de vida se tornou caduca". A filosofia faz sua aparição apenas quando é muito tarde para qualquer coisa, *a não ser* para o entendimento. Assim, se, de

---

[8] O núcleo de nosso ser. (N.T.)

acordo com um slogan ressonante, cristalizado num clichê radical do marxismo, queremos mudar o mundo, mais do que compreendê-lo, a filosofia não pode ter qualquer uso. Quando, então, a autoconsciência chega à história, é, por definição, tarde demais para que algo seja feito e, consequentemente, aconteça. Assim, a filosofia do ser histórico que sustenta que a arte seja uma transformação da filosofia, mostra que a filosofia é uma transformação da arte, e esta é a grande ironia da teoria de Hegel: a segunda parte do ataque platônico se reduz à sua primeira parte, e a filosofia, tendo colocado a si própria contra a arte, coloca-se finalmente contra si própria. Isso nos daria um tipo de explicação do fato de que a mesma estrutura de argumento que a filosofia montou no início contra a arte deveria ter retornado para pôr em questão a empresa da filosofia em nosso tempo. Assim, há um incentivo em curar filosoficamente a arte da filosofia: exatamente por esse procedimento curamos a filosofia de uma paralisia com que ela começou sua história infectando sua grande inimiga.

Talvez, por agora, isso já seja suficiente no tocante à filosofia especulativa da história. No entanto, seria impróprio não pressionar um pouquinho mais, porque se nenhuma das razões filosóficas para fingir que a arte nada pode fazer acontecer é forçosa, a verdade é que a história da arte é a história da censura e seria interessante inquirir que sorte de coisas a arte pode fazer acontecer, que são consideradas suficientemente perigosas para merecer, se não a supressão, então um controle político. Desse modo, tentarei terminar com uma nota algo positiva no que concerne aos poderes da arte.

A primeira observação a fazer, admitidamente muito maçante, é que, uma vez que separamos a arte das teorias filosóficas que lhe deram o seu caráter, a questão sobre se a arte faz algo acontecer deixa de ser uma questão filosoficamente muito interessante. Ela é, antes, uma questão justamente empírica, assunto para a história, para a psicologia, para alguma ciência social, ou qualquer outra, resolver. Há teorias da história, sendo o marxismo um bom exemplo, nas quais a arte é excluída dos determinantes fundamentais da mudança histórica, já que ela meramente reflete ou expressa essas mudanças: ela pertence mais à superestrutura do que à base de um processo histórico que se move em dois níveis, sendo apenas um deles efetivo.

Também a filosofia foi por vezes posta pelos marxistas na passiva posição superestrutural, uma transposição autoneutralizante se o próprio marxismo é filosofia e pretende mudar o mundo – um dilema simploriamente posto de lado pelos marxistas ao tratar o marxismo como uma ciência e, como na famosa controvérsia linguística na União Soviética, pondo a ciência na base dinâmica. Uma incoerência mais profunda, assim me parece, há de ser descoberta na repressão de certas formas de arte, o que, afinal de contas, é a marca registrada de governos comunistas que por acaso também aderem aos princípios do materialismo histórico: porque, se este estivesse correto, a arte seria impotente para fazer qualquer coisa exceto expressar a estrutura profunda da realidade histórica, qualquer que fosse sua forma; assim, a repressão seria ou desnecessária ou impossível. Certamente, os ideólogos podem dizer que o que não se conforma à teoria não é arte – mas isso salva a teoria pela trivialização e nos deixa com a anomalia de algo evidentemente eficaz o bastante se não suprimido, que seria arte se não fosse excluído desse âmbito por um decreto do politburo. Uma resposta menos trivializante seria dizer que a arte ofensiva reflete uma subestrutura contaminadora, e a repressão não seria necessária se a base fosse purificada de todas as contradições. Mas *isso* suscita a questão de por que meras reflexões dos contaminantes deveriam ser atacadas e reprimidas, já que elas desaparecerão quando suas condições materiais o fizerem, e são as condições materiais que devem, então, ser atacadas, mais do que seus epifenômenos superestruturais. Não convém aqui analisar as teorias marxistas da história, mas se elas forem verdadeiras, o que se segue delas é apenas que a arte é impotente para fazer qualquer coisa acontecer *na base*: assim, a ideia de Auden deveria ser modificada para dizer que a poesia não faz nada de *profundo* acontecer. Mas nada na superestrutura o faz: então, por que distinguir a arte?

Argumentação muito semelhante se aplica a todas aquelas teorias profundas da história, feliz ou infelizmente já não muito na moda intelectual. Mesmo a política, nessas teorias, é ineficaz, ainda que expressiva, e o famoso capítulo de Burkhardt, "O estado como obra de arte", adquire um significado especial contra aquelas visões da história e do estilo histórico que constituíram a atmosfera na qual ele pensou. Essa visão do estilo histórico que pede, por exemplo, que apreciemos o Expressionismo Abstrato como uma manifestação das mesmas realidades políticas profundas expressadas pela política exterior de Eisenhower, a política interna de McCarthy e a mística feminina – ou a Pop Art como a expressão da mesma realidade, tais como as políticas de Nixon, a contracultura e os movimentos de liberação feminina –, tende a dissolver todas as relações horizontais entre fenômenos de superfície em favor de relações verticais entre superfície e profundidade, tendo mais uma vez como consequência o fato de que a arte não é especialmente mais ineficaz do que qualquer outra coisa na superfície da mudança histórica. É necessária uma visão de fato muito profunda da história para dizer que a política nada faz acontecer. Mas, uma vez que em sã consciência concedemos poder à política, torna-se difícil saber onde deve ser estabelecido o limite e por que a arte deveria ser unicamente ineficaz e meramente reflexiva.

Uma vez que retornamos à história de superfície – ou que retornamos a história de superfície para a efetividade histórica – parece simplesmente uma questão de fato se a poesia faz algo acontecer. Seria fútil supor que leituras de poesia poderiam ter salvado os judeus. Há momentos em que a espada é mais poderosa do que a pena. Mas teria sido apenas contra alguma corrente de expectativas extravagantes e imoderadas que alguém acreditaria que a poesia deveria ter salvado os judeus ou que canções populares deveriam ter salvado as baleias. Hamlet, por exemplo, acreditava que a arte poderia ser eficaz na sua própria guerra com Claudius, e ele estava correto, de certo modo. Ele estava correto, entretanto, não porque a peça dentro da peça era arte, mas porque, enquanto arte, ela estava apta a comunicar o que Hamlet talvez temesse comunicar diretamente, que o crime de Claudius era conhecido por outra consciência que não a do próprio Claudius. Pois, como esse explicaria de outro modo a escolha de um drama em quaisquer outros termos a não ser que Hamlet sabia e queria que Claudius soubesse que ele conhecia a sangrenta verdade e que ele tinha escolhido *O assassinato de Gonzago* com a intenção de comunicar esse fato? Assim, a peça era, metaforicamente, um espelho para Claudius, mas não para qualquer outra pessoa da plateia, a não ser de modo irrelevante; e ainda assim era arte, tanto para aqueles para quem não era espelho quanto para ele, para quem o era. Havia os chocados ou os entediados ou mesmo os entretidos; e como uma teoria geral da arte e de sua eficácia, a teoria de Hamlet é ruim. Ela é ruim da mesma maneira que o seria uma teoria que considerasse a poesia um código quando alguém escreve um poema anagramático por meio do qual o leitor instruído pode conseguir a fórmula da bomba atômica: a pequena melodia em "The Lady Vanishes" [A dama oculta] codifica algum segredo importante, mas o fato de ela ser uma canção popular nada tem a ver com o uso ao qual ela pode ter sido destinada.

Talvez o que seja maçante observar é tudo o que há para observar, embora o exemplo acima delineado corra o risco de sugerir que a arte faz algo acontecer apenas de modo adventício, quando a ela é atribuído um uso extra-artístico; e isso deixa intocado o familiar pensamento de que, intrinsecamente, enquanto arte, ela nada faz acontecer. Voltamos aqui à primeira forma do ataque platônico. Tem de haver alguma coisa errada nisso, caso eu esteja correto em meus argumentos de *A transfiguração do lugar-comum* – ou seja, que a estrutura das obras de arte é a mesma estrutura da retórica, e que é o ofício da retórica modificar a mente e, assim, as ações dos homens e das mulheres ao cooptar seus sentimentos. Há sentimentos e sentimentos, por outro lado, alguns resultando em um tipo de ação e alguns em outros, e a poesia pode fazer algo acontecer se ela for bem-sucedida em promover ações de um tipo que possa fazer algo acontecer. E não pode ser extrínseco para a obra de arte que ela possa fazer isso, se na verdade a estrutura da obra de arte e a estrutura da retórica são a mesma coisa. Sendo assim, há razão, afinal de contas, para temer a arte.

Não estou certo de que a estrutura da retórica e a estrutura da *filosofia* sejam a mesma coisa, uma vez que o objetivo da filosofia é provar, mais do que meramente persuadir; mas as estruturas comuns à retórica e à arte vão longe na direção de explicar por que Platão pode ter assumido uma postura de hostilidade comum diante de ambas e por que o socratismo estético deve ter surgido como uma opção adequada. E quem sabe se a analogia entre as obras de arte e as fêmeas não se deve à redução dessas últimas ao *sentimento* em contraste com a razão, supostamente masculina? De modo que o programa de Platão de tornar as mulheres o mesmo que os homens não é outro aspecto de seu programa de tornar a arte o mesmo que a filosofia? Em qualquer caso, foi um longo e fatal descredenciamento, e será uma tarefa das páginas que se seguem desacoplar partes da filosofia da arte da própria arte: tudo isso bem a tempo, pois tem havido um esforço recente para desconstruir a filosofia, tratando-a como se fosse arte!

A apreciação e a interpretação de obras de arte

Este ensaio foi escrito para um congresso sobre a relatividade das artes, organizado por Betty Jeanne Craige e ocorrido na Universidade da Geórgia em 1982. Esses auspícios explicam as poucas referências à relatividade nesta peça, que, na verdade, se posiciona contra as premissas do relativismo. Minha visão, em termos históricos, é que as interpretações são descobertas e que as afirmações interpretativas são verdadeiras ou falsas. Minha visão, em termos filosóficos, é que as interpretações constituem a obra de arte, de modo que não temos, por assim dizer, a interpretação de um lado e a obra de arte do outro. Meu debatedor, Hayden White, me ajudou a ver que eu era um pouco obscuro nesse ponto, e espero que a presente versão tenha liquidado essa objeção. Há certa imbricação a ser explicada entre este ensaio e o capítulo 4 de A transfiguração do lugar-comum. *Isso porque, somente depois que aquele livro já estava sendo impresso, eu de fato descobri o que eu realmente devia ter dito. Este é o lugar onde o argumento daquele livro é superado em vez de ser meramente amplificado e estendido. O ensaio apareceu primeiramente em* Relativismo nas artes, *organizado pela professora Craige e publicado pela* University of Georgia Press.

Gênio, de acordo com Schopenhauer, é a capacidade de conhecer as Ideias das coisas – no sentido platônico de Ideias – e de revelar essas Ideias em obras de arte em benefício do restante da humanidade, que, tomando emprestado o que seriam os olhos do gênio, pode enxergar através dessas obras o que o gênio enxerga diretamente. "A obra de arte é somente um meio de facilitação desse conhecimento", escreve Schopenhauer, tratando a arte como prótese cognitiva, uma janela metafísica por meio da qual podemos ver as realidades mais profundas, mas que em nenhum sentido adicional tem qualquer outra contri-buição cognitiva própria a fazer: ela existe para que vejamos através dela, não para ser ela mesma vista – então, quanto mais transparente, melhor. A resposta estética, consequentemente, não deve ser provocada diretamente pelas obras de arte enquanto tais, que aspiram a um tipo de nulidade, mas, antes, pelo que a obra de arte descerra, ou, como teriam dito os estetas do século XVIII, *descobre*, ou, já que estamos sendo históricos, como Heidegger diria, *desvela*. Como a obra de arte é, de fato, somente aquilo de que ela trata, Schopenhauer se sente justificado ao dizer que "o prazer estético é um e o mesmo, tanto se ocasionado por uma obra de arte ou diretamente pela contemplação da vida e da natureza".

O ideal da obra de arte autodiafanizante é muito antigo. É, por exemplo, uma fantasia da teoria mimética da arte que a obra de arte deveria apresentar aos olhos ou aos ouvidos somente o que se apresentaria a eles pelo objeto imitado. Enquanto tal, a apresentação subdetermina a distinção entre realidade e arte, para a qual ela é invariante, e a ilusão se torna não apenas uma possibilidade, mas uma meta. A essência diáfana da arte talvez se encontre enclausurada no conceito mais amplo do *medium*, como aquilo que sacrifica a própria identidade, através da qual um Outro deveria tornar-se presente, seja no centro espírita, onde as almas defuntas se comunicam pelo *medium* que se tornou simbolicamente inconsciente, ou na sala de concertos, onde o intérprete age como um tipo de *medium* através do qual a música torna-se audível (um pianista de dons obviamente ex-traordinários foi recentemente desqualificado no Concurso Chopin sob a alegação de que o seu toque deslumbrante ocluía a música que era sua tarefa tornar presente), ou no palco teatral, onde a arte su-prema de atuar é de fato não atuar de modo evidente, como quando a plateia se torna consciente não da Berma de Proust, mas sim da própria Fedra, no fim de cuja incorporação Berma usou o estranho truque de desaparecer como ela própria (em sua autobiografia, o ator britânico Alec McGowen recorda ter obtido demasiadas risadas no seu papel como Adriano VII, concluindo que era o desempenho, antes do papel, contrariamente às exigências da comédia séria, que divertia sua plateia).

A arte, nesse ponto de vista, pretende exatamente esse tipo de nulidade que Sartre supunha ser exemplificada pela consciência, pois ela é ontologicamente desqualificada de ser um objeto, pelo menos para si própria; ou daquilo a que Berkeley se refere como espiritualidade, no sentido de que os espíritos nunca estão presentes a si mesmos como suas ideias estão – eles não podem formar qualquer ideia de si próprios –, porque eles, ao contrário, são os *media* através dos quais as ideias são dadas. Como não é um objeto, a menos que esteja aquém de suas intenções, o fato de ser obra de arte significa não desempenhar qualquer papel próprio na provocação de respostas estéticas, que dizem respeito apenas ao que o *medium* contém – o "conteúdo" – e que são as mesmas, independentemente de o conteúdo ser confrontado diretamente, como pelo gênio de Schopenhauer, ou claramente como um *pis allé* através de um vidro.

É possível compreender a história recente da arte como um esforço filosófico de reafirmar sua própria identidade, de infundir em si o espaço que a teoria havia lhe exigido vagar, de preencher aquele vazio e desdenhar a magra recompensa da mediunidade ao chamar a atenção para si, algumas vezes audaciosamente; de se tornar "uma realidade", como os artistas gostam de dizer. E um estratagema para alcançar isso tem sido mais ou menos virar a mesa no tocante à realidade ao forçar objetos inegavelmente reais a servir como *media*, possuindo-os como fantasmas, de modo que as obras desses mestres da mágica artística reversa, como Marcel Duchamp, se apresentam no corpo de objetos dos quais não teríamos nenhum conhecimento se não fossem pás de neves ou porta-garrafas, rodas de bicicletas ou pentes de cabelo. Mas a incorporação perfeita, assim como a transparência perfeita, parece ironicamente deixar a obra de arte mais desprovida de peso do que nunca: pois a que temos de reagir aqui senão à própria pá de neve, ainda que possuída? E a posição de Schopenhauer de que o prazer estético é um e o mesmo parece ter um apelo ainda maior de consideração, já que a obra de arte e o objeto crasso são tão indiscerníveis quanto dois objetos crassos do mesmo tipo não edificante. É cômico como faz pouca diferença se a arte é um nada etéreo que revela a realidade na sua nudez ou algo que se farta tanto da realidade a ponto de entre a realidade e a arte não haver diferença visível.

Então, imagine três pás de neve totalmente idênticas, todas da mesma fábrica, sendo que uma delas é definitivamente uma obra de arte, embora não por ser diferenciada de suas iguais vastamente menos ilustres após uma inspeção demorada e minuciosa, menos ainda porque, apesar de obra de arte, ela também continue sendo o que tem sido o tempo todo: uma ferramenta de uso sazonal a céu aberto. A questão sobre a natureza da arte surge com esse "também"; afinal – sem considerar sua identidade como pá de neve, apesar de sua identidade como pá de neve –, o que ela "também" tem que a torna uma companhia ontológica de *L'embarquement à Cythère* ou *Tristan und Isolde*? E o fato de que ela é ("também") uma obra de arte pode fazer uma diferença estética? Se a resposta estética diz respeito sempre e somente ao que vai ao encontro do olho (ou do ouvido ou de qualquer outro sentido), é difícil perceber onde pode estar a diferença estética, dada a indiscriminabilidade de nossas pás de neve. Se houver, então, uma diferença, ela deve estar logicamente oculta dos sentidos no que permanece quando subtraímos a pá de neve da obra de arte – é como procurar a alma de alguém subtraindo seu corpo, mesmo quando não está claro que *existe* um resto. E no caso das obras de arte, é difícil perceber qual poderia ser a resposta estética correspondente, se ela tiver de ser dada a algo tão singularmente impalpável.

Não obstante, quero argumentar que Schopenhauer está errado e que o fato de alguma coisa ser uma obra de arte faz uma diferença estética, mesmo que a obra de arte não possa ser distinguida de uma mera coisa como uma pá de neve. E isso significa que a obra de arte não pode ser identificada nem com o *néanti* da evanescência mimética nem com o *être* da conquista duchampiana: Ser e Nada não podem exaurir o plano metafísico se a obra de arte deve ter um *locus* nele. Esteticamente falando, as duas teorias da arte, comicamente conexas, são equivalentes. Então usarei a possibilidade da diferença estética para preparar o palco, que tem sido dominado por comediantes que simplesmente trocam de máscaras, tendo em vista um tipo totalmente outro de teoria.

Que um tipo totalmente outro de teoria é necessário pode ser depreendido do fato de que ambas as teorias caricaturadas há pouco nos fornecem a mesma coisa que o sujeito dos predicados estéticos, e nenhuma delas pode, consequentemente, ser adequada para o que podemos denominar de linguagem do mundo da arte. Que isso não tenha sido depreendido até agora pode ser explicado pelo fato de que o conceito de beleza foi o que dominou a discussão estética através dos tempos, uma fixação que cegou os filósofos para a riqueza dessa linguagem e lhes ocultou sua lógica. A teoria da transparência da arte obviamente remove tudo da consideração estética exceto o conteúdo da obra, sendo o resto uma excrescência não condizente com a essência da arte. A teoria da realidade remove tudo da arte exceto a realidade que seria o conteúdo da obra de arte conforme articulado pela teoria da transparência. Desse modo, a qualquer coisa que os predicados estéticos se apliquem, eles se aplicam àquela coisa invariante, seja lá o que ela for. De fato, dificilmente ocorreria aos artistas da época de Schopenhauer ter revelado uma ideia tão contaminada com a *Alltäglichkeit* como uma pá de neve, uma vez que as lições do caravaggismo não haviam sido pensadas até o limite. Consideremos, então, algumas flores. Esteticamente falando, pouco importa se se trata de uma representação diafanizada de flores ou de um buquê de flores arranjado pela Florista que usa narcisos como material, numa obra de arte, ou *apenas* de um buquê de flores. Em termos estéticos, as diferenças são inescrutáveis. Uma bela representação de flores é apenas a representação de belas flores, uma vez que a teoria da transparência nada nos fornece a não ser o conteúdo da obra para servir de sujeito da predicação estética. E as flores – reconheçamos – são belas, sejam aquelas levadas ao mundo da arte pela Florista que usa o grau zero da intervenção artística ou aquelas, em tudo o mais exatamente como essas, que a Florista por algum motivo não deixou deliberadamente intocadas. Estas foram tocadas por minha amiga e vizinha Ellen Williams, uma mulher muito simpática que, no entanto, não é artista e certamente não é a Florista. Elas são belas em sua mesmidade, independentemente da ontologia.

A teoria da transparência tem uma fórmula para a criação de belas obras de arte, a saber: "Pegue um belo objeto e o represente com a máxima transparência". Assim era a fórmula dos gregos antigos, como Lessing os caracteriza no *Laocoonte*: "Os sábios gregos confinaram a pintura à imitação da beleza: o artista grego não imitava nada que não fosse belo". A teoria da realidade abrevia radicalmente os procedimentos criativos, sendo sua fórmula: pegue um objeto belo e deixe-o ser uma obra de arte. A teoria estética em ambos os casos é a seguinte: se o assunto da obra é F, para todo predicado F a obra será F se for transparente na medida certa. E precisamente aqui está o problema com o conceito de beleza. As coisas no mundo, por exemplo, flores, podem ser belas de modos que não tornam intrigante, muito menos conspicuamente despropositada, a inferência de belas pinturas de x's para pinturas de belos x's. Entretanto, no momento em que desviamos nossos olhos da beleza e inspecionamos os recursos mais amplos de nosso vocabulário estético, podemos começar a ter dúvidas sobre essa inferência, mesmo no caso da beleza. Estou pensando agora em alguns poderosos desenhos de flores que eu hesitaria em descrever como desenhos de flores poderosas. Eu hesitaria porque não estou certo de que existem flores poderosas, e porque estou certo de que, se existirem, essas bocas-de-dragão e essas íris não o são. Mas "poderoso" é um lugar-comum na linguagem do mundo da arte. Porém, de fato, dificilmente há um predicado do discurso ordinário que não possa ser espremido para dentro do serviço estético. Assim, há desenhos fluidos e desenhos esquisitos, desenhos frágeis e desenhos brilhantes, desenhos explosivos e desenhos infantis de flores que, mesmo no caso mais provável, talvez não sejam frágeis por nada que se assemelhe aos mesmos critérios pelos quais os desenhos delas o são. Não é minha intenção neste ensaio elaborar a lógica desses predicados, ou sua psicologia, mas apenas dizer que tem de haver algum sujeito para esses predicados, um assunto que nenhuma das teorias consideradas pode identificar, bem como extrair algumas poucas lições filosóficas antes de prosseguir para minhas preocupações principais.

Em primeiro lugar, desde que a atenção filosófica se fixou no conceito de beleza, foi possível especular que deve haver um *sentido* de beleza, por meio de cuja avenida as qualidades estéticas das coisas seriam conduzidas à consciência – assim como nos tornamos conscientes das cores das coisas por meio do sentido visual. Dos teóricos da sensibilidade do Esclarecimento aos intuicionistas de Bloomsbury, a ideia de que a apreciação estética pressupunha algum tipo de *Anschauung* era tida pelo conceito de beleza como mais ou menos garantida. Mas dificilmente poderia ter havido a tentação de postular um sentido especial para cada um dos predicados estéticos – um sentido de poder, de fragilidade ou de esquisitice. O vocabulário moral é também rico e variado, mas foi possível supor que a bondade entrava na definição de cada um desses predicados e que a própria bondade era, por assim dizer, intuída por um senso moral especial. É improvável que uma teoria paralela esteja disponível para a beleza e, de modo geral, parece-me que uma consequência de simplesmente notar a extensão do vocabulário estético é reduzir a atratividade do modelo de sensação do entendimento estético. Na verdade, o entendimento estético de obras de arte pode estar muito mais perto de uma ação intelectual do que um modo de estimulação sensorial ou de paixão, pelo menos ao lidar com obras de arte.

Em segundo lugar, talvez não seja claro se os tipos de predicados estéticos a que estou me referindo se apliquem sob o mesmo critério a obras de arte e a meras coisas reais quando estas últimas são consideradas esteticamente. Ser frágil faz parte da realidade das flores, e sua fragilidade, que é factual, fez das flores metáforas naturais das insubstancialidades evanescentes em qualquer parte do mundo: beleza física, inocência, virtude, juventude e felicidade. No Japão, a flor das cerejeiras provoca pensamentos sobre a efemeridade da vida; por outro lado, estamos vendo essa abundância de pétalas brancas e cor-de-rosa na moldura fornecida por um tipo de filosofia de vida e tratando-a virtualmente a partir das perspectivas da arte. Abstraída desses impulsos metafóricos e filosóficos, será que a fragilidade das flores se tornaria alguma vez um assunto do campo estético? Compelido a atentar para a fragilidade das flores, tomo-a como uma injunção para acompanhar meu passo desajeitado ou para vê-las como assunto de um poema. O comentário inteligente de Ernest Gombrich de que *vemos* o que pintamos não é, na verdade, uma tese sobre óptica, mas sobre a maneira pela qual as teorias sobre a vida e o mundo afetam o modo como reagimos ao mundo. Desse modo, quando alguém diz – como o fez Marx Wartofky – que El Greco o capacitou a ver o alongamento das coisas, tratando El Greco como um revelador óptico, ele está negligenciando a possibilidade de que o alongamento seja a expressão artística da tensão oposta entre terra e céu, que os santos estirados de Greco exibem metaforicamente. De fato, é possível argumentar que a linguagem do mundo da arte é metafórica em sua semântica. Se isso é verdade, pode significar que a tese de Schopenhauer afirma que a reação estética é a mesma tanto às obras de arte quanto às coisas reais, mas isso acontece porque as coisas reais são vistas sob a perspectiva da arte quando respondidas esteticamente. Desse modo, podemos salvar a tese somente se a girarmos em 180 graus. Para ser exato, isso indica que o conceito de beleza precisa ser abordado, desde que este seja o principal conceito para o qual a distinção entre natureza e arte, pelo menos no que se refere à arte explicada por meio de uma das teorias esboçadas aqui, não faz a menor diferença. Mas, então, ficamos com uma curiosa questão de que o que salva os predicados da beleza poderia ter formado o discurso crítico dos antigos, e ficamos com o pensamento de que sua experiência de arte deve ter sido singularmente empobrecida em relação à nossa, se tudo o que puderam dizer foi: "Que belo!". Decerto eles puderam também prezar as obras de arte por sua transparência – a saber, as uvas que ele pintou pareciam suficientemente boas para comer, a mulher que ele esculpiu parecia suave o bastante para amar, etc.

Por fim, podemos notar a irrelevância das considerações estéticas para os profundos problemas da filosofia da arte, que tem a ver com a resposta da questão que nosso trio de pás de neve levanta, a saber, distinguir aquela que é arte da que não é. Se Schopenhauer está certo, as qualidades estéticas são exatamente as mesmas entre arte e realidade, e dificilmente poderíamos distinguir coisas baseando-nos no que elas têm em comum. Se ele está errado, então o fato de que algo é uma obra de arte faz uma diferença estética. Mas então a diferença estética pressupõe a distinção que procuramos e não pode fazer parte do que faz aquela diferença. Portanto, a estética não pertence à essência da arte – o que não significa que não aprenderemos algo sobre a estética identificando essa essência. Voltemos, então, às pás de neve.

A pá de neve que "também" é uma obra de arte ostenta adequadamente um título, nesse exemplo, *Em antecipação ao braço quebrado*, à primeira vista uma das anedotas mais inábeis de Duchamp. Mas daí vemos que ninguém quebrará o braço removendo neve com *Em antecipação ao braço quebrado*, exatamente porque sua promoção ao *status* de arte a eleva acima, ou de algum modo para fora, do domínio do mero utensílio, e então há uma tensão, no final das contas, entre obra de arte e ferramenta, que o título sublinha engenhosamente. Um importante subgênero da *oeuvre* de Duchamp pode ser apreciado como tantos comentários distorcidos da tese engenhosa de Kant, segundo a qual a arte deve ser vista em termos de uma propositalidade generalizada que não pode ser, entretanto, identificada com qualquer propósito específico, ainda que a questão sobre qual seja o seu uso é sempre legítima, apesar de nenhuma resposta ser admitida como correta. Duchamp nos mostra ferramentas arrancadas de sua utilidade por seu novo *status* desconfortável, a *Zuhandene* força a entrada no domínio da *Vorhandene*, para usar a metáfora política de Heidegger, tão deslocada quanto um encanador num April in Paris Ball. Duchamp torna o desabrigo metafísico desses objetos vívido e mesmo intoxicante – mas então, certamente, a apreciação dessas obras deve consistir parcialmente em sentir as tensões filosóficas que elas devem ocasionar, mais do que, por assim dizer, elucubrar sobre suas Formas Significantes ou algo que o valha. Seria um fato irônico e irrelevante, por exemplo, se a relação entre o diâmetro e a altura na lata de sopa Campbell de Warhol por acaso satisfizesse exatamente a proporção áurea.

Consideremos, a esse respeito, a obra célebre de Duchamp, tão frequentemente referida nestes ensaios, *Fonte*, de 1917, que, como todo mundo sabe, não era mais que um mictório da época, desconectado da tubulação que lhe dava sua utilidade familiar – familiar pelo menos a quase metade da população do Ocidente –, como se virado de costas, como uma tartaruga imobilizada. Trata-se de uma peça de porcelana industrial comprada por Duchamp (por ele próprio!), escolhida entre suas indistintas semelhantes produzidas por uma companhia chamada Mott Works. É inconsistente com o espírito da obra imaginar Duchamp examinando ansiosamente os mictórios no local de vendas até encontrar "exatamente o correto". Na verdade, o original se perdeu (ele existe apenas numa famosa fotografia tirada por Alfred Stieglitz), mas Duchamp comprou outra peça para a Sidney

Janis Gallery, uma terceira para a Galleria Schwartz em Milão e, de fato, posteriormente, uma série de oito, assinadas e numeradas, como se ele tivesse produzido uma tiragem de gravuras. A assinatura é de Duchamp, apesar de o nome – "R. Mutt" – não o ser, uma vez que, como sabemos, Duchamp deu a si vários outros nomes para vários outros subgêneros de sua produção – por exemplo, "Rrose Sélavy" para seus trabalhos eróticos, etc. A diferença entre nome e assinatura pode ter chocado o mundo da arte de seu tempo como sendo mais estranha do que hoje, quando um dos principais locais do grafite, além dos vagões dos trens, são os banheiros masculinos, e é uma convenção dessa forma de arte que seus executantes ocultem sua identidade sob *noms de crayon* especiais, emplastrados em maneiras – não menos em formas – que distinguem muito pouco "R. Mutt 1917" de "Taki 191" ou "Zorbo 219", a não ser pelo dígito a mais. O fato de ser uma assinatura, obviamente, acompanha o fato de ser uma obra de arte, um *status* reconhecido pelo comitê da exposição "Independentes" de 1917 que o *rejeitou* – você não rejeita *coisas* de exposições, você as exclui. Naturalmente, o *designer* daquele mictório, orgulhoso de seu trabalho, pode tê-lo assinado – artesãos, afinal de contas, também assinam suas produções, como sabem os colecionadores de antiguidades; mas a crueza com que "R. Mutt 1917" está emplastrada não condiz com orgulho de artesania. Trata-se de um vaso de cerâmica perfeitamente elegante, mas sua elegância é muito pouco relevante para apreciar a obra de arte, da qual a assinatura, que não pode aqui ser separada da obra de arte, é tão deselegante quanto poderia ser. Então, seria óbvio que Duchamp não estava redimindo para deleite estético um objeto até então julgado como crassamente fora de consideração, um lembrete, por assim dizer, de que a beleza pode ser encontrada nos lugares menos prováveis. Mas a pega do esteticismo na filosofia da arte é forte e fria, como pode ser depreendido do fato de que as qualidades estéticas do mictório são tomadas como aquilo de que trata *Fonte* na visão de George Dickie, o teórico institucionalista da arte, que define parcialmente a arte em termos de sua candidatura à apreciação. E se sua defesa dessa teoria tiver de fazer sentido, é exatamente a apreciação estética que se deve ter em vista. "Por que as qualidades ordinárias de *Fonte* – sua superfície branca cintilante, a profundidade revelada quando ela reflete imagens ou objetos circundantes, sua agradável forma oval – não podem ser apreciadas?", pergunta Dickie. "Ela tem qualidades similares àquelas de obras de Brancusi e Moore, que muitos não hesitam em dizer que apreciam". Essas *são* qualidades do mictório em questão, assim como são qualidades de todos os robustos itens da Mott Works naquela época. E essas *são* qualidades em parte compartilhadas com aquele trecho de *Pássaro no espaço*, de Brancusi, que foi classificado por um sensível inspetor de alfândega como produto industrial. Como fato da história da arte, sabemos que Duchamp se apropriou de seus *readymades* exatamente porque eles eram, do seu ponto de vista, esteticamente indiferentes. Um deles, um pente de metal com o estúpido título *Pente* – ou talvez não tão estúpido, já que sua leitura literal poderia nos levar a não perceber a frase absurda inscrita de maneira impecável (*Trois ou quatre gouttes de hauteur n'ont rien a voir avec la sauvagerie*[9]) ao longo de sua espinha – possui o que Duchamp identifica como "a característica do verdadeiro *readymade*":

> Durante os 48 anos desde que foi escolhido como um *readymade*, esse pequeno pente de ferro manteve as características do verdadeiro *readymade*: nenhuma beleza, nenhuma feiura, nada particularmente estético a respeito dele [...] Ele nem sequer foi roubado em todos esses 48 anos!

O professor Ted Cohen argumentou que a obra não é de modo algum o mictório, mas o gesto de exibi-lo; e gestos não costumam ter superfícies, sejam elas brilhantes ou opacas. Desse modo, Cohen localiza *Fonte* no gênero dos *happenings*, mais do que – como seria minha tendência – como uma contribuição à história da escultura. Decerto há um argumento de que os escultores podem modelar tanto os eventos quanto a matéria e funcionam tanto no tempo quanto no espaço. Mas a existência de duplicatas e réplicas vai contra essa classificação – não é o gesto de exibição que é duplicado, mas o mictório juntamente com qualquer coisa que faz dele arte. Além do mais, o gesto de exibição, que é brilhante, ousado e intrépido, não está no espírito do *readymade*, que é supostamente opaco. Desse modo, a obra é bem mais conservadora do que supõe Cohen. Que uma teoria como a de Cohen esteja disponível é, no entanto, uma prova de que a identidade

---

[9] "Três ou quatro gotas de orgulho nada têm a ver com a selvageria." (N.T.)

da obra é bem indeterminada, mesmo no presente escrito; e como as diferentes qualidades estéticas acompanham as várias interpretações – o esplendor branco de Dickie, a audácia de Cohen; é difícil saber o que apreciar até que saibamos como a obra deve ser apreciada.

O defensor anônimo de *Fonte*, na segunda edição do periódico apócrifo *The Blind Man* – não por coincidência publicado pelo próprio Duchamp, entre outros –, escreve assim: "O Sr. Mutt [...] pegou um artigo ordinário da vida e o colocou de modo que seu significado utilitário desapareceu sob o novo título e ponto de vista – criou um novo pensamento para aquele objeto". O "pensamento" deve concernir o poder dos títulos para transubstancializar objetos tão resistentes à suprassunção como devem ser os mictórios, considerando que é o mictório que continua sendo até hoje o objeto da consciência crítica, portanto não está claro que o poder em questão não se estende até tão longe. O que temos é o espetáculo vertiginoso de um conceito – o conceito de arte – que tem o olho maior do que a barriga, como uma jiboia desafortunada com um caroço impossível de engolir no seu esôfago repentinamente inadequado. Isso poderia ser uma metáfora para a resistência derradeira da arte a ser ingerida por sua própria filosofia. Em todo caso, a criação atribuída ao "Sr. Mutt" é a de um *novo* pensamento para *aquele* objeto: assim, a obra deve ser pensada *com* o objeto, tomada conjuntamente, e o objeto, como consequência, é somente *parte* da obra. Então o objeto pode, de fato, ter aquelas qualidades apontadas por Dickie, sem que sejam obrigatórias: e então a apreciação permanece suspensa, pendente do surgimento de interpretação.

Fonte não é para o gosto de todos os amantes da arte, e confesso que, por mais que eu a admire filosoficamente, se ela me fosse dada, eu a trocaria o mais rápido possível por mais ou menos qualquer Chardin ou Morandi – ou mesmo, dados os exageros do mercado de arte, por um *chateau* de tamanho médio no vale do Loire. Mas isso nada tem a ver com o meu gosto por porcelana branca reluzente, a qual prefiro em relação às cores de decorador encontradas nos banheiros de classe média ao longo do continente, como sendo algo de algum modo mais "clássico". Mas exatamente por essas razões, acho um tanto repulsivo

– e penso que qualquer pessoa que compartilhe meus gostos também acharia – o borrão "R. Mutt 1917", que me remeteria muito rapidamente à lata de Ajax e às caixas de Brillo. O gosto, afinal de contas, tem suas consistências, mesmo que seja relativo e seu paradigma não possa ser racionalmente discutido. Então, ponderemos o vandalismo inadvertido de alguém que raspou aquele letreiro horrendo, pensando ser grafite, a fim de dar um passo atrás e vibrar com as sublimidades árticas do mais fino Mott Works, reagindo esteticamente a um objeto puro em curvatura e ausência de cor, uma simples peça de beleza adequada ao frio olhar de Euclides, talvez uma alegria eterna. Sob uma perspectiva tão exaltada, não deveria importar onde e quando o objeto foi feito, ou mesmo que ele *tenha sido* feito por intervenção humana, já que é possível imaginar a combinação correta de caulim, feldspato e quartzo, forjada e aquecida nas entranhas da terra a 700° ou 800° F e descoberta por Bouvard e Pecuchet, que a doaram ao Museu de História Natural, enquanto sua equivalente, dessa vez em virtude de uma contrafactual mais histórica do que geológica, reside na *Marie-Theresien-Platz*, para onde foi trazida como espólio artístico pelos vitoriosos austro-húngaros, em 1918, e posta no *Kunsthistorisches Museum*, próxima aos Breugels. Que inspirada decisão curatorial, considerando aquele bem conhecido pendor dos mestres flamengos pelo senso de humor urinário!

A pureza da reação vem com a pureza do objeto, o que significa, suponho, o objeto purificado de quaisquer associações históricas ou culturais. Sendo assim, o objeto *muttless* [desprovido de Mutt] poderia ter qualquer quantidade de histórias, para todos os nossos decretos estéticos. Infelizmente, Viena carece de um museu oriental, mas podemos talvez imaginar que o príncipe Eugene de Savoy tenha feito prevalecer sua vontade de construir um para abrigar um dos prêmios. Os chineses foram os mais finos ceramistas conhecidos, e posso imaginá-los tendo produzido, por volta do ano 1000, um objeto exatamente como o nosso, feito deliberadamente perfurado para torná-lo superfluamente inútil para os propósitos residuais da porcelana chinesa, cujos exemplares paradigmáticos seriam jarras e potes, a fim de enfatizar que *esse* foi criado *apenas* para a contemplação daqueles sensíveis às brumas brancas e cataratas do Sung e para tornar emblemáticos os ensinamentos do neoconfucionismo, segundo os quais as obras de arte devem ser tratadas como fins, nunca como meios. O que quero dizer é que é fácil encaixar o objeto idêntico – idêntico pelo menos sob os predicados monádicos, se estes têm propriedades primárias, secundárias ou, como alguns estetas supõem, terciárias como suas extensões – em diferentes contextos, em cada um dos quais nós, de fato (se o objeto é naquele contexto uma obra de arte assim como o é nos dois contextos delineados há pouco), reagimos a algo que não é apresentado aos sentidos, nem mesmo amplificado pelo senso de beleza. Mas suponhamos que a lição já foi compreendida e nos concentremos, para efeitos analíticos, naquelas propriedades que de fato se apresentam aos sentidos e em algumas das quais o olho (por exemplo) pode se demorar apenas pelo prazer que ele obtém daquilo em que se demora.

Suponha que haja escolhas feitas por razões puramente estéticas, sendo que me refiro a "razões puramente estéticas" como escolhas que *simplesmente* preferimos, sem termos sido ensinados a preferir e sem razões adicionais para a preferência. Kepler, se tivesse tido o universo do seu jeito, teria preferido órbitas circulares às elípticas para os seus planetas, mas isso porque ele tinha internalizado um conjunto de razões metafísicas que determinavam o movimento circular, de algum modo, como o mais *perfeito* tipo de movimento: as elipses pareciam indignas de um universo projetado por um Ser Perfeito. O físico Rainwater ganhou o Prêmio Nobel por sua sugestão de que certas propriedades intrigantes do núcleo se sucederiam naturalmente se o núcleo tivesse a forma de um charuto, uma forma ignominiosa; e justamente por causa de sua ignomínia, a conjetura de Rainwater encontrou resistência, uma vez que os cientistas estavam convencidos, por razões – quem sabe – profundas (e isso em 1958!), de que o núcleo tinha de ser uma *esfera*. O que vale para as formas também vale para as cores. O branco é uma metáfora da pureza, e "por causa de sua pureza" é uma razão para preferir o branco ao escarlate, o que conecta a escolha a imperativos arraigados no inconsciente religioso. O escarlate é a cor do pecado, se suprimimos a ideia do manto dos cardeais, sem dúvida por ser a cor do fogo; e o fogo é, por razões que, se não óbvias, jamais serão descobertas, uma metáfora da raiva e da paixão sexual. E assim por diante. Mas há escolhas feitas por animais no seu nível operativo que devem ser explicadas esteticamente, sem que sua estética seja explicada por suas crenças: há coisas de que cães e gatos gostam, como aromas e sabores, apenas porque delas realmente gostam. Pode haver causas no material do DNA, sem que o animal tenha razões. Essas seriam, então, escolhas puramente estéticas. Eu espero que as façamos também.

Ao escrever sobre o tema do tédio, com o qual algumas de suas obras estão associadas, Warhol diz que é importante sentar e olhar para a mesma coisa – "Não quero que seja essencialmente a mesma; quero que seja exatamente a mesma. Porque quanto mais você olha para exatamente a mesma coisa, mais o significado vai embora e você se sente melhor e mais vazio". Isso soa mais ou menos como uma fórmula para a contemplação, sendo que qualquer objeto suficientemente obtuso – um trinco de porta, o próprio umbigo – é um meio de obter aquela agradável sensação de vazio que os companheiros místicos de Warhol tendem a perseguir. Mas desejo enfatizar o desaparecimento do significado, deixando o simples objeto, ainda que – por vivermos como vivemos em mundos intensionalizados e situacionalizados – não seja nada óbvio, como procurei argumentar acima, que esteticamente muita coisa restará se o significado for subtraído. Em todo caso, seria apenas sob essa subtração que o objeto que resta ocasionaria em nós o que estou chamando de reações *puramente* estéticas. Mas o gosto, por uma questão de verdade conceitual, é relativo, mesmo que, de fato, todo mundo sempre prefira a mesma coisa; suponha, então, que psicólogos e antropólogos que trabalham, como normalmente o fazem, com neonatos, tribos exóticas, vítimas de amnésia total, e hidrocéfalos estabeleçam que haja uma preferência estética, espontânea e universal exatamente pelo objeto que Duchamp por acaso escolheu para *Fonte*, invariável no que se refere a questões de significado e metafísica subjacente: que ele descobriu o Objeto Estético Universal! Afinal de contas, deve haver alguma razão pela qual o *designer* da Mott Works escolheu aquele trevo modificado entre as incontáveis formas disponíveis para exatamente a mesma função. Tudo isso tem como objetivo nos aproximar o máximo possível de uma *tabula rasa* estética, e o único propósito é mostrar que nada que se aproxime remotamente disso está disponível na própria *Fonte*, como obra de arte, qualquer que seja o deleite que o objeto materialmente relacionado com ele possa trazer para o incontaminado sétimo sentido de bebês recém-nascidos e boxímanes. Não seria nem mesmo possível realizar o experimento com neonatos sobre a identidade de *Fonte* como obra de arte. Porque, mesmo que eles possam ter uma propensão irresistível e superlativa para contemplar *aquele objeto*, eles são conceitualmente inocentes sobre o que é uma obra de arte. Há algo para o que o neonato é cego e que o crítico do *Blind Man* poderia ver – isto é, aquilo que, independentemente do que for, não é meramente contíguo à forma sedutora do charme mundial, mas pode, no entanto, fazer com que aquela forma de fato submerja: "desapareça". Também não está claro qual é a cor da *Fonte*, ou se ela tem uma cor. É para isso, mais do que para o que podemos cruamente estetizar, que devemos olhar para ver o que é uma obra de arte. E será necessário um tipo de estética muito diferente daquele que as respostas estéticas exemplificam.

Foi observado que objetos indiscerníveis tornam-se obras de arte muito diferentes e distintas em virtude de interpretações distintas e diferentes, portanto considerarei as interpretações como funções que transformam objetos materiais em obras de arte. A interpretação é, com efeito, a alavanca com a qual um objeto é alçado para fora do mundo real e para dentro do mundo da arte, onde é trajado de uma vestimenta muitas vezes inusitada. Um objeto material só é uma obra de arte em relação a uma interpretação, o que obviamente não implica que o que é uma obra de arte seja relativo de alguma outra maneira interessante. A obra de arte que uma coisa se torna pode ter, de fato, uma notável estabilidade.

Nem toda obra de arte – isto talvez nem precise ser dito – é uma transformação por meio da interpretação de um *objet trouvé*, e é difícil imaginar congêneres para a maioria das obras de arte, como aconteceu com nosso trio de pás de neves, que não são obras de arte, principalmente porque a maioria das obras de arte é composta de objetos impingidos ao mundo com a intenção de que sejam obras de arte. Mas, como espero ter mostrado, tanto aqui quanto alhures, é sempre possível, para qualquer obra de arte que escolhermos, imaginar algo indiscernível dela, mas ocasionado de um modo que torna inaplicável uma interpretação transformativa. O que não significa que o objeto esteja além da redenção – ele pode ser interpretado no domínio artístico –, mas ele dificilmente poderia ser a obra que temos em mente ao imaginar essa coisa nova, porém perfeitamente congruente. Suponha que, como terrorista cultural, eu decida explodir as pedreiras de mármore em Carrara, para fazer uma declaração, de uma vez por todas, sobre a corrupção político-moral da Renascença. Eu planto toneladas de explosivo plástico e pressiono o detonador com uma canção anarquista nos lábios. A poeira abaixa, e lá no meio de tudo os retalhos de mármore caíram juntos para formar o que não poderia ser distinguido do *Tempietto* de Bramante – a não ser pelo fato de ter no topo o que não pode ser distinguido da *Pietà com S. Nicodemo*, de Michelangelo. Essa escultura estaria radicalmente fora de lugar no topo daquela estrutura sofisticada, uma adorável metáfora arquitetônica na qual um templo romano é transfigurado num emblema da cristandade romana, e a continuidade histórica tanto quanto o triunfo religioso são celebrados por meio de referência monumental. Mas esse pedaço de mármore curiosamente conformado não está menos fora de lugar no topo dessa pilha de retalhos de mármores do que estaria em qualquer outro lugar. Ou melhor: não há espaço aqui para o conceito de lugar: temos apenas um amontoado de pedras estatisticamente ímpar, caído onde caiu e como caiu, e, não obstante as similaridades externas, nada há aqui de referência ou metáfora. Não que amontoados não possam ser metáforas, apenas esse não o é. É claro que poderia ser um milagre, uma intromissão benigna por parte do espírito do papa Júlio II: mas, mesmo assim, não poderia significar o que o *Tempietto* de Bramante significa, mesmo que *eu* me converta ali mesmo. Desse modo, apesar de um artista poder ter plantado todo aquele plástico e o detonado na esperança de que algo *exatamente como isso* acontecesse, estou incerto sobre qual obra ele produziu e busco interpretar; porém não será a interpretação que dará ao *Tempietto* o seu lugar na história da arquitetura da Renascença. Mas já chega.

Há dois tipos de erros gerados pelo conceito de arte, um filosófico e outro meramente crítico. O primeiro é interpretar alguma coisa que não é candidata a ser arte, e o segundo consiste em dar a interpretação errada ao tipo certo de coisa. Posso estar dando os primeiros passos para interpretar a pá de neve quando descubro que interpretei a pá errada, o que é diferente de descobrir que dei a interpretação errada ao objeto certo. Há pontos de vista de interpretação artística nos quais, embora possa ser correto ou incorreto interpretar um dado objeto, não há interpretação correta ou incorreta. Você tem a sua visão, e eu tenho a minha. Eu gostaria de passar o resto deste ensaio explorando suficientemente a lógica da interpretação artística de modo a inferir um ponto de vista sobre essa forma extrema de relativismo.

A décima quarta edição da *Encyclopaedia Britannica* define a *Fonte* como um arranjo de escoamento de água para dentro de um tanque ornamental, assim como o receptáculo ornamental ou "o próprio jato de água" – o que poderíamos supor por metonímia. O mictório da Mott Works se encaixa bem perfeitamente nessa definição – mas se Duchamp tivesse incorrido em um dano lexicográfico, os definidores teriam certo trabalho para excluir esse indesejável novato do rol do *definiendum* por causa da negligência dos *definiens*. Penso que sua intenção não era tanto conseguir que os mictórios fossem classificados como fontes, o que transformaria seu título num rótulo, mas sim, deixando suas conotações intactas, que fossem classificados como um dispositivo civilizado para o alívio da distensão cística, bem como inseri-los metaforicamente nos atributos de fontes como obras da arquitetura escultórica, equiparando-se a conquistas como a *Schöner Brunnen*, de Nuremberg, a *Fontana di Trevi*, em Roma, a *Fontaine des Innocents*, de Jean Goujon, em Paris, a *Prometheus Fountain*, no Rockfeller Plaza, e principalmente a *Manneken Pis*, em Bruxelas, do escultor Duquesnoy, ao qual, para mostrar como os costumes mudaram de 1619 até 1917, diz-se que Luis XV conferiu a cobiçada *Croix de St. Louis*. A identificação que ele faz disso como uma fonte é, então, não uma classificação, mas uma interpretação: dizer desse mictório que *ele* é uma fonte é, de fato, um exemplo do que chamei alhures de *identificação artística*, na qual o "é" em questão é consistente (mas apenas consistente) com a falsidade literal da identificação. É artisticamente verdadeiro, mas literalmente falso, portanto, dizer de certa peça de mármore enformado que seja São Nicodemo, ou de certa jovem cantora que ela seja o jovem Cherubino sedento de amor, ou de uma peça de prosa ficcional que ela seja uma carta da Pamela. Mas uma *Lata de Sopa Campbell* é realmente uma lata de sopa Campbell.

As interpretações são o pivô das identificações artísticas – e estas, por sua vez, determinam quais partes e propriedades do objeto em questão pertencem à obra de arte na qual a interpretação a transfigura.

Então poderíamos facilmente caracterizar as interpretações como funções que impõem obras de arte sobre os objetos materiais, no sentido de determinar quais propriedades e partes dos objetos devem ser tomadas como parte da obra e dentro do significante da obra de modo que eles não estejam caracteristicamente fora da obra. Se "R. Mutt 1917" *de fato* fosse grafite, ele desfiguraria o mictório, mas não necessariamente a obra, assim como uma mancha de tinta derramada pode danificar um livro, mas de modo algum afeta o romance, a não ser que o próprio romance seja um *roman-objet* no gênero de *Tristram Shandy*. E, ao arruinar o livro, pode-se destruir algo de valor muito maior do que a obra, que pode ser lixo. As rachaduras que aparecem nos painéis de vidro de *La Marieé mise a nu par ses célibataires, même*, de Duchamp, danificaram o objeto e obscureceram a obra até que, deixando o objeto danificado onde ele estava, Duchamp tornou-as parte da obra, listando como colaborador involuntário o pobre carregador. O objeto se mostrou frágil, mas não está nem de longe claro o que se teria em vista ao dizer que a *obra* é frágil: o predicado estético "frágil" pareceria não se aplicar a essa forte imagem de erotismo oblíquo, na qual, nas palavras de Richard Hamilton, "a noiva pende nua, ainda que inviolada, em sua gaiola de vidro, enquanto os celibatários ralam seu chocolate abaixo". Poderíamos notar, aliás, que seria consideravelmente muito mais difícil realizar uma cópia do Grande Vidro do que o próprio *Le grand verre*, apesar de duas cópias em tamanho natural terem sido feitas, a primeira por Ulf Linde, em 1961, e a segunda pelo mesmo Richard Hamilton, em 1966, em Newcastle-upon-Tyne. Ninguém quer se arriscar a despachar o original por aí.

Estou tentando dizer que as decisões precisam ser tomadas e são do tipo que não resulta das meras coisas reais. Mesmo que alguém tente encurtar as coisas, dizendo que a obra consiste na maldita coisa inteira, sempre restará um problema sobre onde estão os limites da maldita coisa inteira. Considere uma última vez as pás de neve e deixe que todas as partes da pá relevante façam parte de *Em antecipação ao braço quebrado*. Mas o que dizer sobre sua posição? Ela deveria estar corretamente na vertical ou de ponta-cabeça, de costas ou de frente? A posição faz ou não faz diferença? Suponha que alguém pergunte: significa alguma coisa o fato de *Em antecipação ao braço quebrado* estar na posição vertical correta? E a resposta pode ser "não", porque o fato de estar nessa ou naquela posição, enquanto propriedade da pá de neve, não é realmente uma propriedade da obra. De uma pá de neve comum, poderíamos novamente perguntar o que significa o fato de ela estar nessa ou naquela posição, mas pode não haver truque pelo menos na oportunidade da questão, porque, em virtude do princípio de razão suficiente, sempre pode haver uma resposta: ela foi deixada exatamente lá e não foi movida, ela foi derrubada pelo cão, ela apenas caiu. O princípio de razão suficiente também pode se aplicar a obras de arte, mas podemos estar enganados de que há algo nelas que requeira esse tipo de explicação. Somente o que recai sob uma interpretação é um *explanandum* legítimo.

Algumas vezes me deu prazer imaginar galerias inteiras de obras de arte a partir de cujas descrições não se poderia deduzir que os objetos materiais com os quais cada uma se conecta se pareçam exatamente iguais: galerias de pás de neve, ou de quadrados de tela vermelha, ou de pinturas das quais apenas uma é *O cavaleiro polonês* de Rembrandt. O filósofo Odo Marquart me desaprovou por extravagância: por que não ter apenas um quadrado de tela vermelha, dados os métodos do mercado de arte, e decorar as paredes com interpretações? Não tenho certeza de que a relação entre obra de arte e objeto material seja tão casual que o tempo, o lugar e a causa dos objetos sejam indiferentes para a identidade da obra, mesmo que eles sejam diferentes, assim como a data do *readymade* será diferente da data em que aquele pente em particular foi manufaturado. No entanto, esse não é de modo algum o problema que me aflige, mas sim o fato de que a indiscernibilidade fenomênica desses objetos materiais subdetermina as obras de arte em questão de um modo que lembra os sofismas daquelas questões de tradução radical com as quais o professor Quine infestou a filosofia da linguagem em tempos recentes. Mesmo que soubéssemos quais objetos estão aptos à interpretação artística, como poderíamos determinar qual interpretação é correta? É *correta*: porque nem mesmo Quine desejaria dizer que tudo vale. Se tudo valesse, os problemas céticos induzidos pela tradução radical desapareceriam, uma vez que há a possibilidade de se estar errado apenas se há a possibilidade de se estar certo. E o fato de podermos imaginar uma quantidade incontável de obras, todas parecidas entre si, não significa que possamos dar incontáveis interpretações do mesmo objeto desde que o objeto seja um candidato – para começo de conversa. A teoria crítica moderna parece subscrever uma teoria de interpretação interminável, quase como se a obra, no final das contas, fosse um tipo de espelho no qual cada um de nós vê algo diferente (nós mesmos) e onde a questão da imagem *correta* do espelho não pode fazer sentido. Devo supor que se há uma analogia com o problema de Quine, há significado para a noção de se estar errado, o que requer que surja a questão da correção, e, portanto, falando cruamente, a interpretação acaba não sendo interminável.

Acredito que não podemos estar profundamente enganados se supusermos que a interpretação correta do objeto-como-obra-de-arte é aquela que coincide mais proximamente com a interpretação do próprio artista. No tocante aos artistas, interpretações coincidentes nos põem numa postura diferente do que a de tentar descobrir quais poderiam ter sido suas intenções, e também não se assemelha a uma tese sujeita ao tipo de objeções que Susan Sontag levanta contra as interpretações em geral. Porque as interpretações que ela impugna apenas começam ou podem começar quando a obra de arte está colocada, estabelecida como tal, e o intérprete começa a ponderar o que o artista "realmente" está fazendo ou o que a obra "realmente" significa. Ela é contra a ideia de interpretação que faz da obra de arte um *explanandum* – um sintoma, por exemplo. Minha teoria da interpretação é, ao contrário, constitutiva, porque um objeto é *de fato* uma obra de arte apenas em relação a uma interpretação. Podemos expressar isso de um modo um pouco lógico. A interpretação, no sentido que uso, é transfigurativa. Ela transforma objetos em obras de arte e depende do "é" da identificação artística. As interpretações dela, que são explicativas, usam, ao contrário, o "é" da identidade comum. Seus desprezados intérpretes veem obras como signos, sintomas, expressões de realidades ulteriores ou subjacentes, estados dos quais são aquilo a que a obra de arte "realmente" se refere e que exigem que o intérprete seja o mestre de um ou outro tipo de código: psicanalítico, gráfico-cultural, semiótico ou o que seja. Com efeito, os seus intérpretes se dirigem às obras no espírito da ciência, e pode bem ser que a infinidade das interpretações textuais derive da infinidade das perspectivas científicas sob as quais uma obra pode ser vista. Sabemos realmente muito pouco sobre o homem para fazer de conta que nenhuma constatação nova ou fresca da arte não possa se desenvolver futuramente nas ciências humanas. Nesse sentido, o artista dificilmente teria mais consciência dessas interpretações do que nós. Consequentemente, não precisamos de fato saber muito sobre o artista quando procuramos confirmar essas interpretações. Então, Sontag, na verdade, está argumentando contra a *Literaturwissenschaft*: ela está dizendo – e talvez esteja certa ao dizer – que ela não tornará necessariamente a literatura mais acessível para nós nem fará de nós melhores leitores. Ela está sendo anti-intelectual e dizendo: a obra lhe dá tudo o que você precisa saber sobre ela se o que você quer é a experiência literária; preste atenção *nela*. Com esses tipos de interpretação, o artista certamente não está em nenhuma posição privilegiada.

A minha teoria não está no espírito da ciência, mas no da filosofia. Se as interpretações são o que constitui as obras, não há obras sem elas, e as obras são malformadas quando a interpretação é errada. E conhecer a interpretação do artista é, de fato, identificar o que ele fez. A interpretação não é algo exterior à obra: obra e interpretação surgem juntas na consciência estética. Como a interpretação é inseparável da obra, ela é inseparável do artista, se ela é obra do artista.

Quão próxima é minha interpretação, no caso da *Fonte*, da interpretação de Duchamp? Próxima o bastante, suponho, e, em qualquer caso, a obra que procurei constituir *poderia* ser a obra que ele fez. As interpretações possíveis são limitadas pela posição do artista no mundo, pelo momento e pelo lugar em que viveu, por quais experiências ele poderia ter tido. Um objeto indiscernível daquele que discuti poderia ter vindo à tona de muitos modos e em muitas épocas e ser a obra que ele é. Há uma verdade na interpretação e uma estabilidade nas obras de arte que não são de modo algum relativas.

Interpretação profunda

Mas se você fosse esconder o mundo no mundo
de modo que nada pudesse escapar,
seria essa a realidade final da constância das coisas.

Chuang Tzu[10]

Aceitando um convite da American Philosophical Association para apresentar um artigo sobre o tema geral da interpretação no encontro anual de sua Divisão Leste em 1981, aproveitei a oportunidade para ampliar e clarificar os comentários sobre interpretação no fim do ensaio precedente. Não consegui encontrar um argumento definitivo contra a respeitabilidade das interpretações profundas, mas me ocorreu que era a interpretação profunda que aqueles que se posicionam contra a interpretação em arte devem ter em mente: porque intérpretes profundos sempre deixam de olhar a obra de arte para prestar atenção em outra coisa. Das muitas referências na peça, a Chiesa de Santo Leone Pietromontana pode intrigar os estudiosos da arquitetura eclesiástica da Itália. Naturalmente, tal igreja não existe: o nome é uma tradução grosseira para o italiano do meu amigo historiador da arte Leo Steinberg, cuja subestimada

---

[10] A tradução inglesa desses versos usada por Danto é de Burton Watson. (N.E.)

teoria sobre as diagonais morais no Juízo Final, *de Michelangelo, eu gostaria de celebrar. Foi um presente para ele, e o ensaio está cheio de presentes ocultos – pequenos exemplos que, pelo que são, clamam por interpretação profunda, mas não carecem de nenhuma no que se refere apenas à leitura do texto. Mas alguns leitores reconhecerão como que para si próprios algumas coisas aí colocadas.*

Existe um conceito de interpretação muito difundido hoje em dia que, apesar de surgir em conexão particular com textos, tem pouco a ver com assuntos que pedem por interpretação na acepção mais rotineira do termo: se certa ambiguidade ou inconsistência é intencional ou não e, se inadvertida, como essas imperfeições devem ser resolvidas – como o texto deve ser *lido*. Assim, a cronologia fornecida por Faulkner para o texto *Absalom, Absalom* acontece de ser inconsistente com a crônica que podemos recuperar a partir da narrativa notoriamente torturada do romance. E há uma questão inicial sobre se Faulkner a compreendeu erroneamente ou se o texto do romance deve ser corrigido ou se ela foi deliberadamente forjada para despertar uma reflexão ainda mais profunda sobre o tempo, a voz e a narração do que aquela que a já complexa estrutura narrativa por si só poderia ocasionar na consciência literária do leitor. Mais importante, a cronologia deve, nessa última interpretação, ser construída como parte de uma obra que por acaso contém uma narrativa agora percebida como um fragmento: ela pertence a um objeto literário mais complexo, como o arquivo-índice de *Fogo pálido*, que mais recapitula um mistério do que ajuda o leitor a se localizar nele; e a identidade da obra se torna indeterminada até que uma decisão seja tomada. A interpretação rotineira é uma questão de determinar a identidade textual, portanto, e embora seja possível apelar a uma grande quantidade de fatores como apoio a uma teoria, a hipótese central e de controle se refere às representações possíveis do próprio autor a respeito de como o texto deve ser lido. Essas representações, naturalmente, teriam sido elas próprias sujeitas a mudança, e podemos imaginar a inconsistência entre a crônica e a cronologia, trazida à surpresa atenção de Faulkner e à qual ele resolveu não se opor. Um problema textual foi então resolvido por incorporação, mas a obra foi alterada, de uma história até certo ponto convencional, numa prosa *art deco*, para um exercício modernista da autoconsciência de mistura de gêneros, com correspondente perda ou ganho em posicionamento crítico. A história da arte e da literatura está repleta de oportunidades confrontantes perdidas, portanto nunca saberemos ao certo se, por exemplo, a obra prima de Watteau, *L'Embarquement à Cythère*, apresenta seus *tristes* e efêmeros eroticistas partindo da Ilha do Amor ou *para* ela – sendo que cada leitura é consistente com a linguagem do título, mas requer uma leitura diferente da obra, a qual, tendo em vista sua ambiguidade, ocupa um limbo na indeterminação do tipo tornado emblemático pelo pato-coelho vienense. Assim como não há fim para a especulação crítica, não há termo para a interpretação. Mas o conceito de interpretação que estou buscando identificar tem pouco a ver com isso, embora a confusão entre ele e os trabalhos textuais da academia humanística tenha tendido a obscurecer as diferenças. *Esse* conceito de interpretação pertence menos aos estudos humanísticos do que às *Geisteswissenschaften* ou às *ciências-humanas*, como devo chamá-las num esforço de preservar o aglutinativo alemão. E estas desprezam totalmente a referência à representação autoral.

Nenhuma, entretanto, tem muito a ver com ações significativas construídas sobre o modelo de textos, pelo menos quando certo tipo de ambiguidades e inconsistências, tornadas inevitáveis por texturas abertas de discurso e gesto, exigem ou possibilitam uma interpretação. Uma ação é significativa quando sua descrição faz referência a uma instituição social ou uma prática social; desse modo, mover uma pedra tendo em vista apenas seu deslocamento não seria – considerando que nada que um rei fizesse enquanto rei ou porque é um rei seria – um ato significativo. Charles VII fez um gesto excessivamente generoso ao destacamento anglo-borgonhês de Troyes quando Joana D'arc tomou essa cidade para ele no curso de sua viagem triunfal de coroamento para Reims: ele permitiu que eles partissem, juntamente com suas armas e sua bagagem. De maneira inteligente, ainda que imoral, os anglo-borgonheses interpretaram que "bagagem" incluía os prisioneiros que eles tinham detido. Joana resistiu a essa dilatação da extensão do termo, embora se possa argumentar que os prisioneiros usados para exigir resgate seriam uma propriedade valiosa, que eles deviam suas vidas a seu valor de troca, que eles literalmente tinham, como tendas e *chaudières*, de ser transportados e, como cavalos, tinham de ser alimentados. Embora seja muito difícil que Charles tenha proposto essa formulação, ele de fato aceitou a interpretação e ordenou o pagamento dos resgates. É impossível dizer hoje se ele teria sido tão compreensivo caso os anglo-borgonheses começassem a dilapidar Troyes argumentando que pedras podem ser classificadas como armas tanto quanto flechas, já que elas são munição para catapultas. Contudo, como Faulkner com *Absalom, Absalom,* Charles se encontrava numa posição de autoridade que permitiria a interpretação (ou as interpretações), quaisquer que possam ter sido suas exatas intenções, e uma autoridade desse tipo é sempre requerida quando há um sistema de distinções – uma linguagem, um código, um ensinamento, uma escritura – que deve ser adaptado a circunstâncias para as quais ele pode não ter sido expressamente designado.

Se o sistema for flexível o bastante para funcionar, as interpretações não poderão ser evitadas, e a autoridade será necessária se o sistema não atingir os extremos da elasticidade a ponto de não *ser* mais um sistema. Desse modo, é matéria de interpretação se o aborto é um assassinato, se é estupro quando um homem força o sexo sobre sua esposa relutante, se a teoria da evolução é realmente uma teoria científica, se um revolucionário, quando capturado, é um criminoso ou se deve ser tratado como prisioneiro político, ou se uma ação significativa deve ser formulada como um tipo de texto – e em cada exemplo alguém ou algo é uma autoridade. Os limites da interpretação teriam sido interpretados há pouco tempo como o negócio, senão a essência, da filosofia, quando o que dizemos "quando", o que diríamos "se", o que devemos dizer "caso" era preventivamente discutido nas câmaras analíticas de Oxford. E apesar de nem aqui nem no tribunal da vida social a intenção enquanto tal ser sempre invocada, o que falantes ou legisladores podem ou devem ter querido dizer ou admitiriam refletir, se fossem consultados, é consistentemente convocado enquanto a casuística prossegue e constitui o que mais proximamente enfoca a confirmação experimental numa prática interpretativa desse tipo. Então, entender o que um autor, considerado agente e autoridade ao mesmo tempo, teria a intenção de dizer é central para essa ordem de interpretação que, *exatamente por essa razão*, deve ser distinguida do tipo de interpretação – hermenêutica ou o que chamo de interpretação *profunda* – que quero examinar aqui. Ela é profunda, precisamente porque não há aquela referência à autoridade que é uma característica conceitual do que podemos igualmente denominar interpretação *de superfície*. Não há porque o nível de explicação referido na interpretação profunda não seja um nível no qual um participante, numa forma de ação, pode, enquanto tal, ocupar uma posição de autoridade. Ou a única autoridade que conta é aquela do cientista, neste caso, do humano-cientista. A distinção teria sido mais intuitiva numa época em que a ciência ainda não estava constituída simplesmente como outra forma de ação, na qual os paradigmas são debatidos de uma maneira não muito diferente daquela em que missionários e melanésios discutem sobre moralidades sexuais. O cientista não faz as realidades sobre as quais ele é autoridade e das quais deriva sua autoridade, como faz um autor ou legislador, mas isso também pode ser matéria de litígio filosófico.

Uma diferenciação talvez possa ser feita, com grande dificuldade, da seguinte maneira. A distinção entre profundidade e superfície é perpendicular à distinção filosoficamente mais corriqueira entre interno e externo. É difícil traçar a distinção entre interno e externo sem recorrer, em cada questão, às filosofias da mente e do conhecimento, mas a interpretação de superfície pressupõe caracterizar o comportamento externo de um agente com referência à representação interna desse comportamento, presumida como sendo do agente, e o agente se encontra numa posição um pouco privilegiada com respeito ao que são suas representações. Ou pelo menos ao que são suas representações de superfície. No que tange às suas representações profundas, ele não tem nenhum privilégio, portanto nenhuma autoridade, porque ele deve vir a conhecê-las por maneiras não diferentes daquelas impostas sobre os outros: elas são pelo menos cognitivamente externas a ele, mesmo que sejam parte de seu caráter e de sua personalidade; e no que diz respeito a elas, ele é, por assim dizer, um Outro Espírito para si próprio.

A operação conhecida como *Verstehen*, na qual buscamos interpretar mediante uma ocupação vicária do próprio ponto de vista do agente, ainda que certamente uma concepção defeituosa, é pelo menos uma teoria possível de como o Externo atravessa os limites obscuros que o separam do Interno, desde que garantamos que o Interno não tenha necessidade ou uso para o *Verstehen* enquanto aplicado a si mesmo, sendo seu o ponto de vista. Mas essa não é uma teoria possível a respeito de como chegamos a uma interpretação profunda, ainda que seja somente porque o Interno está isolado de suas próprias profundidades por razões diferentes daquelas que isolam o Externo do Interno. Foi dito que parte do que torna uma razão inconsciente é que, se fosse consciente, ela não seria uma razão para aquele cuja ação ela explica. Não seria em parte porque as crenças que a justificariam, se conscientes, são alheias ao sistema de crenças que o agente invocaria. Assim, ela é parte de algo profundo, que é oculto, tanto para aquele cuja profundidade está em questão quanto para qualquer outra pessoa. Nunca poderemos saber – e os morcegos sempre sabem – como é ser um morcego; mas morcegos, se têm profundidades, não estão numa situação melhor que a nossa para saber o que é profundamente ser um morcego. E talvez a mesma noção de o que é ser alguma coisa implique exatamente esse tipo de consciência que não tem mais aplicação do que o conceito de autoridade para as profundidades. Nas profundidades não há nada que conte como estando lá.

Dito isso tudo, a interpretação profunda não pode dispensar totalmente aquelas representações com referência à acessibilidade com a qual estabelecemos a diferença entre Interno e Externo. Não pode porque, na pretensão de dar uma interpretação profunda do que as pessoas fazem, ela pressupõe que o que as pessoas fazem seja realmente conhecido, e isso pode requerer uma referência justamente àquelas representações. Na verdade, o que a interpretação profunda supõe é um tipo de compreensão do complexo que consiste em representações juntamente com a conduta que elas, no nível da superfície, nos permite compreender; assim, a interpretação de superfície, quando bem-sucedida, nos dá os *interpretanda* para as interpretações profundas, a *interpretantia* para o que deve ser buscado nas profundidades. Desse modo, uma leitura profunda de *Absalom, Absalom* busca interpretar o texto e a representação autoral em conjunto com referência aos fatores, com respeito aos quais podemos dizer justificadamente que o intérprete sabe de coisas que o autor não sabe. Por mais que um autor, na medida em que domina as tecnologias da interpretação profunda, possa ser capaz de dar interpretações profundas de seus próprios escritos, ele não está numa posição melhor do que outras pessoas para julgar esses assuntos; e as questões de interpretação, em contraste com a leitura de superfície do texto, não têm nada a ver com as questões sobre as quais se pode dizer que ele tem alguma autoridade.

A interpretação de superfície, que todos somos obrigados a aprender a dominar no curso da socialização, foi extensivamente discutida pelos filósofos na teoria da ação e na análise de outras linguagens e de outras mentes. Mas a interpretação profunda tem sido muito pouco discutida. No entanto, por ser praticada pelas ciências-humanas, as teorias que ela pressupõe são pressupostas por elas e a viabilidade destas depende da viabilidade daquela. Portanto, gostaria de dar alguns exemplos de interpretação profunda e esboçar alguns problemas que ela ocasiona em pelo menos alguns desses exemplos. E gostaria de desfazer algumas confusões que aparecem, especialmente na filosofia da arte, quando as reivindicações da interpretação profunda e da interpretação de superfície não são mantidas isoladas. A profundidade [*depth*] – desnecessário dizer – tem pouco a ver com profundeza [*profundity*]. Mas não tenho nenhuma análise de "profundidade" para oferecer no que se refere a leituras profundas dos textos.

Das formas de adivinhação praticadas ancestralmente pelos gregos, uma em particular tem uma curiosa pertinência para nosso tema. Era a adivinhação *dia kleodon*, exercida sobre as elocuções casuais dos homens. Aquele que buscava uma mensagem comprimia uma moeda dentro da mão de certa estátua de Hermes, sussurrava sua questão no ouvido do ídolo e tapava seus próprios ouvidos – a resposta estaria contida nas primeiras palavras humanas que ele ouvisse ao destapá-los. Não é preciso dizer que seria necessária uma interpretação dessas palavras, supondo, como totalmente provável, que elas não revelassem a mensagem de maneira transparente. Raramente ela seria tão incisiva quanto o texto encontrado aleatoriamente na superfície, mas visto como posto lá pela providência, que conduziu Agostinho à trilha da santidade ("Não na revolta e na embriaguez..."), nem tão apropriada quanto o texto igualmente famoso de *Confissões* ("E os homens perambulam para admirar nas alturas das montanhas...") com que Petrarca fingiu ter se deparado acidentalmente enquanto ponderava sobre seu relacionamento consigo mesmo e com a história no topo do Monte Ventoux. Mais provavelmente, um passante resmungou algo sobre o preço do azeite de oliva quando o buscador da mensagem desejava saber se Dafne (ou era Íon?) realmente se importava com ele. E um intérprete, como mediador, seria convocado para mapear o *interpretandum* com relação ao *interpretans*. A escrita automática, da qual os surrealistas buscavam extrair *insights* mirabolantes, pertence, de maneira geral, ao mesmo tipo de iniciativa.

Tendo em vista a identidade de Deus, temos aqui uma prática arqueo-hermenêutica, que se apoia sobre elocuções interpretativas "que significam mais do que o falante se dá conta", que é a definição em inglês da palavra grega *kledon*, aqui merecidamente introduzida como palavra inglesa. A adivinhação, como os oráculos e os augúrios em geral, caiu em desuso, mas os *kledons* e a forma de interpretação que eles exemplificam desempenham um papel considerável na moderna teoria hermenêutica, na qual lidamos com símbolos que, segundo Ricoeur, de maneira um tanto sentenciosa, "dizem mais do que dizem". Ocorre um *kledon*, portanto, quando, ao dizer *a* um falante diz *b* (ou quando, ao desempenhar uma ação significativa *c*, um agente faz *d*) e quando as estruturas ordinárias para compreender *a* não revelam para o ouvinte que *b* também está sendo dito; mas o falante também não está totalmente cônscio de que está dizendo *b* quando diz *a* (os falantes não têm autoridade sobre o que estão dizendo quando dão voz a *kledons*). Num de seus romances, Vonnegut retrata um locutor de rádio na Alemanha nazista que conseguia alertar os aliados sobre importantes movimentos militares na Alemanha por meio de mensagens codificadas nas elocuções antissemitas que sua audiência acreditava estar ouvindo. Acontece que ele sabia que estava fazendo isso, o que o põe numa postura moral difícil, que não seria alterada se ele fosse apenas o escritor da inteligência militar invisivelmente incorporada em discurso sectário, transmitido por um apresentador de carreira que, desavisado sobre as mensagens ocultas, estaria apenas desempenhando sua função de preencher o ar com o mal banal. Como seu antigo congênere, que era um *porte-parole* desavisado da comunicação hermética, esse apresentador estaria kledonizando e, dados seus presumíveis valores, não transmitiria a mensagem velada se soubesse que a estava transmitindo. Assim, o que ele está fazendo *profundamente* não é apenas não intencional, é (quase dialeticamente) contraintencional. Da perspectiva da superfície do discurso, o *status* de *kledon* do que ele diz é insondável, e o significado do que ele diz ao dizer o que ele mesmo suporia (apenas) estar dizendo não é realmente dele – do mesmo modo que, em certo sentido, a criança nascida pela Virgem não é realmente *dela*. Se a identidade da criança não tivesse sido de algum modo *revelada*, não haveria meio de saber que um deus nascera para a história. É necessário um profeta para revelar a sobrecarga divina na comunicação ordinária. Sem essas revelações, a vida teria continuado em ambos os exemplos sem qualquer meio de saber que *kledons* estavam sendo transmitidos ao ar desatento. O que torna os *kledons* tão interessantes é que eles sobrevêm a formas de vida e de discurso que já estão, por assim dizer, sob a interpretação de superfície, completas como são. É como o mundo se ocultando no mundo.

Mas a questão interessante é por que os significados são ocultos. Podemos obviamente entender isso quando o agente secreto usa ondas aéreas para encobrir uma inteligência subversiva, mas por que o Hermes tem de enxertar em receptáculos inadvertidos em vez de falar diretamente? Ora, por que Júpiter deve recorrer a relâmpagos e voos de pássaros para comunicar assuntos que não dependem do poder divino para nos serem transmitidos diretamente, sem a mediação de intérpretes? Há uma resposta cínica. Se houvesse comunicação direta, os intérpretes sofreriam de desemprego tecnológico. Desse modo, a fim de assegurar sua posição econômica, eles reivindicam um monopólio semântico sobre mensagens crucialmente urgentes que só eles podem compreender. Não tenho ideia se essa resposta cínica é verdadeira, mas ela ilustra por si própria um tipo de interpretação profunda de nível baixo, na qual os adivinhadores estão de fato mantendo sua própria posição no mundo por meio do fato de que seus clientes acreditam que eles estejam desempenhando uma função importante, ainda que, na verdade, epifenomênica. A razão profunda que comanda essas transações, e sob a luz das quais estamos capacitados a dizer o que realmente está acontecendo, é oculta tanto ao intérprete quanto ao consumidor, e a prática de superfície não sobreviveria se as razões profundas para ela fossem conhecidas: ela não existiria se *não* fosse oculta. O fato de estar oculta do cliente poderia ser desqualificado como velhacaria sacerdotal se não fosse pelo fato de ser oculta aos próprios sacerdotes: isso é o que torna os mecanismos de desvelamento filosoficamente interessantes.

Eu fiz a arqueologia dessa prática abandonada há tanto tempo para trazer à tona uma estrutura de ação na qual, quando *a* é feito, há uma descrição de *a*, que pode ser chamada de *b*, tal que, ao fazer *a*, a pessoa de fato está fazendo *b*, no sentido de que *a* é feito a fim de que *b* seja feito – o que distingue *b* de incontáveis outras descrições de *a*, reconhecidas na teoria da ação –, sendo que é oculto ao agente de *a* que ele é agente de *b*. Uma interpretação profunda de *a* o identifica como *b*. A interpretação de superfície, como vimos, é referente às razões do agente, ainda que não às suas razões profundas, e embora ele tenha dificuldades em dizer quais são suas razões, isso não se deve ao fato de serem ocultas. Sua incapacidade de explicitação é explicada pelo fato de serem ocultas. Mas deixe-me agora dar alguns exemplos – a maioria deles familiar – em que me parece que isso ocorre.

Teorias marxistas

Marx e Engels não aceitam acriticamente as descrições e explicações que os homens dão, de maneira espontânea, de suas próprias ações. Em todo exemplo aquém da sociedade sem classes, ao fazer *a*, independentemente do que seja, eles estão fazendo algo diferente, chamemos de *b*, que deve ser entendido nos termos de sua posição de classe. Marx explicou a revogação das Leis do Milho – sob a liderança ideológica de Cobden e a liderança política de Peel, que *eles* explicaram como feita a fim de que os trabalhadores pagassem menos pelo pão – como se seu propósito fosse *realmente* diminuir o valor dos trabalhadores para os industriais. Peel e Cobden, ambos livres mercadores, revestiram suas ações (sinceramente) de termos humanitários, mas estavam de fato promovendo os interesses de sua classe, assim como seus oponentes estavam expressando os interesses da sua. Peel foi arruinado politicamente, e Cobden, economicamente, mas eles não passavam de *kledons* de sua classe, instrumentos das forças da história na interação dramática da qual as classes são os verdadeiros agentes. Um tipo semelhante de teoria explica o sacrifício do inseto macho na fúria da reprodução em termos do interesse da espécie.

Comportamento ilógico

Os princípios econômicos dos reformadores liberais de 1846 definem um dos poucos exemplos que Pareto está disposto a considerar como *lógico*, a saber, a persecução dos próprios interesses. Mas muito do que os homens fazem é ilógico, no sentido de que as explicações que eles dão para o que fazem na verdade não são explicações de modo algum; e subjacente a toda uma classe de ações está o que Pareto denomina *resíduo*, que realmente explica o que as explicações *de facto* que os homens dão apenas racionalizam. A interpretação de Pareto busca o resíduo que subjaz, ao mesmo tempo, as condutas e as racionalizações. O homem se abstém do assassinato porque tem um profundo horror pelo assassinado, mas explica a abstenção com referência ao medo de ser punido pelos deuses. Etc., etc., etc.

Teorias psicanalíticas

Pareto diz muito pouco sobre o que são os resíduos ou como *eles* devem ser explicados, satisfazendo-se em identificar com o zelo do ateísta provinciano os incontáveis exemplos de conduta ilógica que "se originam principalmente em estados psíquicos, sentimentos, afetos subconscientes e assemelhados". Uma teoria melhor vem de Freud. A distância entre o lugar-comum e uma leitura kledônica de uma ação ou de uma elocução dificilmente poderia ter sido mais surpreendente sob uma adivinhação *dia kleodon* do que a distância entre o pensamento ou a conduta manifestos de uma pessoa e sua redescrição com referência à sua forma latente, tal como revelada pela interpretação psicanalítica. O Homem-Rato corre furiosamente depois das refeições "para" – diria ele, alisando uma barriga surpreendentemente lisa – "eliminar *Dick*". *Dick*, que é gordura em alemão, língua nativa do Homem-Rato, acontece de ser também o nome do pretendente norte-americano de sua amada, cuja eliminação o Homem-Rato almeja profundamente. Obviamente, a corrida não pode ser nem de longe um meio de eliminar rivais, e "eliminar Dick" não seria uma razão para correr, se fosse consciente. Então a razão aceitável "a fim de eliminar *Dick*" apenas racionaliza uma razão sobre a qual o Homem-Rato não pode aceitavelmente agir e se conecta com essa razão profunda por meio de uma transformação em trocadilho; e a razão profunda é oculta dele, embora não o seja de seu intérprete (Freud), por qualquer que seja a razão de o próprio inconsciente ser oculto. O exemplo está longe de ser atípico, e esse tipo se encontra difundido por toda a obra de Freud.

Estruturalismo

Trocadilhos desempenham papéis transformadores nas grandes obras hermenêuticas de Freud, o que pode explicar, se aquelas obras são corretas, por que trocadilhos são socialmente tão ofensivos (por que eles se aproximam de urros, por que são classificados como "a mais baixa forma de humor", por que o principal filólogo francês, que fez do trocadilho o principal traço do seu método, não foi aceito em alguns cargos em seu ingrato país?), e certamente explica, já que trocadilhos são nativos da linguagem em que ocorrem, por que eles não podem ser traduzidos. Desse modo, a interpretação, mais do que a tradução ou mesmo a paráfrase, conecta o discurso e as ações do neuropata com a linguagem do seu inconsciente. Na verdade, é justamente porque o sintoma é um trocadilho na patogenia psíquica que Lacan postula sua teoria apressada de que a estrutura do inconsciente deve ser a estrutura de uma linguagem. A psicanálise, tal como praticada por Lacan, consiste precisamente em identificar o que diz o sintoma – ou melhor, o que algo do comportamento diz quando tratado como sintoma, sendo que os sintomas são tratados como discursos ocultos, por assim dizer, na superfície da conduta, assim como a carta roubada está oculta em plena vista daqueles que a buscam. Mas a teoria do inconsciente linguístico gera uma ampla classe de teorias – por exemplo, a ideia sagaz de Lévi-Strauss de que o casamento é um tipo de linguagem, ou pelo menos uma forma de comunicação, se pudermos formular, posto que ele não vê obstáculos em fazê-lo, a troca de mulheres como um tipo de troca de palavras. Mas as razões que Elizabeth pode dar para se casar com Paulo são racionalizações do interesse de clãs que ela *realmente* está promovendo, seja lá o que *ela* possa pensar. Jantares no Douglas', brigas de galo no Geertz' são outros exemplos de conduta nos quais fazemos outra coisa quando pensamos estar fazendo algo, sendo que a interpretação profunda nos conta o quê.

Filosofias da história

É Hegel que despeja sobre nós o pensamento alarmante de que "a Razão é a soberana do mundo", e de que "a história do mundo, portanto, nos presenteia com um processo racional". Desse modo, por mais caótico que pareça, a Razão deve de algum modo ser interpretada como agindo por meio das ações dos homens para atingir fins, ou um fim, que não pode advir de outro modo, mesmo que os agentes secundários da realização histórica estejam totalmente desavisados sobre o grande esquema no qual figuram. Aquilo de que Hegel fala como Razão é próximo daquilo de que Vico fala como Providência, que explora intenções humanas a fim de subvertê-las e provocar estados de coisas ironicamente opostos àqueles que os que agem com tais intenções têm em vista. Por meio de "ferocidade, arrogância e ambição [...], os três maiores vícios que poderiam destruir a humanidade na face da Terra", é que se geram "soldados, mercadores e governantes"; por meio da conduta civilizada destes, a felicidade social prevalece. O significado kledônico de ações sob os esquemas interpretativos da história filosófica são ocultos aos agentes por qualquer razão pela qual o futuro seja oculto.

Talvez esses exemplos sejam suficientes. Quero agora comentar brevemente algumas características estruturais que eles compartilham.

É difícil saber se são mais de admirar os antigos adivinhadores por terem percebido uma estrutura exibida repetidamente em algumas das mais influentes ciências-humanas ou de suspeitar desses últimos empreendimentos hermenêuticos por encontrarem satisfação cognitiva em estruturas de uma era mais ignorante e crédula. Ou delinear algumas inferências do fato de que descobrimos um resíduo, no sentido de Pareto, e de que cada uma dessas ciências-humanas deve sua existência a um impulso, também percebido na interpretação bíblica, de obter respostas para determinado tipo de questões que não deveriam ser colocadas. Mas hesito em oferecer uma interpretação profunda da interpretação profunda não só porque tenho algumas sérias reservas sobre um empreendimento não menos suspeito quando exercido sobre si mesmo em autodesconstrução, mas também porque desejo mostrar como é fácil evitar o medonho círculo hermenêutico, ou seja, recusando-se a entrar nele, evitando totalmente a hermenêutica.

Em vez disso, eu gostaria de ressaltar algumas características conceituais das ciências-humanas, delineando um contraste com um ponto de vista totalmente diferente da conduta humana, a saber, aquele tipo de materialismo característico que sustenta que os estados mentais são de fato estados de nosso sistema neural – uma teoria que menciono, em vez de descrever, em virtude da familiaridade geral desse tipo de teoria aos filósofos. Não há – penso – nenhuma tentação de dizer que esta teoria seja interpretativa (embora sem dúvida haja um sentido de interpretação que é praticamente sinônimo de teoria), nem que *interpretamos* estados mentais em termos de estados neurais. Isso se dá em parte porque sabemos muito pouco sobre estados neurais, principalmente não sabemos dizer com quais estados neurais esse ou aquele estado mental deve ser identificado, ao passo que os termos usados para descrever o que deve ser interpretado (*interpretantia*) nas ciências-humanas profundas nos são normalmente muito familiares, com analogias precisas às distinções na superfície – por exemplo, nos referimos a profundos interesses, desejos, sentimentos, crenças, estratégias, etc. Mas penso que o contraste é mais pronunciado do que isso e eu gostaria de fazer algumas observações com o propósito de revelar as diferenças entre uma, por assim dizer, ciência natural da conduta humana e a ciência-humana.

Em primeiro lugar, as teorias materialistas, se redimidas por teorias científicas, seriam universais no sentido de não admitirem exceções – uma reivindicação que deve ser imediatamente qualificada para acomodar possibilidades funcionalísticas de que os estados mentais, identificados nos seres humanos com estados neurais, deveriam ser diferentemente incorporados em outras ordens de criaturas. Mas pelo menos não se admite nenhum estado mental desincorporado. Teorias profundas nas ciências-humanas admitem, por outro lado, um grande número de exceções, de modo que não é verdade que cada fenômeno de superfície tenha realmente uma interpretação profunda. As estruturas profundas de pertença a uma classe e de conflitos de classe evaporam na sociedade sem classes, na qual os homens se tornam coincidentes com o que, por falta de contraste, não pode ser mais chamado de seus eus de superfície. Pareto admite que nem toda conduta é ilógica e referível a resíduos e, possivelmente, ele voltou sua atenção para os resíduos a fim de nos libertar de suas energias deformantes. Freud certamente não acreditava que todo comportamento era neurótico, a ser atribuído, por meio de interpretação, a conflitos irresolvidos no inconsciente e, em todo caso, a possibilidade de cura prometia uma forma de ser integrado, suspeitamente similar àquela prometida quando os conflitos de classe fossem resolvidos (apesar de Freud ter sido pessimista com respeito a curas e de ser, de fato, extremamente difícil descobrir se ele realmente curou alguém). Hegel excluiu certos eventos do que podemos também chamar de história profunda; por exemplo, o que acontece na Sibéria não tem nenhum significado histórico. E, antes que esqueçamos, somente a primeira elocução ouvida pelo receptor da mensagem é um *kledon*. Estou menos certo se os estruturalismos admitem exceções, apesar de haver, tanto quanto seja possível, ações que não sejam ações significativas, é possível que haja ações para as quais nenhuma interpretação profunda seja adequada. O repertório de ações de certo modo estreitamente abordado por teóricos da ação – levantar um braço, mover uma pedra – poderia ser em princípio desprovido de significado quando tais ações são desprovidas de qualquer coisa ulterior além do que simplesmente é dito ser feito aqui (levantar um braço, mover uma pedra). Sendo assim, tais ações podem ocorrer fora de quaisquer estruturas. Numa avaliação semelhante, nem toda elocução, ainda que significativa, é um ato de fala, isto é, coberta por regras de certo tipo de modo que, ao dizer *s*, alguém pode ser interpretado como fazendo *d*. Assim, uma elocução significativa não precisa ter o tipo de significado descrito pelos teóricos estruturalistas.

Em segundo lugar, não há nenhuma tendência para dizer que um dado estado mental *significa* o – ou se refere ao – estado neural com que ele é identificado se a teoria é verdadeira, mas o uso mesmo da "interpretação" expressiva implica justamente aquilo que conecta a superfície com a profundidade. O intérprete nos diz qual coisa profunda a coisa superficial significa. É esse componente semântico nas teorias das ciências-humanas que, em parte, as distingue daquelas das ciências naturais e que justifica a caracterização de fenômenos de superfície como, em certo sentido, parecidos com a linguagem. A antropologia contemporânea nos capacitou a ver as ações mais banais, ou pelo menos associadas ao lugar-comum, como parte de um sistema de comunicação, de modo que ninguém pode mais simplesmente descrever o pedido de uma refeição, a construção de uma casa, a compra de roupas ou o início de uma sedução nos simples termos de comida, abrigo, aquecimento e sexo. E é com referência a um sistema de significados que de fato penetra muito profundamente a existência que nós interpretamos fenômenos cujas interpretações de superfície podem ser muito diferentes.

Por fim, parece-me que as coisas a serem profundamente interpretadas (*interpretantia*) são intensionais pela mesma razão que as torna profundas, a saber, que elas podem se dar ao luxo de descrições dos mesmos fenômenos cobertos pela interpretação de superfície, e que é falso que as descrições sejam profundas nos termos usados pela interpretação de superfície. Isso faria sentido se, de fato, as coisas a serem profundamente interpretadas fossem representações, porque a intensionalidade tem precisamente a ver com a representação de representações. Assim, as ciências-humanas nos remetem a vários sistemas representacionais com referência aos quais o que os seres humanos fazem deve ser entendido, apesar de que aqueles cujas representações são essas naturalmente não estarão conscientes delas como *suas* representações. E em alguns casos eles não poderiam admiti-las racionalmente. Por mais maluco que fosse, o Homem-Rato dificilmente poderia supor a si mesmo, em sã consciência, como alguém que representa para si próprio enquanto elimina um rival ao correr depois das refeições. Mas, em qualquer caso, está longe de ser simples que estados neurais tenham propriedades representacionais ou que as neurociências sejam de algum modo intensionalísticas. Mas essas questões serão mais bem discutidas alhures.

Qualquer que seja o caso, deveria estar claro em que consiste a interpretação profunda, pelo menos em parte. As ocorrências de superfície se encontram em duas relações distintas para com as ocorrências de profundidade. Interpretamos *s* em termos de *d* quando *s* significa *d* e quando *d* explica *s*. Além disso, *d* é uma representação por parte daquele cujo comportamento de superfície está sendo interpretado; no entanto, de maneira típica, o fato de ele representar o mundo sob *d* lhe é oculto. A comparação com o materialismo permitiu que essas características emergissem e, neste ponto, abandono a comparação. Desnecessário dizer que ela não foi delineada com intenção infame, nem abordada como indicação das falhas das ciências-humanas. O que, de fato, tem sido visto como falhas pode ter surgido apenas porque um modelo inapropriado de um tipo de ciência muito diferente foi aplicado a elas, e as diferenças observadas podem servir para ajudar a delinear os limites entre as ciências-humanas e as ciências-da-natureza, levemente discriminadas por teóricos no início do século XX. Essa será uma tarefa para outro momento. Eu agora gostaria de desfazer uma confusão com a qual posso lidar com mais propriedade, a saber, uma confusão que obnubilou a filosofia da arte na medida em que as características da interpretação profunda têm sido a base para delinear inferências inadequadas sobre a interpretação de obras de arte.

Tendo em vista o fato de que qualquer obra de arte que escolhermos pode ser imaginada como equiparada a uma obra equivalente perceptivelmente congruente que, apesar de não ser uma obra de arte, não pode ser distinguida do trabalho artístico por diferenças perceptuais, o maior problema na filosofia da arte consiste em identificar, portanto, qual é a diferença entre obras de arte e meras coisas. Considere-se, assim, o *corpus* dos afrescos de Leonardo visto sob a luz de um curioso conselho que ele ofereceu a seus companheiros pintores como estímulo à invenção. Ele os conclama a se equiparem com uma parede coberta de manchas. Desse modo, eles encontrarão prefigurações pictóricas do que desejam pintar, independentemente do que seja, na parede manchada. "Vocês verão nisso uma semelhança com várias paisagens, adornadas com montanhas, rios, rochas, árvores, planícies, amplos vales e muitas serras. Vocês também conseguirão ver diversos combates e figuras se movimentando rapidamente e estranhas expressões faciais e vestimentas estrangeiras e um número infinito de coisas que vocês poderão reduzir em formas destacadas e bem concebidas" (Leonardo observa que, similarmente, todas as canções podem ser ouvidas no tocar de sinos, e estou certo de que há um equivalente literário em que todas as histórias podem ser lidas de um retalho de prosa manchada). Há folhas dos esboços de Leonardo que poderiam ter sido geradas exatamente por essa visão transfigurativa, e é sempre fascinante especular sobre qual de suas grandes obras poderia ter sido trazida à existência artística por essa prótese de visão pictórica. Mas isso sugere um exercício oposto: tentar ver, por meio de um ato de *desinvenção* deliberada, uma paisagem divina, como aquela contra a qual *la Gioconda* é posta ou mesmo a própria *Gioconda*, como uma vastidão muito manchada. A natureza e uma certa casualidade surpreendente, tendo em vista as bases materiais da habilidade de Leonardo, ajudam a transformar algumas de suas obras no que parecem ser manchas para o olho informal. A *intonacco* de sua *Batalha de Anghiari* era, como nos conta Vasari, tão tosca que a legendária composição desapareceu na parede; e embora recentes projetos tenham pensado em localizá-la por meio de sonar, trazendo à luz, assim, uma obra-prima perdida, é concebível que a parede tenha sido rebocada, porque parecia, cada vez mais, que ela estava infestada de bolor. As rudes tropas napoleônicas que ocuparam o refeitório em Milão onde a *Santa Ceia* está pintada são frequentemente acusadas de barbárie pelo modo brutal com que trataram essa parede de valor inestimável, mas já que é necessária uma intervenção curatorial incansável, ainda hoje, para evitar que a pintura se degrade em manchas, é possível que os soldados a tenham visto apenas como muito mofo e umidade. Com certeza, uma forma surpreendente pode ter sido vista aqui e ali – um olho, um dedo –, mas estas visões pertenceriam à mesma ordem lúdica de enxergar o perfil de Talleyrand numa nuvem lombarda ou, mais provável em termos de fantasia soldadesca, ver duas colinas como *des tetons*.

Então imagine que, numa parede esquecida na sacristia da Chiesa de Santo Leone Pietromontana, Leonardo esboçou um *Juízo Final* que se reverteu – que horror! – num conjunto de manchas, a ponto de se tornar indiscernível daquela parede no ateliê de Leonardo da qual sua fantasia projetou e descobriu aquelas grandes obras, inclusive, é claro, o próprio *Juízo Final*. Ambos têm certo interesse para a história da arte. Possuir a parede do ateliê seria como possuir a paleta de Leonardo, ou melhor, sua *camera obscura*. Seria possuir um pouco de um notável utensílio. Possuir a outra parede, em contraste, seria possuir uma obra de arte num triste estado de degradação, no valor de muitos milhões, apenas se o Patrimonio Nazionale permitisse que ela fosse removida para Düsseldorf ou Houston. Sabendo que ela é uma obra de arte, devemos interpretar aquelas manchas e aqueles borrões, uma operação que não se aplica à sua correspondente, embora possamos usar a última, exatamente como Leonardo fez, para estimular a imaginação visual. Interpretar significa, com efeito, uma restauração imaginativa, tentar descobrir a identidade de áreas tornadas amorfas por meio da química e do tempo. Ajudaria ter um esboço, uma có-pia contemporânea, uma descrição – qualquer coisa para facilitar a recuperação das intenções de Leonardo. Há muitos *Juízos Finais*, mas quanto eles realmente poderiam nos ajudar? Possuirá este a celebrada diagonal moral que os guias do Vaticano nunca se cansam de traçar para a edificação de turistas que aprenderam sobre isso por meio de aulas populares a respeito de Michelangelo? Haverá mesmo uma figura de Cristo? Talvez Leonardo o tenha ausentado de uma cena definida por Sua presença tradicionalmente pesada. Ou talvez certa manchinha seja tudo que resta de um notável Cristo, originalmente ínfimo em proporção à dimensão do quadro, mais uma antecipação creditada a Leonardo, dessa vez, da óptica maneirista. As interpretações são infindáveis, mas apenas porque o conhecimento é inatingível. O tipo certo de conhecimento dá à obra sua identidade, e a interpretação de *superfície* cumpriu sua tarefa. O que resta é reagir à obra, tanto quanto é possível no seu triste estado. Temos uma estética para ruínas, até mesmo para fotografias apagadas, mas não propriamente para pinturas arruinadas. Mas esses assuntos devem ser discutidos alhures.

A interpretação profunda supõe que a interpretação de superfície tenha cumprido sua tarefa, de modo que saibamos o que foi feito e por quê. Procuramos agora os determinantes profundos da ação davinciana. O apelo às suas intenções apenas individua o *interpretandum* para uma interpretação profunda, mas os *interpretantia* nos referem ao conturbado inconsciente de Leonardo, seu *locus* econômico, e à semiótica da ornamentação na cultura florentina – aquilo que motivou os Medici em vez de brigas de galos –, etc., etc., etc. Não há fim para a interpretação profunda, talvez porque não haja fim para a ciência, nem mesmo para a ciência-humana, e quem sabe quais estruturas profundas o futuro revelará? A intenção do artista nada tem a ver com isso. A interpretação de superfície deve ser escrupulosamente histórica e se referir apenas a possibilidades que Leonardo possa ter reconhecido, sem lhe atribuir conhecimento da ciência-humana do futuro. Ele não poderia ter conhecido o livro de Eisler, nem a teoria que Eisler usou. Mas isso não requer referências à autoridade do artista. A interpretação profunda, finalmente, admite certa sobredeterminação – a obra pode significar muitas coisas diferentes sob a interpretação profunda, sem ser nem um pouco indeterminada sob a interpretação de superfície. Como a filosofia, em certo sentido, a interpretação profunda deixa o mundo como ela o encontra. O conhecimento que se tem dele também não faz parte da resposta, a não ser na medida em que a própria resposta é dada à interpretação profunda.

É à interpretação profunda que se referem aqueles que falam mal da interpretação, ao nos impelir a deixar que as obras falem por si próprias. Eles dificilmente poderiam falar mal da interpretação de superfície, especialmente na medida em que não podemos nem ao menos identificar a obra – muito menos deixar que ela fale – salvo diante de uma hipótese de interpretação bem-sucedida. Sem a interpretação de superfície, o mundo da arte decai em muitas telas arruinadas e muitas paredes manchadas.

Obviamente, é irresistível ponderar qual teria sido a necessidade da purificação ritual que motivou Leonardo a transcender manchas e transfigurá-las em obras de arte – perguntar o que as manchas *significavam* – e contrastar sua conquista com aquela do pintor norte-americano Morris Louis, em cujas obras manchas permanecem manchas, resistem à transfiguração mesmo em véus, demonstrando, talvez, um ódio pelo excesso, necessidade de sujar, desejo de renunciar ao alvo resplendor da eternidade?... Isso é tratar obras de arte como Leonardo tratou sua parede manchada, como uma ocasião para a invenção crítica que não conhece limites, o jogo profundo dos departamentos de literatura e hermenêutica.

Linguagem, arte, cultura, texto

> *Para que a obra de arte seja obra*
> *de arte, ela deve alçar acima*
> *da gramática e da sintaxe.*
>
> Barnett Newman

Este texto foi escrito em resposta a um convite para participar de uma sessão plenária do Congresso Mundial de Filosofia, realizado em agosto de 1983 em Montreal. Minha tarefa era falar sobre arte, linguagem e cultura em vinte minutos. Na verdade, é mais fácil falar sobre todas as três do que sobre qualquer uma delas separadamente, e tornei minha tarefa ainda mais fácil, acrescentando um quarto item, o texto. Esse último é considerado novamente no Ensaio VII e tem, acredito, uma profunda implicação para a filosofia das representações mentais que elaborei alhures. Em todo caso, este ensaio me capacitou a clarificar a acepção de que a interpretação deve ser relativizada a uma cultura, sem que isso implique alguma tese relativista e danosa sobre a arte: seu locus *cultural está entre os fatores que compõem a identidade de uma obra. Que o conceito de um texto deveria atravessar a distinção entre retratação pictórica e descrição verbal deve ser levado em conta quando eu convocar as dificuldades específicas de distinguir textos filosóficos de textos não filosóficos, a fim de resistir à assimilação da filosofia à arte. O ensaio apareceu sob o título "Arte e texto" em Res, graças a Francesco Pellizzi.*

Estudiosos do Zen devem estar familiarizados com os dez quadros de pastoreio do boi, com sua representação sequencial de certo itinerário espiritual e, portanto, com o oitavo quadro (figura 1), que é simplesmente um círculo vazio, localizado logo após um quadro do pastor numa postura de contemplação (figura 2) e antes de uma comovente paisagem (figura 3), densa em sua ausência da forma humana. O círculo vazio torna o sétimo quadro (figura 2) ambíguo, pelo menos inicialmente, já que há nele um círculo no céu, que poderia obviamente ser a lua, e, lido como tal, ver-se-ia o quadro isolado, mas poderia também representar o anúncio da iluminação, ou *satori*, que é concretizada na gravura oito: assim, se quisermos chegar a uma interpretação clara, é preciso determinar se Oito, além dessa referência óbvia, refere-se, intratextualmente, por assim dizer, a essa parte de Sete. Oito, em todo caso, é um quadro de iluminação, de certo vazio – e é preciso, como diria meu falecido amigo Shiko Munakata, distinguir o vazio do papel do vazio do quadro –, mas o fato de ser um *círculo* parece não desempenhar nenhum papel cognitivo, não fazendo parte do que é intencionado. Não estamos lidando, aqui, com um tipo de misticismo geométrico do característico da tradição neoplatônica do Ocidente, do tipo que Ficino por certo tem em mente quando afirma que "por causa de um instinto natural e necessário [...] toda mente preza a figura redonda quando a encontra pela primeira vez nas coisas e não sabe por que a preza". Sabemos disso porque todos os dez quadros do pastoreio do boi são compostos em estruturas circulares, de modo que a circularidade nada acrescenta ao número Oito, uma vez que, apesar de ser um círculo vazio, não é de uma vacuidade circular. É, antes, aquele tipo de vazio indiferenciado que associamos com a imaginária budista, e então uma figura indiscernível numa sequência neoplatônica teria um significado totalmente diferente, que se diferiria, novamente, de um círculo amplamente mais ambíguo; se vazio ou não, não podemos dizer, já que poderia ser um disco, e se uma obra ou não, não podemos dizer, já que pode ser apenas um diagrama.

Figura 1

Figura 2

Figura 3

Só poderíamos dizer essas coisas tendo como base informações que não podem ser reveladas por nada que seja realizado pela psicologia da percepção pictórica. A psicologia pictórica, por exemplo, não pode nos dizer se o círculo no sétimo quadro do pastoreio do boi é a lua, e nesse caso suas bordas são as bordas da lua e se trata de uma parte pictórica do quadro; ou se essa é uma visão antecipatória do estado retratado em Oito, em cujo caso as bordas não têm relação com aquelas do seu assunto, que de qualquer maneira não tem nenhuma, e nem se trata tanto de uma parte pictórica, mas de um quadro-dentro-do-quadro, que se coloca em relações psicológicas complexas com o próprio pastor arrebatado. Apenas um conhecimento independente do conceito de *satori* torna possível esse conhecimento pictórico específico, e isso deve ser esquadrinhado com nosso conhecimento das possibilidades pictóricas da cultura à qual a obra pertence – se, por exemplo, seus autores de quadros e seu público atingiram o tipo de competência pictórica mostrado em nossas próprias tiras cômicas, a que os quadros do pastoreio do boi se assemelham de maneira tão interessante. A gravura Oito é um pouco como o familiar *pow!* que aparece num balão acima da cabeça do personagem derrotado, ou num quadro à parte.

Pelo fato de o oitavo quadro do pastoreio do boi ser branco e estar em vazio, o poderoso impacto que ele exerce no expectador

– ou leitor – é conexo ao fato de que ele representa uma mudança para um estado espiritual da mais alta importância; e me parece claro que sem alguma compreensão da teoria da iluminação, da urgência associada a essa conquista, e do fato de que esse é um episódio numa vida – como a gravura Nove torna explícito –, mais do que uma culminação terminal, pode-se não sentir o poder da gravura Oito, ou mesmo não reagir a ela como algo poderoso. É possível compará-la com o que considero ser seu equivalente mais próximo na nossa tradição, o duodécimo painel na séria de catorze painéis de Barnett Newman, *As estações da Cruz*. Nele, há uma repentina inversão de cores, como se qualquer itinerário que a série represente tivesse atingido algum ponto crítico e especialmente sombrio, já que o painel Doze é predominantemente negro, enquanto os precedentes são brancos; na verdade, telas brancas com listras negras ou, como Newman as chama, "zíperes". O negro no painel Doze é demais em relação à área ampla e dominante que ele cobre para ser pensado como uma listra – e parece iconograficamente errado pensar nele como um zíper. É difícil imaginar uma correspondência exata entre os catorze painéis e as tradicionais estações da crucificação: não estamos olhando, afinal de contas, para Domenichino, e o próprio Newman diz que "não é a terrível caminhada da Via Dolorosa" que ele estava tentando mostrar. Entretanto, ele deu aos painéis identificações sequenciais advindas da tradição, e não surpreende em nada quando sabemos que o painel Doze é *A morte de Cristo*. Não chega a ser surpresa, para alguém que acompanha a sequência e então *chega* ao Doze: porque ele deve representar o tipo de mudança de estado que o conceito inteiro da história de Cristo promete como possível. Esse significado se esvai consideravelmente e, com ele, o poder da obra, se isolamos o painel, imaginando-o separado dos outros, ou mesmo como parte da série completa, mas experienciado por alguém que não sabe que essas são as estações da cruz ou o que são as estações da cruz. E obviamente seria possível estigmatizar o painel Doze como vazio, não no sentido espiritual da oitava gravura do pastoreio do boi, com suas alusões às escrituras em branco de Tripitika ou a parede igualmente branca, diante da qual Bodidharma conseguiu o que conseguiu, mas sim no rotineiro sentido estético ou crítico do termo que adveio tão facilmente àqueles que primeiro viram a obra de Newman, mesmo no cenário artístico nova-iorquino, quando foi finalmente possível que ela existisse. Isso seria incidentalmente *falso* com relação a essa obra específica de Newman, mas poderia ser verdadeiro sobre algum outro painel exatamente como esse, de Newman ou de alguém mais, talvez Clyford Still, que tinha um significado diferente, ou que fingia, por pura abstração, não ter nenhum.

Charles Lamb, escrevendo sobre as gravuras de Hogarth, diz: "Para outros quadros nós olhamos, o dele foi lido". E, de fato, aqueles quadros profundamente narrativos, para não dizer moralistas, devem ser compreendidos em detalhe de modo condizente com as minúcias de cada gravura individual, até o ponto em que fornecer uma leitura de Hogarth poderia se tornar, como se tornou, um gênero de literatura interpretativa. Estou certo de que se embrenhar nas gravuras é parte do que consiste o experimentar das gravuras, que elas se destinam a transformar o leitor por meio de seu reconhecimento das histórias sórdidas que elas retratam. As gravuras fazem algumas referências narrativas, para trás e para a frente, de um modo que a ordem dos quadros no tempo narrativo controlaria a interpretação, se o embrenho nas gravuras significa embrenho na história. Se a gravura que mostra a morte de Harlot, por exemplo, ou a de Rake, viesse primeiro na ordem real – numerada como "Um", digamos –, o que viesse depois seria um *flashback* e teríamos que especular por que uma estratégia narrativa como essa, que requereria a invenção do cinema, teria sido precocemente antecipada aqui. Por que o tempo *no* filme narrativo e o tempo *do* filme narrativo necessitam, de vez em quando, trabalhar um contra o outro faz parte de uma discussão diferente, mas meu argumento imediato é que há uma ordem ideal para as gravuras de Hogarth, como há para *As estações da Cruz* ou os quadros do pastoreio do boi. Tenho uma série desses últimos que vai, na verdade, de trás para a frente, mas esse não é um fator para ser levado em conta em termos de interpretação, não pertencendo à obra, por assim dizer, mas ao livro, já que livros japoneses, sendo o texto pictórico ou não, devem ser lidos de trás para a frente. Em todo caso, parte da razão de que as gravuras de Hogarth devem ser lidas é o fato de que seu contexto natural é narrativo, e embrenhar na narrativa é algo que se pressupõe se uma reação há de ser pretendida. Certamente uma gravura sozinha não seria tão radicalmente diminuída, se isolada do contexto como o oitavo quadro do pastoreio do boi o seria. Ela pareceria narrativa no sentido de que a duodécima estação da cruz não o é, mas, mesmo assim, a referência e a estrutura são interconectadas o suficiente nessas obras altamente representacionais que mesmo elas sofreriam truncamento ou distorção se estivessem sozinhas. Elas têm, como seus equivalentes opticamente mais simples, qualquer significado que realmente tenham apenas no *Zusammenhang* de uma afirmação mais ampla.

"Têm qualquer significado que realmente tenham apenas no *Zusammenhang* de uma afirmação mais ampla" é uma frase, ainda que vaga, escolhida para ecoar uma famosa formulação de Frege – uma formulação que já faz parte da cultura filosófica de tal maneira que podemos muito bem supor que meu público implícito já a tenha ouvido por meio do meu texto, assim como podemos supor que Newman soubesse mais ou menos quais eram as estações da cruz e tivesse se preparado para ver a tinta negra como uma metáfora adequada para a morte, assim como *tornar-se* negro seria uma metáfora adequada para morrer, ou como os leitores pretendidos dos quadros do pastoreio do boi poderiam apreciar um espaço em branco como uma imagem apropriada para a iluminação. Trabalho para tornar explícito o que estou também supondo que será uma conexão espontânea, em parte porque pretendo ilustrar a conexão de que preciso, mas em parte também para rejeitar uma analogia mais próxima com o contexto específico de atribuição de significado que Frege tinha em mente: o contexto da sentença. Porque a estrutura de uma obra não é a estrutura de uma sentença, e a compreensão de uma obra nem mesmo é paralela à competência gramatical empregada pela produção e compreensão das sentenças numa linguagem. Nosso tema é linguagem, arte e cultura, e o meu esforço aqui é atrair a atenção filosófica para uma ordem de contexto, de *Zusammenhang*, minimamente requerida pela existência da arte.

Hoje em dia o conceito de *texto* carrega consigo uma grande quantidade de energia, e transcende, de modos ainda não esclarecidos adequadamente, a unidade básica de transmissão linguística, o portador mais básico de valores de verdade, a *sentença*, que a Frege é dado o crédito merecido de ter tornado primária. Mas a primazia da sentença (ou da proposição, já que no presente *Zusammenhang* não faz diferença) definiu mais ou menos a filosofia analítica, com sua forte ênfase sobre as filosofias da linguagem e da lógica, sendo que recentemente sua principal divisão se deu entre a suposição de que a sentença é um instrumento na facilitação do jogo de linguagem, algo a ser entendido de acordo com as condições sob as quais ela é verdadeira ou alguma combinação dessas duas posições. Isso praticamente tornou impossível para os analistas se engajar em discussões com filósofos, principalmente continentais, para quem a unidade básica é o texto. Um texto é um *Zusammenhang*, o princípio de sua integridade vai além daquelas características de sintaxe e gramática por meio das quais as sentenças são logicamente tratáveis e por meio das quais as sentenças são mantidas juntas naquelas arquiteturas maiores, que tem sido a principal preocupação da análise filosófica – o argumento e o cálculo lógico –, cuja função é a preservação e a transmissão de valores de verdade. Uma recente série de estudos é intitulada "Os argumentos dos filósofos", mas uma série com o título alternativo "Os *textos* dos filósofos" convocaria métodos de uma ordem que nós dificilmente teríamos considerado – os métodos de interpretação até agora inarticulados. Foi por força de uma interpretação implícita, que seria a tarefa de um leitor recuperar, que o círculo branco nos quadros do pastoreio do boi foi artisticamente identificado como *satori* ou como o pastor tendo-o atingido: e o fato de, nesse sentido, ele ser *satori* não está (fazendo referência a outra alusão) no texto da maneira que uma palavra está numa sentença.

Ao dizer que um texto se conforma a princípios diferentes daqueles que ligam palavras numa sentença, estou admitindo, obviamente, que um texto poderia consistir de uma única sentença, ou mesmo o fragmento de uma, do mesmo modo que uma sentença poderia consistir de uma única palavra. A sentença unitária que consiste da palavra t tem significados que excedem o significado de t sozinho, assim como o terá o texto que consiste da sentença unitária s. É óbvio que não posso fazer muito, aqui, para tornar explícito o que alguém poderia chamar pomposamente de lógica textual, mas gostaria de dizer que seus princípios atravessam as diferenças entre textos pictóricos do tipo que estive considerando, e textos que, de fato, acontecem de ser compostos de sentenças e, em última análise, de palavras. É que as relações entre palavras, e depois entre sentenças no *Zusammenhang* de um texto, vão além da gramática e da sintaxe. Há diferenças entre representações pictóricas e linguísticas que depõe pesadamente contra a possibilidade de uma linguagem puramente pictórica do tipo fantasiado por Wittgenstein no *Tratactus*; mas no nível do texto essas diferenças desaparecem, o que explica por que nem é mesmo uma metáfora forçada dizer que as gravuras de Hogarth devem ser *lidas*. Um texto, pictórico ou verbal, começa a reivindicar o *status* de arte quando surgem certas questões a ele conexas que não podem, por um lado, ser respondidas por meio da psicologia óptica ou pictórica ou, por outro lado, simplesmente ser interpretadas ou concluídas de um texto, digamos, narrativo.

Considere-se, por exemplo, a última palavra em *Ulysses*, que é obviamente a palavra *Yes*, grafada com maiúscula, como, em nossa notação, somente os nomes próprios ou o início de uma sentença, mas que não é ela mesma um nome próprio e, não havendo ponto final depois dela, nem mesmo é provavelmente uma sentença. O solilóquio de Molly é pleno de *yeses*, mas nenhum deles é marcado do modo como esse *Yes* terminal é, e aqueles que têm de ler esse texto em voz alta, como Sioban McKenna, têm de dar alguma interpretação dessa afirmativa diferenciada, sendo que a questão é como ela deve *soar*, tendo em vista que Molly não está gritando – apesar de que, se o *Yes* marcou algum tipo de orgasmo, ela *pode* tê-lo vocalizado como um uivo extático. Qualquer que seja o caso, não se pode simplesmente ler *Ulysses* sem que surjam incontáveis questões deste tipo: por que o *Yes* tem letra maiúscula, sendo que a resposta também que explicar por que todas as letras na obra não são maiúsculas, e se importa que essa seja a palavra final de Molly em termos de sua relação com Bloom, para quem sua *primeira* palavra no romance foi o displicente *Mn* como resposta à pergunta de Bloom se ela queria algo para o desjejum – isso deixa Bloom com a questão de interpretação amplificada para nós pelo *Yes* ecoando no final. É certo que não podemos, realmente, nem mesmo dizer o que acontece no *Ulysses* sem dar respostas a questões dessa ordem, de modo que a densa mediação de interpretação se encontra entre o livro e a obra. Não seria difícil mostrar exatamente o mesmo tipo de considerações surgindo em conexão com a música, de modo que, no nível da interpretação textual, diferenças entre música, literatura e pintura, que parecem tão frustrantes num nível mais baixo de análise, abrem caminho para a possibilidade de um método geral de interpretação. Isso, em todo caso, ajuda a mostrar como a literatura, apesar de feita de linguagem, é definida por forças além do alcance da estrutura gramatical e sintática. Isso também mostra por que a leitura do tipo que envolve interpretação convoca habilidades de um tipo diferente daquelas transmitidas ao ensinar crianças a ler, por exemplo, em inglês.

A interpretação é a agência do que eu chamei de transfiguração, esse processo por meio do qual mesmo objetos totalmente do lugar-comum são alçados ao nível da arte. Ela permanece uma agência desse tipo quando os objetos a serem transfigurados já têm o *status* de objetos representacionais, como quadros ou peças de redação descritiva, uma vez que nem todo quadro é uma obra de arte, assim como nem toda peça de prosa. Na verdade, nem toda peça de música é tampouco, porque somente quando questões paralelas àquelas que levantei surgem para a música é que estamos no nível da arte, porque tratar algo como obra de arte é supor que ele recaia sob a estrutura da interpretação. Quando os objetos já são símbolos de alguma ordem, então a interpretação envolve um intercâmbio muito complexo entre o seu uso e sua menção, por assim dizer, visto que só podemos dizer o que um símbolo significa no *Zusammenhang* de um texto quando, para além de seu uso, respondemos essas questões sobre suas características palpáveis, como aquelas que perguntamos em conexão com o *Yes* inscrito em *Ulysses* ou com a forma circular no oitavo quadro do pastoreio do boi, que se mostraram textualmente irrelevantes embora possa parecer que não deveriam ser. Sua irrelevância tem de ser decidida com recurso a outras características do texto, assim como da cultura da qual o texto advém e à qual o texto primeiramente pertence. É por causa dessas características palpáveis, que excedem aquelas que contam para a análise semântica, que uma obra de arte, mesmo quando é uma narrativa linear, não pode se desintegrar em seu conteúdo: há algo no contar a história que é mais do que a história contada. É por essas razões que, mesmo quando uma obra de arte é "referencial", como diriam críticos e teóricos da literatura, ela nunca é meramente referencial. Por essas razões, falo de obras de arte como objetos semiopacos.

Por objeto semiopaco, designo algo que apresenta um conteúdo, sendo que o modo de apresentação – mais uma vez uma noção fregiana

– deve ser combinado ao conteúdo para determinar o significado do objeto. Há uma dimensão retórica em qualquer obra de arte em consequência do intercâmbio entre conteúdo e modo de apresentação (para cujos detalhes devo remeter o leitor para a *Transfiguração do lugar-comum*), mas ela é internamente conexa com a psicologia da reação artística, na qual a interpretação é coimplicada com a apreciação. Mas ela é igualmente conexa com o conceito de estilo, compreendido em termos do intercâmbio entre conteúdo e modo. Aqui, por exemplo, é Denis Donahue sobre Elizabeth Hardwick sobre Thomas Mann: "Ela escreve que 'ele combina os mais puros dons com o consentimento terreno, para puxar cargas pesadas, de um distinto e velho cavalo de tiro', uma sentença em que uma carga pesada é puxada principalmente pela força combinada de duas vírgulas". Se é preciso tomar uma decisão, no nível da pontuação, eu próprio usando duas vírgulas para me referir às duas vírgulas na sentença de Miss Hardwick, então é certo que a interpretação deve ser um empreendimento longo e fastidioso e que justifique por si só a existência de críticos como Hardwick e Donahue. Há uma gentil visão difundida hoje em dia de que um texto é a infinita possibilidade de interpretação, de que se pode dar infinitas interpretações a qualquer texto dado – nenhuma definitiva. Se é preciso decidir sobre duas vírgulas, dar apenas *uma* interpretação já é empreendimento suficiente.

Há uma questão especulativa da maior urgência, sobre se a intricada construção de uma obra de arte nos dá uma analogia ao modo com que os estudiosos de uma cultura devem constituir essa cultura antropologicamente. Isso dificilmente pode ser considerado sem insistirmos na questão sobre em que medida há analogia entre culturas e obras de arte – uma translação efetuada por Burkhardt, com o fácil descuido do gênio, ao tratar o Estado "como obra de arte" no seu estudo sobre a Renascença. Para prosseguir com a analogia, teríamos de decidir em primeiro lugar se a cultura pode ser vista como modo de apresentação do mundo para seus próprios membros – uma *Weltanschauung*, como dizemos – e que, portanto, já tem um tipo de conteúdo representacional. Teríamos, então, de mostrar o tipo de intercâmbio entre esse conteúdo e seu modo de representação, que, então, constitui, por assim dizer, o estilo da cultura. Isso é o mesmo que inverter um célebre dito de Wittgenstein – ou seja, imaginar uma forma de vida como sendo o mesmo que imaginar uma linguagem. Por linguagem, aqui, obviamente, designo um sistema de representações mais do que um sistema de usos, ou isso é entender o sistema de usos como um conjunto de símbolos por meio dos quais os membros de uma cultura vivem o seu modo de representar o mundo. Seria, então, tarefa da interpretação decidir quais das muitas atividades cotidianas dos membros da cultura ostentam essa sobrecarga expressiva. Mesmo nas obras de arte, como vimos, nem tudo que pertence ao objeto pertence à obra. Não sei, por exemplo, se a aliteração "distinto e velho cavalo de tiro" [*distinguished old dray horse*] funciona em conjunto com as duas vírgulas ou não.

Dificilmente eu teria a esperança de levar adiante a analogia aqui, ou talvez em qualquer lugar, e não apenas por razões de tempo. Mas se ela tem alguma chance de verdade, a crítica artística se torna um paradigma do que podemos chamar agora de crítica cultural, e a estrutura filosófica das ciências culturais será, então, tão diferente do que aqueles que propuseram a divisão entre as *Natur-* e as *Geisteswissenschaften* tinham em mente quanto a essas últimas, que dificilmente teríamos alguma ideia do que ciências desse tipo envolvem. Ainda não temos ideia de como devem ser as ciências-humanas, portanto, nenhuma ideia do que significa finalmente ser humano se a participação nessas formas tiver de ser uma condição disso – nenhuma ideia, quer dizer, salvo qual orientação podemos derivar da filosofia da arte e das estruturas que ela começou a trazer à luz.

O fim da arte

*A arte está morta. Seus movimentos atuais
não são de modo algum indício de vitalidade;
eles não são nem mesmo as convulsões da agonia
anterior à morte; eles são as ações reflexas mecânicas
de um defunto submetido à força galvânica.*

Marius de Zayas, "The Sun Has Set",
Camera Work, jul. 1912, n. 39, p. 17.

*Este ensaio adveio de uma breve contribuição para um simpósio
sobre o estado do mundo da arte e foi publicado, junto com declarações comparáveis de John Berger, Clement Greenberg e Rosalind
Krauss, sob o bem-humorado título "Art Attacks" no saudoso*
Soho News. *Em virtude desta declaração, fui convidado para o
Walker Institute for Contemporary Art, em Minneapolis, para
apresentar uma de uma série de palestras sobre o futuro. Essa palestra foi consideravelmente expandida para formar a contribuição
principal de um volume, organizado por Berel Lang e publicado
pela Haven Publications, intitulado* The Death of Art, *para
o qual Lang convidou vários outros para responder ou ao meu
artigo ou ao tópico.*

Em cada um de seus estágios, o ensaio é uma reação ao estado lamentável do mundo da arte, para o qual procurei – e continuo a procurar – uma explicação. Estou cada vez mais persuadido pelo modelo de história da arte que eu finalmente desenvolvo – ele alcançou um estágio mais alto no Ensaio IX – mas se tornará claro que ele representa uma forma do descredenciamento filosófico da arte descrito no Ensaio I. Ele supõe que sua própria filosofia é aquilo a que a arte almeja, de modo que a arte realiza o seu destino ao se tornar finalmente filosofia. É claro que a arte faz muito mais e muito menos do que isso, o que torna a morte da arte uma afirmação exagerada. Que a nossa seja uma arte pós-histórica, entretanto, é um reconhecimento aprofundado a cada estação que se sucede.

Há visões filosóficas da história que permitem – ou mesmo exigem – uma especulação a respeito do futuro da arte. Uma especulação desse tipo concerne à questão de saber se a arte tem um futuro e deve ser distinguida de uma outra que meramente concerne à arte do futuro, se supomos que a arte irá sempre adiante. De fato, essa última especulação é de certo modo mais difícil exatamente por causa das dificuldades que ocorrem quando se tenta imaginar com que se parecerão as obras de arte do futuro ou como elas serão apreciadas. Que se pense apenas o quanto estaria fora de questão predizer em 1865 as formas da pintura pós-impressionista ou ter antecipado, em 1910, que haveria, apenas cinco anos depois, uma obra como *Em antecipação ao braço quebrado*, que, mesmo quando aceita como obra de arte, mantinha sua identidade como uma pá de neve comum. Exemplos comparáveis podem ser buscados nas outras artes, especialmente quando nos aproximamos de nosso próprio século, quando a música, a poesia e a dança forneceram exemplares que não poderiam ter sido percebidos como arte se nada como eles tivesse aparecido anteriormente, como conjuntos de palavras, de sons ou de movimentos. O artista visionário Robert Robida começou em 1882 a publicação seriada de *Le vingtième siècle*. Sua intenção era mostrar o mundo como ele seria em 1952. Suas ilustrações eram repletas de maravilhas que viriam: *le téléphonoscope*, máquinas voadoras, televisão, metrópoles submarinas; mas as próprias ilustrações eram inequivocamente de sua própria época, do mesmo modo como muito do que é mostrado é mostrado. Robida imaginou que haveria restaurantes no céu aos quais os fregueses chegariam em veículos aéreos. Mas os locais de refeição imaginados de maneira audaciosa eram compostos de ornamentos de ferro batido, daquela espécie que associamos com Les Halles e a Gare St. Lazare, e pareciam muito com os barcos a vapor que flutuavam pelo Mississipi naquela época, na proporção e no arcabouço decorativo. Eles eram frequentados por cavalheiros de cartolas e damas de espartilhos, servidos por garçons usando longos aventais da Belle Époque, e chegavam em balões que Montgolfier reconheceria. Podemos estar certos de que, se Robida tivesse retratado um museu de arte submarino, suas obras mais avançadas seriam pinturas impressionistas, isso no caso de Robida levá-las em consideração. Em 1952, as galerias mais avançadas expunham Pollock, De Kooning, Gottlieb e Klein, que teriam sido temporalmente inimagináveis em 1882. Nada pertence tanto a sua própria época quanto o olhar que uma era dirige para o futuro: Buck Rogers transporta a linguagem decorativa dos anos 1930 para o século XXI e *agora* parece familiar ao Rockfeller Center e ao Cord automobile; os romances de ficção científica dos anos 1950 projetam a moralidade sexual da era Eisenhower, juntamente com o *dry Martini* em eras distantes, e a vestimenta técnica usada pelos homens do espaço pertence ao comércio popular da época. Desse modo, se *tivéssemos* que retratar uma galeria de arte interplanetária, ela exibiria obras que, independentemente do quanto nos pareçam atualizadas, pertencerão à história da arte na época em que existirem galerias desse tipo, assim como a roupa moderna que colocamos nas pessoas que mostramos não pertencerão à história do vestuário em nenhuma época. O futuro é um tipo de espelho no qual podemos mostrar apenas nós mesmos, embora ele pareça a nós uma janela através da qual podemos ver as coisas chegarem. O dito maravilhoso de Leonardo de que *ogni dipintore dipinge se* (cada pintor pinta a si mesmo) implica uma involuntária limitação histórica, como pode ser visto pelos próprios desenhos visionários de Leonardo, tão profundamente parte de seu próprio tempo. Podemos imaginar *que* todo tipo de coisa virá a ser. Mas quando procuramos *imaginar* essas coisas, elas inevitavelmente parecerão coisas que *já vieram* a ser, porque temos apenas as formas que conhecemos para lhes dar.

Mesmo assim, podemos especular historicamente sobre o futuro da arte sem nos preocuparmos sobre como as obras de arte do futuro deverão ser, se é que haverá alguma. E é mesmo possível supor que a própria arte não tem futuro, embora as obras de arte possam ainda ser pós-historicamente produzidas, por assim dizer, no rescaldo de uma vitalidade desaparecida. Essa, de fato, era uma das teses de Hegel. Algumas de suas visões inspiraram o presente ensaio, uma vez que Hegel disse muito inequivocamente que a arte como tal – ou pelo menos em sua vocação mais elevada – está completamente finda enquanto momento histórico, apesar de ele não ter se preocupado com a previsão de que não haveria mais obras de arte. Ele pode ter afirmado, tão certo estava de que sua surpreendente tese era verdadeira, que não teria nada a dizer sobre o advento dessas obras, que poderiam – talvez devessem – ser produzidas de um modo que ele não poderia antecipar e usufruídas de modos que ele não poderia entender. Acho extraordinária a ideia de que o mundo deveria ter passado por aquilo que poderia ser chamado de "Idade da Arte", paralelamente ao modo no qual, de acordo com a especulação teológica de Joaquim de Flores, a Idade do Pai chegou ao fim com o nascimento do Filho, e a Idade do Filho, com a do Espírito Santo. Joaquim não sugeriu que aqueles cuja realização histórica reside na Idade do Pai serão extintos ou que suas formas de vida desaparecerão abruptamente na Idade do Filho: eles podem continuar a existir, passado o momento de sua missão histórica, fósseis históricos, por assim dizer, como Joaquim suporia serem os judeus, cujo tempo já teria passado no estágio da história em que ele acreditava. Desse modo, embora venha a haver judeus nos tempos vindouros, cujas formas de vida podem se desenvolver de modos imprevisíveis, ainda assim sua história já não coincidirá com a própria história da História, concebida como Joaquim o fez, na maneira mais filosófica possível.

De um modo quase precisamente idêntico, o pensamento de Hegel era que por um período de tempo as energias da história coincidiram com as energias da arte, mas agora a história e a arte devem ir em direções diferentes e, apesar de a arte continuar podendo existir no que chamei de um modo pós-histórico, sua existência já não porta qualquer significância histórica. Uma vez que uma tese desse tipo dificilmente poderia ser ponderada fora do arcabouço de uma filosofia da arte, seria difícil levá-la a sério, se a urgência sobre o futuro da arte não tivesse surgido a partir de dentro do próprio mundo da arte, que pode ser visto hoje como tendo perdido toda a direção histórica, e temos que perguntar se isso é temporário – se a arte vai recuperar a trilha da história – ou se essa condição desestruturada *é* o seu futuro: um tipo de entropia cultural. Assim, o que quer que venha a seguir não importará, porque o conceito de arte está internamente exaurido. Nossas instituições – museus, galerias, colecionadores, revistas de arte, etc. – existem apesar da suposição de um futuro significativo, até mesmo brilhante. Há um inevitável interesse comercial no que está por vir agora e em quem deverão ser os importantes adeptos dos movimentos que virão a seguir. É bem no espírito de Joaquim que o escultor inglês William Tucker disse: "Os anos 1960 eram a época do crítico. Agora é a época do marchand". Mas suponha que tudo *tenha* realmente chegado ao fim e que tenhamos chegado num ponto em que pode haver mudança sem desenvolvimento, onde as máquinas da produção artística podem apenas combinar e recombinar formas conhecidas, embora pressões externas possam favorecer essa ou aquela combinação. Suponha que não seja mais uma possibilidade histórica que a arte deva continuar a nos surpreender, que, nesse sentido, a Idade da Arte está internamente desgastada, e que na frase impressionante e melancólica, de Hegel, uma forma de vida se tornou velha.

É possível que a selvagem efervescência do mundo da arte nas sete ou oito décadas passadas tenha sido uma fermentação terminal de algo cuja química histórica esteja ainda por ser entendida? Quero levar Hegel totalmente a sério e esboçar um modelo da história da arte no qual algo como isso possa mesmo fazer sentido. Para melhor apreciar o sentido que isso faz, devo primeiramente esboçar dois modelos mais familiares de história da arte, porque o modelo que finalmente me interessará os pressupõe num modo inesperado e quase dialético. É um fato interessante que apesar de o primeiro modelo ter implicações primariamente para a arte mimética, para a pintura, a escultura e o cinema, o segundo modelo as incluirá além de muitos outros tipos de arte do que a mímesis é capaz de facilmente caracterizar. O modelo final se aplicará à arte de modo tão abrangente que a questão de a arte ter chegado ao fim ou não terá uma referência tão ampla quanto a do próprio termo "arte", embora sua referência mais dramática seja para com os objetos apresentados no que é mais estritamente conhecido como "o mundo da arte". Realmente, parte da explicação reside no fato de que os liames entre a pintura e as outras artes – poesia e representação, música e dança – tornaram-se radicalmente instáveis. Essa é uma instabilidade induzida pelos fatores que fazem do meu modelo algo historicamente possível e possibilitam que a sombria questão seja posta. Eu concluirei indagando como nos adaptaremos ao fato de a questão ter uma resposta afirmativa, que a arte realmente acabou, tendo se transmutado em filosofia.

Thomas Kuhn nos surpreende quando, no curso da apresentação de seu novo ponto de vista sobre a história da ciência, observa que a pintura era considerada no século XIX como a disciplina progressiva *par excellence*: prova de que o progresso era realmente possível nas atividades humanas. O modelo progressivo da história da arte deriva de Vasari, que, numa frase de Gombrich, "viu a história estilística como a conquista gradual das aparências naturais". Curiosamente, essa é também a visão de Gombrich, enunciada enquanto tal no seu livro *A imagem e o olho* e em todos seus escritos. A história da arte, ou, pelo menos da pintura assim concebida, realmente chegou ao fim, portanto começarei com esse modelo familiar.

O progresso em questão dizia respeito principalmente à duplicação óptica, visto que o pintor dominava cada vez mais tecnologias refinadas para fornecer experiências visuais efetivamente equivalentes àquelas fornecidas pelos objetos e pelas cenas reais. Desse modo, a distância decrescente entre a estimulação óptica real e a pictórica marca o progresso na pintura, e poderíamos medir o quociente de progresso pelo grau em que o olho nu nota a diferença. A história da arte demonstrou o avanço, na medida em que o olho nu poderia notar com mais facilidade as diferenças entre o que Cimabue apresentou e o que Ingres fez; a arte era, portanto, demonstravelmente progressiva, do modo como a ciência esperava que fosse, considerando que a óptica aqui não é mais que uma metáfora para se obter para a mente humana uma representação tão exata quanto aquela das cognições destituídas de um ser divino – embora mesmo no *Tractatus Logico-Philosophicus* de Wittgenstein ainda fosse uma fantasia semanticamente possível que o que ele chama "a ciência natural total" devesse ser um quadro composto, logicamente isomórfico com o mundo concebido como a soma total dos fatos. A história da ciência poderia então ser lida como a diminuição progressiva da distância entre a representação e a realidade. Havia nessa história uma base para o otimismo, segundo o qual os bolsões remanescentes de ignorância seriam pouco a pouco trazidos à luz, de modo que tudo poderia finalmente ser conhecido, assim como na pintura tudo poderia finalmente ser *mostrado*.

Agora é possível fornecer uma concepção de progresso artístico mais ampla do que a pintura por si só permite, refletindo sobre a expansão de nossos poderes de representação trazida pela invenção do cinema. Os artistas tinham obviamente desde muito tempo adquirido tecnologias para retratar coisas em movimento: há pouca dúvida de que o *David* de Bernini retrata um jovem guerreiro em movimento, arremessando uma pedra, ou que os cavaleiros de Leonardo estão empinando, ou que a água em seus desenhos está fluindo, ou que as nuvens em seus desenhos de tempestades estão atravessando os céus. Ou que, no afresco de Giotto, na capela Arena, Cristo está levantando um braço admoestador, expulsando os vendilhões. No entanto, embora saibamos que estamos olhando para algo em movimento, não vemos algo equivalente àquilo que as coisas moventes de fato apresentam ao olho, porque não vemos o movimento. Nós o inferimos com base nas pistas sutis implantadas pelo artista a fim de motivar a inferência do que os objetos e os eventos correspondentes possuiriam no espaço e no tempo reais. De modo que teria havido retratações de coisas em movimento sem que elas fossem *retratações moventes* e, a partir dessa distinção, é possível avaliar o que o cinema e – retrospectivamente – a perspectiva linear conseguiram, a saber, a eliminação, em favor de uma percepção direta, de inferências mediadoras para com a realidade perceptual facilitadas pelas pistas. Antes da descoberta da perspectiva, os artistas podiam promover o conhecimento de que estávamos percebendo objetos recuados a distâncias: usando oclusão, tamanhos diferentes, sombras, gradientes de texturas, etc. Mas, com a perspectiva, eles podiam realmente mostrá-los recuados. Sabia-se que a figura de roupa cor-de-rosa tinha de estar mais próxima da janela do que a figura que sussurrava para o anjo, mas com a tecnologia da perspectiva, podíamos, mais ou menos diretamente, perceber esse fato.

Desse modo, o progresso que estamos considerando pode geralmente ser avaliado em termos de um imperativo para substituir a inferência com relação à realidade perceptual, onde isso for possível, por algo equivalente àquilo que a própria realidade perceptual apresentaria. Decerto, é filosoficamente defensável dizer que há um componente inferencial mesmo no conhecimento perceptivo mais direto. Mesmo assim, a inferência necessária para um movimento que passe da percepção de algo equivalente à realidade perceptual para a própria realidade perceptual é distinguível da inferência envolvida na percepção da realidade, sempre que esta puder ser considerada conhecimento. Assim, podemos explicar a postura de uma figura mostrada dizendo que ela é de alguém em movimento. Mas nós *vemos* o movimento real de figuras moventes, e o cinema nos dá algo equivalente a isso, onde a necessidade de explicação é superada pelas tecnologias de representação. Em outro caso, que talvez marque um limite lógico para esse progresso, nós sempre temos de inferir o que outros estão *sentindo* com base nas pistas fornecidas na expressão e no comportamento. Podemos ter de inferir que o que *nós* estamos sentindo é amor ou ansiedade, mas pelo menos sentimos isso, enquanto não o fazemos com o amor ou a ansiedade de outros. Se houvesse algo efetivamente equivalente a sentir os sentimentos de outros, isso seria um exemplo desse progresso representacional.

Há alguns aspectos profundamente interessantes nesse tipo de progresso. Por exemplo, na medida em que somos capazes de substituir pistas e inferências por equivalências à percepção direta, nos aproximamos de algo universal, talvez até não convencional. Ou pelo menos é o que ocorre quando as próprias pistas são mais uma questão de convenção do que nós pensamos. Os artistas desenvolveram um código para motivar as inferências para as coisas que eles não poderiam, dadas as limitações do meio, representar diretamente. Essas pistas são sinais, cujos significados foram aprendidos independentemente, quase do mesmo modo como deve ser uma linguagem ou, pelo menos, um vocabulário. Há uma história da arte maravilhosa a ser escrita sobre como as pistas visuais para odores e sons são forjadas. Nenhum grupo de artistas tem sido mais inventivo nesse sentido do que os ilustradores de quadrinhos (sua engenhosidade é transportada para os desenhos animados), onde linhas onduladas acima de um peixe significam que ele fede, ou uma serra num tronco significa que alguém está roncando, ou uma série de pequenas nuvens significa que algo está se movendo. Meu exemplo favorito mostra que um homem está virando sua cabeça desenhando-a em várias posições unidas por alguns círculos falhados. *Nós* interpretamos isso como um homem virando a cabeça, e não como uma figura policéfala do tipo familiar na escultura hindu – mas isso ocorre porque a nossa cultura é rica em imagens, e nós aprendemos a proceder desse modo. Mostre isso para membros de uma cultura em que haja outros signos ou que não tenha a necessidade pictórica de retratar movimento e eles não saberão o que está acontecendo. Ou eles adivinharão, assim como nós temos que adivinhar quando consideramos retratações pré-colombianas ou hindus dessa ordem. Mas, quando lhes mostramos filmes, nada disso acontece, pois o cinema atinge diretamente os centros perceptuais envolvidos na visão do movimento, funcionando, assim, num nível subinferencial. Naturalmente, demorou um tempo considerável até que o movimento mostrado fosse convincente: foi uma questão de "fazer e testar", para usar a expressão de Gombrich, antes que os cineastas soubessem exatamente quantos quadros por segundo deveriam passar pelo orifício para nos dar algo equivalente ao movimento tal como é realmente percebido.

É essa ponte inferencial a que nos referimos quando falamos de "iludir os sentidos", e não podemos duvidar que isso foi uma conquista da perspectiva. Iludir os sentidos obviamente não significa iludir o espectador: nossas crenças sobre o mundo formam um sistema, e o fato de que sabemos que estamos vendo uma imagem neutraliza o que nossos sentidos iludidos percebem. Mas meu interesse na perspectiva reside, no momento, em outro ponto, porque os filósofos têm, por vezes, insistido que a perspectiva é totalmente uma questão de convenção e, portanto, deve ser especificamente aprendida como qualquer coisa simbólica – talvez em contraste com a percepção de representações cujos contornos são congruentes com as bordas das coisas, onde há um conjunto de provas que sugere que esse reconhecimento é espontâneo e talvez internamente conectado. É bem verdade que demorou muito tempo para a perspectiva ser descoberta, no que concerne às tecnologias de representação, mas por mais que os artistas tivessem de aprender a mostrar coisas em perspectiva, ninguém precisou aprender a *ver* as coisas desse modo. Gombrich observa que os contemporâneos de Giotto perderiam o fôlego diante da verossimilhança da retratação banal de tigelas de cereal nas caixas de nossas refeições matinais. Mas seu espanto seria prova de que eles teriam imediatamente visto o quanto elas são mais fiéis à realidade perceptual do que as retratações feitas por Giotto, mesmo que tenha demorado séculos para que os artistas tivessem aprendido a fazer imagens convincentes como essas. Não há, infelizmente, a mesma simetria entre reconhecer e produzir imagens e compreender e produzir sentenças, o que é uma base para se supor que a competência pictórica difere da competência linguística e que as imagens não constituem a linguagem. Há uma continuidade entre reconhecer imagens e perceber o mundo, mas a produção de imagens é um tipo diferente de habilidade: animais são comprovadamente capazes de reconhecimento pictórico, mas produzir imagens parece ser uma prerrogativa exclusivamente humana. E a necessidade de aprendizado faz parte da razão pela qual a arte – ou, pelo menos, a arte representacional – *tem* uma história. Nosso sistema perceptual pode ter se desenvolvido, mas isso não é o mesmo que ter uma história.

O que *pode* ser matéria de convenção é a decisão cultural de fazer imagens que se pareçam com aquilo a partir do que são feitas. Existem outros sistemas pictográficos, mas Vasari e, naturalmente, Gombrich, salientam que apenas duas vezes, primeiramente na Grécia e depois na Europa renascentista, a fidelidade óptica foi marcada como um propósito artístico. Penso que isso é uma subestimação. Há evidências internas de que os chineses, por exemplo, teriam usado a perspectiva se eles tivessem conhecimento dela, mesmo que em detrimento de sua própria arte. Afinal, muitas vezes encontramos nuvens e neblina usadas para interromper linhas que, se lhes fosse permitido continuar, teriam parecido erradas: e uma cultura sensível ao erro óptico pode ser descrita como voltada para metas que ela não aprendeu a atingir. Os japoneses, quando finalmente viram desenhos ocidentais em perspectiva, descobriram imediatamente o que estava errado com os seus – mas, certos ou errados, do ponto de vista da perspectiva não faria sentido se não houvesse uma intenção implícita de fidelidade óptica. O artista arquetipicamente japonês Hokusai adotou imediatamente a perspectiva quando soube de sua existência, mesmo que suas gravuras não pareçam de modo algum "ocidentais". Nossas próprias preocupações ópticas explicam a presença de sombras na pintura ocidental e a ausência virtual dessas sombras em muitas outras tradições pictóricas, embora mesmo quando não haja nenhuma, como novamente na arte japonesa, tenhamos de decidir se eles têm uma cultura pictográfica diferente ou se simplesmente estavam atrasados por lentidão tecnológica na obtenção do efeito de solidez: o fato de que a luz deveria ter uma fonte, e não ser simplesmente uma iluminação difusa – se, de fato, podemos em geral pensar nas pinturas japonesas em termos de luz –, deve estar conectado com as mesmas considerações sob as quais o espaço é considerado como definido pelo olho na qualidade de fonte e raios que desaparecem num ponto. Tenho poucas dúvidas de que a concepção oriental de espaço não coincidiu com o modo como os orientais percebiam no espaço, o que não é, afirmo, matéria de convenção, mais do que o são os sentidos enquanto sistema perceptivo: somos construídos desse modo. Na medida em que consideramos a representação do espaço como sendo meramente matéria de convenção, o conceito de progresso evapora e a estrutura da história da arte que estamos discutindo deixa de ter qualquer aplicação. Retorno agora para aquela estrutura.

O imperativo cultural de substituir a inferência pela percepção direta contém um esforço contínuo de transformar o meio de representação se o progresso que esse imperativo define deve, ele próprio, continuar. Suponho que deveríamos, de fato, distinguir entre o desenvolvimento e a transformação do *medium*. Imaginem uma história na qual começamos com os desenhos esboçados das coisas, onde a cor está implícita, considerando-se que os espectadores saibam quais cores certas formas tendem a ter. E então ocorre a alguém realmente mostrar essas cores, de modo que a inferência não é mais requerida. Mas agora, na medida em que as formas coloridas se encontram um passo adiante rumo à verossimilhança, a relação de umas com as outras no espaço é uma questão de inferência, e os artistas dependem de que saibamos como essas relações deveriam ser. Ocorre então a alguém que as variações nas cores e nos valores serão vistas como mudanças na profundidade, com a descoberta de que os valores mais nítidos são aqueles mais próximos do olho. Essa descoberta pode marcar o desenvolvimento dos ícones à moda de Cimabue e Giotto. A descoberta da perspectiva, portanto, possibilita que percebamos, de modo tão claro quanto percebemos na realidade, o quão distante é a localização de um objeto em relação ao espectador e aos outros objetos. Esse seria o exemplo de um desenvolvimento, já que o próprio *medium* não foi especialmente alterado e estamos lidando com os materiais tradicionais do pintor, usados com um efeito cada vez maior no que se refere ao próprio imperativo. Mas nós ainda temos que inferir o movimento e, uma vez que tenhamos decidido que isso é algo que na verdade queremos *mostrar*, as limitações inerentes ao meio se transformam em obstáculos. E esses limites só podem ser superados por uma transformação do *medium*, como exemplifica a tecnologia do cinema. A mudança da cinematografia em preto e branco para a colorida e a da espacialidade da abertura de um único diafragma para a representação estereoscópica podem ser consideradas como *desenvolvimento*, enquanto a adjunção de som pode ser considerada uma *transformação* no *medium*. Seja qual for o caso, tecnologias cada vez mais complexas são necessárias para cada avanço nesse ponto, e a divisão entre desenvolvimento e transformação pode se tornar, em certo sentido, esmaecida. O que quero dizer é somente que a complexidade está associada a custos, e é preciso tomar decisões sobre se podemos viver nos limites do *medium* tal como ele existe ou se seremos motivados pelo imperativo que gera progresso com base em mediações cada vez mais dispendiosas. Talvez haja um paralelo com o dispêndio do avanço científico: a cada passo na microestrutura do universo, mais e mais energia é exigida e nós temos de tomar uma decisão social para estabelecer se os custos para atingir o incremento no controle cognitivo que o próximo passo trará valem ou não. A tecnologia agora está pronta para uma transformação no *medium*, uma transformação que, neste ponto, ela pode bem considerar – a saber, a holografia movente. Até o momento ela tem sido um tipo de brinquedo científico, embora a holografia simples ou estática tenha sido usada por artistas mais ou menos no mesmo espírito em que o vídeo foi usado – enquanto oferecimento de oportunidades para experimento artístico, sem uma referência específica ao conceito de progresso que venho discutindo. Ela foi usada, por assim dizer, por suas possibilidades físicas, no modo como

Rauschenberg usou a qualidade física das marcas feitas com lápis ou dos apagamentos e das rasuras.

A perspectiva de ponto fixo, como se sabe, não tinha como acomodar o efeito de paralaxe, de modo que se alguém abandona esse ponto no espaço que define o recuo ordinário, a cena fica distorcida como um suflê malsucedido. No celebrado afresco de Pozzo na igreja de Santo Inácio, em Roma, no qual o santo é mostrado em apoteose, a ilusão de seu arrebatamento vertical rumo aos céus, para os quais a igreja se abre, só é perceptível num certo ponto embaixo, gentilmente identificado por um disco de mármore no piso. De fato, o artista barroco usa nuvens para camuflar as discrepâncias paraláticas, com o mesmo objetivo que os chineses as usavam para eliminar distorções de perspectiva, garantindo que, em ambos os casos, portassem uma significância espiritual e mesmo topográfica, isto é, identificando o local como o céu ou as colinas, respectivamente. Nós aprendemos a viver com o efeito de paralaxe oblíquo no cinema, assim como em outros lugares, em grande parte, talvez, como o espectador chinês aprendeu a viver com espaços pictorialmente anômalos, ou como todos nós aprendemos a viver com as inconveniências da vida – poeira, ruído e pernilongos – num tipo de estoicismo, até que nos ocorra fazer algo a respeito, supondo-se que alguma coisa possa ser feita. As pessoas a quem isso incomoda de modo peculiar têm a opção de encontrar lugares nas salas de cinema que minimizem o desconforto paralático. A holografia torna possível a conservação paralática, com implicações realmente revolucionárias no projeto dos teatros, em certa medida antecipadas no teatro originário, conhecido como teatro de arena. Assim como esse conceito liberta os atores de um tipo de bidimensionalidade artificial imposta pela arquitetura do proscênio do palco, a holografia movente possibilita o cinema de arena, com as imagens sendo liberadas do plano da tela de cinema. As imagens teriam uma identidade tridimensional virtual e apareceriam entre nós, como visões, plenas, porém impalpáveis. Os sacerdotes nos tempos antigos criavam ilusões de deuses no espaço fantasmagórico dos templos usando espelhos chineses, que possibilitavam que o reflexo de um ator qualquer – representando Hércules, por exemplo – aparecesse destacado no espaço enquanto se recorria a nuvens de incenso (essas nuvens, sempre à mão!) para distrair os crédulos celebrantes de quaisquer pistas que pudessem revelar a falsidade. Como se observou, as imagens holográficas não poderiam ser *tocadas* e haveria mais uma questão a ser considerada: se isso seria apenas algo mais com o que se teria de conviver ou se seria artisticamente vantajoso financiar pesquisas voltadas a mais essa transformação do *medium*. Ou poderíamos conservar a impalpabilidade para tornar natural uma analogia com a visão mística, ou mesmo para fornecer uma metáfora para a arte.

É de certo modo instrutivo ponderar essa escolha diante de um pano de fundo fornecido pela história da escultura. Dédalo, segundo reza a lenda, confeccionou bonecos articulados para as nobres crianças do rei Minos, as quais obviamente voltaram sua atenção para distrações mais espetaculares. Mas a maior parte dos escultores preferira deixar que o movimento fosse inferido, como no caso citado de Bernini. Em grande parte, penso eu, isso se deve ao fato de a maquinaria necessária para animar figuras não estar disponível, ou ser muito volumosa ou muito dispendiosa, e, como consequência, os movimentos convenciam muito pouco para que a ilusão fosse bem-sucedida: é preciso lembrar que os antigos pintavam sua estatuária num modo indubitavelmente muito próximo da cosmética mortuária para que nos sentíssemos confortáveis. Nós ficaríamos ainda menos confortáveis com a animação artificial: há algo de diabólico ou pelo menos fantasmagórico na ideia – pense na boneca dançarina em *Coppélia* –, e a estátua de Abraham Lincoln, na Disneylândia, que se movimenta movida por meio de um mecanismo de relojoeiro, proferindo o discurso de Gettysburg, na Disneylândia, é, talvez, terminantemente repugnante.

A escultura cinética só se tornou esteticamente tolerável quando se tornou abstrata, como nos móbiles de Calder, nos quais não temos as referências óbvias do mundo real que fazem da ideia de uma escultura movente algo, em certa medida, de mau gosto ou de um gosto bárbaro. Mas eu visitei templos hindus em que as figuras são coloridas de um modo tão extravagante que estou certo de que os devotos adorariam ver os braços de Shiva girar como um moinho de vento. Com a holografia, em todo caso, os objetos tridimensionais móveis, não abstratos, têm pelo menos a possibilidade de ser convincentes, e as duas práticas figurativas de nossa tradição – produção de imagens e produção de efígies – se fundem, realizando uma fantasia de progresso mimético. E *agora* eu gostaria de levantar a questão sobre se a palpabilidade apresenta uma oportunidade adicional. O *Apolo do Belvedere* foi pintado em tons cor-de-rosa agradavelmente encarnados, mas, ouso dizer, são sentidos excessivamente frios ao toque. Mármore e bronze se deixam sentir exatamente como mármore e bronze, quer sejam moldados como bustos, quer como músculos peitorais, e ninguém nunca tentou (pelo menos antes de Duchamp) superar impedimentos materiais e produzir efígies palpavelmente equivalentes à carne e à pele, de modo que os emblemáticos bustos de Vênus pudessem ser sentidos como o objeto real. Isso seria – pelo menos esse é o meu gosto – uma espécie de perversão estética, como acariciar bonecas de plástico em tamanho natural do tipo manufaturado para homens tímidos ou desesperados. A sensação estranha pode diminuir quando o movimento em si se torna convincente, como na holografia. Mas talvez fosse imprudente insistir com a especulação nesse ponto, já que meu único objetivo é iluminar algumas das considerações estéticas e até mesmo morais que entram nas decisões técnicas no domínio do avanço representacional.

Há, no entanto, uma observação que não posso deixar de fazer. Thomas Mark sustentou, acredito que corretamente, que há certas composições musicais que exigem uma alta virtuosidade por parte do executante, e é preciso dizer que parte da razão de ser do executante é a virtuosidade necessária para executá-las; elas são o que chamamos de peças de exibição. Mas penso ser geralmente muito verdadeiro que as obras de arte muitas vezes – e talvez sempre no tradicional conceito de obra-prima – tenham a ver com a virtuosidade exigida em sua execução, de modo que o assunto imediato da obra, se é que há algum, é, de modo típico, meramente um ensejo para o assunto *real*, que é a exibição de virtuosidade. Assim, a pincelada na Escola de Nova York é menos o assunto do que a oportunidade para exibir o tema real, que é a ação do virtuoso de pintar. As primeiras obras que empregam perspectiva linear têm assuntos que permitem que a perspectiva seja exibida, como paisagens clássicas com o característico arranjo de colunas e as formas reticulares. Paisagens florestais do tipo favorecido por Corot e a Escola de Barbizon seriam inúteis para esse propósito, e a própria escolha deles implica uma atitude mais romântica e menos disciplinada diante do espaço: menos como uma caixa ou como um palco. Podemos nos simpatizar com um artista como Paolo

Uccello, que, uma vez obcecado pela perspectiva, escolheu assuntos incomuns a fim de demonstrar o seu poder, como cenas de batalhas, enfatizando fileiras de lanças e séries de bandeirolas, infelizmente de modo cômico; a real batalha é entre o assunto e o seu tratamento, com Uccello no papel de herói fracassado.

Mas, sempre que há uma expansão técnica das possibilidades representacionais, algo como essa conexão interna entre assunto e tecnologia torna-se a característica mais proeminente das obras. Quando os primeiros filmes surgiram dos estúdios dos irmãos Lumière, os assuntos escolhidos exibiam o movimento por ele mesmo; um filme sobre uma mesa cheia de maçãs teria sido uma escolha idiota, embora fosse verdade que pela primeira vez a estaticidade era uma característica objetiva da obra, uma vez que somente agora o movimento era realmente possível. O que se mostrava às audiências era: multidões surgindo de dentro das fábricas, tráfego na Place de l'Opéra, trens ou galhos cheios de folhas sobre as cabeças das pessoas num piquenique no Bois de Boulogne. E mesmo hoje, a correria como *pièce de resistence* fílmica ainda não se desgastou. O cinema *nos* lançou no espaço virtual, principalmente de modo trivial, uma vez que as experiências de estar numa montanha russa ou num avião em rotação têm profundas limitações. Minha escolha para o primeiro assunto holográfico é, naturalmente, a transfiguração de Cristo, tal como descrita no evangelho de São Mateus. Depois disso, eu gostaria de ver aquela mascarada que Próspero convoca a partir do nada com uma manobra de seus servos, para o encantado espanto de sua filha e de seu amado. O que provavelmente teremos, é claro, será o estouro de uma boiada, cavalos pinoteando e boiadeiros praguejando. Quando, no entanto, a palpabilidade se tornar uma possibilidade técnica, esses objetos dificilmente poderão ser apropriados. E há ainda uma séria questão sobre se a palpabilidade poderia um dia se tornar suficientemente integrada à narrativa para supor um desenvolvimento artístico para além do técnico. Se os filmes, por exemplo, não tivessem se tornado narrativos, nosso interesse na mera exibição do movimento se empalideceria – afinal de contas, podemos ver as coisas reais quantas vezes quisermos. E eu penso que, de modo geral, a menos que a mímesis seja transformada em diegese, ou narrativa, uma forma de arte morre por diminuição do entusiasmo.

Seja qual for o caso, sempre foi possível imaginar, pelo menos grosso modo, o futuro da arte interpretado em termos de progresso representacional. Sabia-se em princípio qual era a agenda e, portanto, o que o progresso deveria ser, se fosse o caso de haver progresso. Visionários poderiam dizer coisas como "Um dia os retratos vão se mover", sem saber como isso seria possível, assim como não muito antigamente eles poderiam dizer "Um dia os homens andarão na Lua", sem saber, de novo, como exatamente *isso* seria obtido. Mas então, e isso foi a principal razão para delinear toda esta teoria, seria possível falar do fim da arte, pelo menos como uma disciplina progressiva. Quando, para toda gama perceptual *G*, um equivalente pudesse tecnicamente ser gerado, então a arte estaria terminada, assim como a ciência acabaria – considerado como uma possibilidade genuína no século XIX – quando tudo fosse conhecido. No século XIX, por exemplo, acreditava-se que a lógica era uma ciência acabada, até mesmo que a física o fosse, com alguns detalhes desagradáveis a serem aplainados. Mas não há nenhuma razão interna para pensarmos que a ciência ou a arte devem ser infindáveis, e então sempre há a questão, que deveria ser encarada, a respeito de como seria essa vida pós-progressiva. É fato que nós, de certo modo, abandonamos esse modelo na arte, uma vez que a produção de equivalência perceptual há muito não nos surpreende e, em qualquer caso, há certos limites definitivos colocados quando a narrativização se torna um fato artístico. Ainda assim, como veremos, o modelo possui uma oblíqua pertinência mesmo hoje.

Antes de chegar a isso, entretanto, quero levantar um ponto filosófico. Contanto que a filosofia da arte tenha sido articulada em termos de sucesso ou de fracasso nas tecnologias de equivalência perceptual, teria sido difícil obter uma definição geral e interessante da arte. Aristóteles ampliou a noção de imitação no sentido de incluir a imitação de uma ação, a fim de trazer o drama narrativo ao escopo daquele conceito; mas naquele ponto a teoria da mímesis está lado a lado com o conceito de equivalência perceptual, uma vez que está longe de ser óbvio que o drama nos apresente meramente equivalências perceptuais, ao que um tipo de testemunha ocular da ação perceberia. E embora isso seja, no caso das apresentações dramáticas, um ideal que levamos em conta por engano, isso não é verdadeiro quando consideramos a *ficção* como a descrição de uma ação. E quando pensamos na descrição como contraposta à mímesis, podemos imediatamente notar que não está nada claro que haja qualquer espaço para o conceito de progresso ou de transformação tecnológica. Deixe-me explicar isso.

Os pensadores, de Lao Tzu até o presente, lamentaram ou celebraram as inadequações da linguagem. Sente-se que há limites descritivos, e assim coisas importantes para além desses limites que a linguagem não pode expressar. Mas, na medida em que isso é verdadeiro, nenhuma expansão das possibilidades representacionais, introduzindo, por exemplo, novos termos na linguagem, remediará a situação, em grande parte porque a queixa é contra a própria capacidade de descrição, que está simplesmente muito distante da realidade para nos dar a experiência que a própria realidade propicia. E é marca das linguagens naturais que tudo o que pode ser dito em uma língua também possa ser dito em qualquer outra (e o que *não pode* ser dito em uma também não pode ser dito em qualquer outra), sempre permitindo diferenças de êxito e de graus de circunlóquios. Desse modo, não pode ter havido nunca um problema tecnológico de expandir as fontes descritivas das linguagens naturais: elas são equivalentemente universais.

Não pretendo afirmar que não haja limites para a linguagem, mas apenas que, seja o que eles forem, nada contará como progresso em direção à sua superação, uma vez que isso ainda estará dentro da linguagem como um sistema representacional. Assim, não há espaço lógico para o conceito de progresso. Em nenhum ponto da história da literatura, por exemplo, visionários estariam dispostos a profetizar que um dia as pessoas serão aptas a dizer certas coisas – em parte talvez porque ao dizer o que as pessoas poderão dizer, isso *já* está dito. Obviamente alguém pode ter sido capaz de dizer que um dia as pessoas poderão conversar sobre coisas até então proibidas – talvez sobre sexo – ou poderão usar a linguagem para criticar instituições que não podem ser criticadas agora. Mas isso seria uma questão de progresso moral, progresso político, se é que é isso, e teria aplicação tanto às imagens quanto às palavras. Seja qual for o valor de proceder dessa forma, podemos ver hoje coisas no cinema que seriam impensáveis de mostrar na geração passada – os seios das estrelas, por exemplo. Mas isso não é um avanço *tecnológico*.

O modelo linear ou progressivo da história da arte encontra, portanto, seus melhores exemplos na pintura e na escultura, depois no cinema, mudo e falado, e, caso queira, no cinema sensorial [*feelies*]. Nunca houve problema na *descrição* do movimento ou da profundidade, ou, nesse caso, da palpabilidade. "A pele dela é macia e dócil" descreve uma experiência perceptiva para a qual não há equivalente mimético. Nosso próximo modelo tornará possível uma definição mais geral, uma vez que ele não é sabotado pelas diferenças entre palavras e imagens. Por outro lado, ele elimina aqueles fatores da essência da arte que tornaram possível pensar a arte como uma disciplina progressiva.

Eu gostaria de conjeturar que uma confirmação de minha tese histórica – de que a tarefa da arte de produzir equivalências para as experiências perceptivas passou, no final do século XIX e no início do XX, das atividades da pintura e da escultura para aquelas da cinematografia – se encontra no fato de que pintores e escultores começaram visivelmente a abandonar essa meta no momento exato em que todas as estratégias básicas para o cinema narrativo já tinham o seu lugar. Aproximadamente em 1905, quase todas as estratégias cinematográficas empregadas dali em diante já haviam sido descobertas, e foi exatamente aí que os pintores e os escultores começaram a perguntar, mesmo que apenas por meio de suas ações, sobre o que *lhes* restava fazer, agora que a tocha, como de fato aconteceu, tinha sido tomada por outras tecnologias. Eu suponho que a história do progresso artístico poderia correr de frente para trás: podemos imaginar o estágio final projetado como tendo sido alcançado, mas agora parece uma boa ideia, por alguma razão, substituir as equivalências perceptuais por pistas para a inferência – talvez porque um maior valor foi atribuído à inferência (= razão) do que à percepção. Passo a passo, a cinematografia é substituída pelas pistas para o movimento cinemático do tipo que encontramos em Rosa Bonheur ou Rodin, e assim por diante, até que, suponho, a equivalência perceptual desaparece totalmente da arte e obtemos uma arte de pura descritividade, na qual as palavras tomam o lugar dos estímulos perceptivos. E, quem sabe, isso pode parecer ligado demais à experiência e o próximo movimento pode ser música. Mas, dado o modo como o próprio progresso *foi* concebido, por volta de 1905 parecia que pintores e escultores apenas poderiam justificar suas atividades redefinindo a arte de maneiras que devem ter sido realmente chocantes para aqueles que continuavam a julgar a pintura e a escultura pelos critérios do paradigma progressivo, não se conscientizando de que uma transformação na tecnologia tinha tornado, então, as práticas apropriadas a esses critérios cada vez mais arcaicas.

Os *Fauves* são um bom exemplo. Considere-se o retrato que Matisse fez, em 1906, de sua mulher, no qual ela é mostrada com uma risca verde sobre o nariz (de fato, o título do quadro é *Retrato com risca verde*). Chiang Yee me relatou sobre uma pintura da concubina favorita do imperador chinês, feita por um artista jesuíta, que a chocou, já que ela sabia que metade de sua face não era negra e *ele* usou sombreamento. Instruções sobre como o mundo realmente é teriam lhe feito reconhecer que *ela* realmente se parecia com o modo como ele a mostrou, dadas as realidades de luz e sombra. Mas nada desse tipo redimirá a pintura de Matisse para a história das equivalências perceptuais, nem mesmo se houvesse aparecido uma sombra esverdeada no nariz de sua modelo – porque não teria sido *aquele* verde em particular. Nem as damas daquele tempo usavam sombras no nariz, como as de nosso tempo usam nos olhos. Tampouco ela estava sofrendo de uma gangrena nasal. Então poderíamos apenas concluir (como as pessoas de fato concluíram) que Matisse não sabia mais como pintar, ou que ainda sabia pintar, mas tinha enlouquecido, ou estava são, mas estava pervertendo suas habilidades com o fim de chocar a burguesia; ou estava tentando sobressair diante dos colecionadores, críticos e curadores (que são os três Cs do mundo da arte).

Essas teriam sido racionalizações-padrão de objetos – que começavam a aparecer em quantidade epidêmica exatamente naquela época – que eram inquestionavelmente *pinturas*, mas que ficavam tanto a dever em termos de equivalência perceptual com qualquer coisa, tanto no mundo real quanto no mundo da arte, que alguma explicação sobre sua existência parecia imperativa. Até que se começou a entender que a discrepância só poderia existir em relação a uma teoria que estava sendo questionada, e que se realmente existisse alguma discrepância seria por causa de uma falha na teoria. Na ciência, pelo menos idealmente, não responsabilizamos o mundo quando nossas teorias não funcionam – modificamos nossas teorias até que elas funcionem de fato. E foi isso que ocorreu com a pintura pós-impressionista. Tornou-se cada vez mais claro que uma nova teoria era urgentemente necessária, que os artistas não estavam deixando de proporcionar equivalências perceptuais, mas estavam produzindo algo que não era – primordialmente ou de modo algum – para ser compreendido nesses termos. Deve ser creditado à estética o fato de seus praticantes terem respondido a isso com teorias que, mesmo inadequadas, reconheciam essa necessidade; um bom exemplo de uma teoria pelo menos condizente era que os pintores não estavam representando, mas expressando. A *Estetica come scienza dell'espressione*, de Croce, surgiu em 1902. Suponha-se, então, que o *Retrato com risca verde* tenta nos fazer ver como Matisse se sentia a respeito do objeto mostrado – sua própria esposa –, conclamando a um complexo ato de interpretação por parte do espectador.

Esse relato é digno de nota pelo fato de incorporar a teoria das equivalências perceptuais no sentido de pressupor as discrepâncias, as quais ele depois explica como devidas a sentimentos. Ele reconhece, por assim dizer, o caráter intensional dos estados emocionais, que sentimentos *dizem respeito* ou são *voltados a* algum objeto ou estado de coisas. E uma vez que Croce supõe que a arte seja um tipo de linguagem e que a linguagem seja uma forma de comunicação, a comunicação do sentimento será bem-sucedida na medida em que a obra possa mostrar qual é o objeto diante do qual o sentimento é expresso – por exemplo, a esposa do artista. Então, as discrepâncias entre o modo como esse objeto é de fato mostrado e o modo como ele seria mostrado se o objetivo fosse a mera equivalência perceptual já não marcam uma distância a ser percorrida pelo progresso da arte ou pela mestria da técnica ilusionista do artista, mas consistem, antes, na externalização ou na objetificação do sentimento do artista diante daquilo que ele mostra. O sentimento é então comunicado para o espectador apenas na proporção em que este pode inferi-lo a partir das discrepâncias. De fato, o espectador deve gerar algumas hipóteses tendo em vista que o objeto é mostrado tal como ele é porque o artista sente a respeito do objeto tal como ele se sente. Desse modo, De Kooning pinta uma mulher no centro de pinceladas riscadas, El Greco pinta os santos como verticalidades alongadas, Giacometti molda figuras impossivelmente emagrecidas, não por razões ópticas, nem porque há realmente mulheres, santos ou pessoas como essas, mas porque os artistas revelam sentimentos, respectivamente, de agressividade, anseio espiritual ou compaixão. Seria muito difícil supor que De Kooning esteja expressando compaixão, menos ainda espiritualidade, ou que El Greco esteja expressando agressividade. Mas, obviamente, a atribuição de sentimentos é sempre epistemologicamente delicada.

Ela se torna especialmente delicada quando a teoria recomenda o ponto de vista de que o objeto representado pela obra se torne a oportunidade para expressar algo sobre ela, e nós, então, começamos a reconstituir a história da arte acompanhando essas novas linhas. Porque nós agora temos de decidir em que medida as discrepâncias para com uma equivalência perceptiva ideal são uma questão de deficiência técnica e em que medida são matéria de expressão. Obviamente, não vamos interpretar todas as discrepâncias como expressivas, porque, nesse caso, o conceito de progresso já não se aplica: temos de supor que em muitos casos um artista eliminaria as discrepâncias se ele soubesse como. Mesmo assim, algumas discrepâncias que seriam risíveis sob o ponto de vista da representação tornam-se artisticamente fundamentais sob aquele da expressão. No tempo dos *Fauves*, os desvios enfatizados pelos apologetas da nova arte e defensores da nova teoria tornaram-se aceitáveis quando se apontou para o fato de que o artista, afinal de contas, sabia *desenhar*: apontou-se para os exercícios acadêmicos de Matisse ou para as incríveis telas que Picasso fez aos dezesseis anos. Mas essas inquietantes questões perderam sua força depois de um tempo, quando a expressão parecia cada vez mais portar as propriedades definidoras da arte. Os objetos se tornaram cada vez menos reconhecíveis e finalmente desapareceram totalmente no Expressionismo Abstrato, que, naturalmente, significava que a interpretação da obra puramente expressionista requeria a referência a sentimentos desprovidos de objetos: alegria, depressão, excitação generalizada, etc. O interessante era que, desde que pudesse haver pinturas puramente expressivas e, portanto, nada explicitamente representacionais, a representabilidade deveria desaparecer da definição da arte. Mas ainda *mais* interessante para nossa perspectiva é o fato de que a *história* da arte adquire uma estrutura totalmente diferente.

Ocorre desse modo porque não há mais qualquer razão para pensar na arte como tendo uma história progressiva: simplesmente não há mais a possibilidade de uma sequência desenvolvimental com o conceito de expressão como havia com o de representação mimética. Não há mais porque não há nenhuma tecnologia mediadora da expressão. Não pretendo afirmar que novas tecnologias de representação não possam admitir novos modos de expressão; para além de qualquer questão, há possibilidades expressivas no cinema que simplesmente não tiveram paralelo no tipo de arte que o cinema transformou. Mas essas novas possibilidades não constituiriam um desenvolvimento progressivo; por exemplo, não haveria base para dizer que podemos expressar agora o que antes podíamos expressar mal ou não podíamos expressar de modo algum, assim como poderíamos dizer que agora podíamos mostrar coisas que antes só podíamos mostrar mal ou não podíamos mostrar de modo algum. Assim, a história da arte não tem um futuro que seja semelhante àquele inferido em relação ao paradigma do progresso: ela se divide numa sequência de atos individuais, um depois do outro. É claro que pode haver sentimentos que não se ousa expressar numa dada época, mas que se pode expressar em outro momento devido; no entanto, o crescimento ou a diminuição dos umbrais da inibição expressiva pertencem à história da moralidade. É claro que pode haver uma história do *aprendizado* da expressão de sentimentos, como por meio de um tipo de terapia, mas isso pertenceria à história geral da liberdade, sem qualquer aplicação particular à arte. Heidegger disse que nenhum passo foi dado na análise filosófica de sentimentos desde a *Retórica* de Aristóteles – mas isso certamente aconteceu porque a gama de sentimentos humanos pode ser muito pouco diferente do que era nos tempos antigos. Pode haver novos objetos para esses sentimentos, até mesmo novos modos de expressá-lo – mas, uma vez mais, essa não é uma história de desenvolvimento.

Há um ponto adicional. Uma vez que a arte passa a ser explicada como expressão, a obra de arte deve nos remeter ultimamente para o estado de espírito do seu autor, se pretendemos interpretá-la. Falando em termos realísticos, os artistas de um dado período compartilham certo vocabulário expressivo, que é a razão pela qual, certas ou erradas, minhas interpretações casuais de De Kooning, El Greco e Giacometti parecem pelo menos naturais. Mesmo assim, isso parece a mim um fato totalmente externo, de modo algum necessário para o conceito de expressão, e é concebível que cada artista poderia se expressar à sua própria maneira, de modo que um vocabulário, por assim dizer, poderia ser incomensurável com outro, o que possibilita uma visão radicalmente descontínua da história da arte, na qual um estilo de arte segue outro, como num arquipélago, e podemos em princípio imaginar qualquer sequência que escolhermos. Em qualquer caso, temos de entender cada obra, cada *corpus*, nos termos que definem aquele artista específico que estamos estudando, e o que é verdadeiro para De Kooning não precisa ter nada a ver com o que é verdadeiro para qualquer outro. O conceito de expressão torna possível uma visão desse tipo, relativizando a arte, como o faz, para cada artista. A história da arte é apenas a vida dos artistas, um depois do outro.

É surpreendente que a história da ciência seja hoje pensada um pouco nesses termos; não — como no otimismo do século XIX — como uma progressão linear, inevitável, em direção a um estado de total representação cognitiva, mas como uma sequência descontínua de fases, entre as quais há uma radical incomensurabilidade. É quase como se a semântica de termos científicos fosse como a de termos como "dor", nos quais cada usuário se refere a algo diferente e fala numa linguagem particular, de modo que, na medida em que nos entendemos uns aos outros, o fazemos em nossos próprios termos. Assim, "massa" significa algo diferente em cada fase da ciência, em parte porque esse conceito é redefinido com cada teoria que o emprega, de modo que a sinonímia entre uma teoria e outra está fora de questão. Mas mesmo que fiquemos aquém desse radicalismo lexical extremo, a mera estrutura da história poderia assegurar algum grau de incomensurabilidade. Imagine-se a história da arte em reverso, de modo que comece com Picasso e Matisse, passe pelo Impressionismo e o Barroco, sofra um declínio com Giotto, apenas para atingir o seu pináculo com o original do *Apolo Belvedere*, para além do qual seria impossível imaginar algum avanço ulterior. A rigor, as obras em questão *poderiam* ter sido produzidas nessa ordem. Mas elas não poderiam ter a interpretação, nem mesmo então a estrutura, que percebemos que têm sob a presente cronologia. Picasso, apenas como um exemplo, está constantemente se referindo à história da arte, que ele sistematicamente desconstrói, e então pressupõe aquelas obras do passado. E algo semelhante é verdadeiro para a ciência. Mesmo que os cientistas não estejam tão conscientes da história como os artistas estão, na verdade há referências interteóricas que asseguram um grau de incomensurabilidade, mesmo porque conhecemos Galileu e ele não poderia ter nos conhecido, e mesmo que nossos usos se refiram aos dele, os termos que usamos não podem ter os mesmos significados que tiveram os dele. Desse modo, há um aspecto importante no qual *temos* de compreender o passado em nossos *próprios* termos e, consequentemente, não pode haver um emprego uniforme de uma fase a outra.

Houve filosofias da história que tornaram essa incomensurabilidade central, mesmo que não precisamente pelas razões que esboçamos. Estou pensando agora em Spengler, que dissolveu o que supostamente seria a história linear do Ocidente em três períodos distintos e autônomos, o Clássico, o Mágico e o Fáustico, cada qual com o seu próprio vocabulário de formas culturais, entre os quais não se poderia supor nenhuma comensurabilidade de significado. O templo clássico, a basílica abobadada, a catedral arqueada não são três momentos numa história linear, mas sim três expressões distintas, no *medium* arquitetônico, de distintos espíritos culturais subjacentes. Num certo sentido absoluto, os três períodos se sucedem, mas apenas no modo como uma geração sucede outra, com a analogia específica a ser feita, de que cada geração atinge e expressa sua maturidade do seu próprio modo. Cada uma delas define um mundo diferente, e esses são os mundos que são incomensuráveis. O livro de Spengler tinha notoriamente o título *A decadência do Ocidente* e foi considerado excessivamente pessimista quando apareceu pela primeira vez, em parte por causa da metáfora biológica que Spengler empregou, que requeria que cada civilização atravessasse seu próprio ciclo de juventude, maturidade, decadência e morte. Desse modo, o futuro de *nossa* arte é muito obscuro, se aceitarmos as premissas dele, mas – e como ele era otimista, afinal de contas – um ciclo novo começará, com seus próprios picos, e não podemos imaginá-lo, assim como *nós* não poderíamos ter sido imaginados a partir de um ciclo anterior. Assim, a *arte* terá um futuro; apenas a *nossa* arte não terá. A *nossa* é uma forma de vida que se tornou velha. Desse modo, pode-se olhar para a declaração de Spengler tanto como algo sombrio quanto como algo fulgurante, dependendo de como nos sentimos em relação a nossa própria cultura dentro da estrutura do severo relativismo que ele – como, de resto, todas as visões que discuti nesta seção – pressupõe.

E a razão pela qual estou enfatizando esse relativismo aqui é que a questão com a qual comecei – se a arte tem um futuro – é claramente antirrelativística, na medida em que realmente pressupõe uma história em certo sentido linear. Esta tem uma implicação filosófica absolutamente profunda, uma vez que ela requer uma conexão interna entre o modo como definimos arte e o modo como pensamos a história da arte. Por exemplo, só podemos pensar na arte como uma história que satisfaça o modelo progressivo se pensarmos primeiro na arte como representação. Se, por outro lado, pensarmos a arte como sendo simples expressão, ou a comunicação de sentimentos, como fez Croce, ela simplesmente não pode ter uma história desse tipo e a questão do fim da arte não pode ter nenhuma aplicação, exatamente porque o conceito de expressão se casa com essa espécie de incomensurabilidade na qual uma coisa apenas vem depois de outra. De modo que, mesmo que seja um fato que os artistas expressem sentimentos, bem, isso é apenas um fato e não pode ser a essência da arte *se* a arte tem uma história no seio da qual a questão de sua chegada ao fim faz sentido. Que a arte seja o negócio da equivalência perceptual é consistente com sua pertinência a esse tipo de história, mas então, como vimos, isso não é geral o bastante para uma definição de arte. Assim, o que surge dessa dialética é que, se pensarmos na arte como tendo um fim, precisamos de uma concepção da história da arte que seja linear, mas de uma teoria da arte que seja suficientemente geral para incluir outras representações além daquela que a pintura ilusionista melhor exemplifica: representações literárias, por exemplo, e mesmo a música.

Mas a teoria de Hegel satisfaz todas essas exigências. Seu pensamento requer que haja continuidade histórica genuína e até mesmo algum progresso. O progresso em questão não é o de uma tecnologia de equivalência perceptual cada vez mais refinada. Em vez disso, há um tipo de progresso *cognitivo*, no qual está compreendido que a arte se aproxima progressivamente daquele tipo de cognição. Quando a cognição é alcançada, a arte realmente deixa de ter um propósito ou uma necessidade. A arte é um estágio transitório no advento de um certo tipo de conhecimento. A questão, então, diz respeito a que tipo de cognição pode ser essa, e a resposta, tão decepcionante quanto pode soar a princípio, é o conhecimento sobre o que é a arte. Exatamente como vimos ser necessário, há uma conexão interna entre a natureza e a história da arte. A história termina com o advento da autoconsciência, ou melhor, do autoconhecimento. Suponho que de certo modo nossas histórias pessoais têm essa estrutura, ou ao menos nossas histórias educacionais a têm, pois elas terminam com a maturidade, sendo que a maturidade é entendida como saber – e aceitar – o que somos, ou até mesmo quem somos. A arte termina com o advento de sua própria filosofia. Devo agora contar essa última história retornando à história da arte perceptual do passado.

O sucesso da Teoria da Expressão da Arte é também o fracasso da Teoria da Expressão da Arte enquanto expressão. Seu sucesso consistiu no fato de que ela foi capaz de explicar o todo da arte de maneira uniforme – isto é, como expressão de sentimentos. Seu fracasso consistiu no fato de que ela tinha apenas um meio de explicar o todo da arte. Quando as descontinuidades começaram a aparecer como fenômenos desconcertantes na história progressiva da representação, ela foi um *insight* genuíno de que os artistas talvez estivessem tentando expressar, em vez de primeiramente representar. No entanto, mais ou menos depois de 1906, a história da arte simplesmente parecia ser a história das descontinuidades. Certamente ela pôde ser acomodada à teoria. Cada um de nós tem os seus próprios sentimentos, de modo que devemos esperar que eles sejam expressos de modos individuais, até mesmo incomensuráveis. Muitos de nós, obviamente, expressamos nossos sentimentos de modos muito similares, e há formas de expressão que devem, de fato, ser entendidas em termos evolucionários, para não dizer fisiológicos: somos feitos para expressar sentimentos de modos que todos reconheçamos. Mas, então, a teoria é de que esses são artistas e artistas são parcialmente definidos pela singularidade dos seus sentimentos. O artista é diferente do resto de nós. Mas o problema desse ponto de vista plausível, ainda que romântico, reside no fato de que cada movimento novo a partir do Fauvismo, para não falar do Pós-Impressionismo, do qual aquele era derivado, parecia requerer um tipo de compreensão *teórica*, para a qual a linguagem e a psicologia das emoções parecia cada vez menos adequada.

Que se pense apenas na surpreendente sucessão de movimentos artísticos em nosso século: Fauvismo, os Cubismos, Futurismo, Vorticismo, Sincronismo, Abstracionismo, Surrealismo, Dada, Expressionismo, Expressionismo Abstrato, Pop, Op, Minimalismo, Pós-Minimalismo, Conceitualismo, Fotorrealismo, Realismo Abstrato, Neoexpressionismo – para listar apenas alguns dos mais conhecidos. O Fauvismo durou mais ou menos dois anos, e houve um tempo em que um período completo da história da arte estaria destinado a durar mais ou menos cinco meses ou meia estação. A criatividade naquele tempo parecia consistir mais em criar um período do que em criar uma obra. Os imperativos da arte eram virtualmente imperativos históricos – "crie um período da história da arte!" –, e o sucesso consistia em produzir uma inovação reconhecida. Se você fosse bem-sucedido, você tinha o monopólio de produzir obras que ninguém mais poderia, uma vez que ninguém mais havia criado o período com que você e talvez alguns poucos colaboradores seriam identificados a partir de então. Com isso, acontecia uma certa segurança financeira, na medida em que os museus, orientados por uma estrutura histórica e um tipo de completude que consistia em ter exemplos de cada período, quereriam um exemplo seu se você representasse um período apropriado. Mesmo artistas inovadores, como De Kooning, nunca foram especialmente autorizados a evoluir, e De Chirico, que entendia muito precisamente esses mecanismos, pintou "de chiricos" por toda sua vida, uma vez que era isso que o mercado queria. Quem gostaria de um Utrillo que se parecesse com Mondrian, ou de um Marie Laurencin que se parecesse com um Grace Hartigan, ou de um Modigliani que fosse igual a um Franz Kline? E cada período exigiu certa quantidade de teorias muito complexas para que os objetos – muitas vezes insignificantes – pudessem ser transpostos ao plano da arte. Tendo em vista essa profunda interação entre localização histórica e filiação teórica, o apelo ao sentimento e à expressão parecia cada vez menos convincente. Mesmo hoje, pouco sabemos do que tratava o Cubismo, mas estou certo de que há muito mais a dizer sobre ele além de Braque e Picasso dando vazão a seus sentimentos surpreendentemente congruentes pelos violões.

A Teoria da Expressão, mesmo sendo muito rarefeita para dar conta dessa rica profusão de estilos e gêneros artísticos, tem, no entanto, o grande mérito de ter abordado obras de arte como algo natural, excetuando-se as variações de superfície, e de ter respondido no espírito da ciência àquilo que tem sido uma questão meditada desde Platão, a saber: o que é arte? A questão se tornou urgente no século XX, quando o modelo convencional entrou em colapso, embora ele não fosse um bom modelo mesmo quando ninguém podia dizer que não era. Mas a inadequação da teoria se tornou a cada ano – ou se me é permitido dizer, a cada período – mais aparente, à medida que cada movimento levantava novamente a questão, oferecendo-se como uma possível resposta final. De fato, a questão acompanhou cada nova forma de arte, assim como o *cogito* – de acordo com uma importante tese de Kant – acompanha cada juízo, como se cada juízo levantasse sobre si mesmo a questão: "O que é o pensamento?". E começou a parecer que todo o ponto principal da arte em nosso século era acompanhar a questão de sua própria identidade, rejeitando todas as respostas disponíveis como insuficientemente gerais. Era como se – parafraseando a famosa fórmula de Kant – a arte fosse algo conceitual sem satisfazer qualquer conceito específico.

É esse modo de olhar para as coisas que sugere outro modelo de história da arte como um todo, um modelo narrativamente exemplificado pelo *Bildungsroman*, o romance sobre autodidatismo cujo clímax é o autorreconhecimento do eu. Esse é um gênero que recentemente e, penso, não inapropriadamente, pode ser encontrado na literatura feminista, na qual a questão que a heroína levanta, para o leitor e para si mesma, é ao mesmo tempo quem é ela e o que é ser uma mulher. A grande obra filosófica que tem essa forma é a fascinante *Fenomenologia do espírito*, de Hegel, uma obra cujo herói é o espírito do mundo, ao qual Hegel dá o nome de *Geist*, cujos estágios de desenvolvimento rumo ao autoconhecimento e à autorrealização pelo autoconhecimento Hegel traça dialeticamente. A arte é um desses estágios – na verdade, um dos estágios aproximadamente finais do retorno do espírito ao espírito através do espírito –, mas é um estágio que deve ser atravessado pela dolorosa ascensão rumo à cognição redentora final.

A culminação da busca e da destinação do *Geist* é, aliás, a filosofia, de acordo com o esquema hegeliano, em ampla medida porque a filosofia é essencialmente reflexiva no sentido de que a questão sobre o que ela é faz parte do que ela é, sendo sua própria natureza um dos seus maiores problemas. De fato, a história da filosofia pode ser lida como a história das identidades equivocadas da filosofia e de seus fracassos em olhar para si e através de si. É possível ler Hegel como defendendo que a história filosófica da arte consiste no fato de ela ser absorvida, em última análise, em sua própria filosofia, demonstrando assim que a autoteorização é uma possibilidade genuína e a garantia de que há algo cuja identidade consiste em autocompreensão. Assim, o grande drama da história, que em Hegel é uma divina comédia do espírito, pode terminar num momento de autoiluminação final, no qual a iluminação consiste em si própria. A importância histórica da arte reside, então, no fato de que ela torna a filosofia da arte possível e importante. Mas se olharmos para a arte de nosso passado recente nesses termos, mesmo que eles sejam grandiosos, o que vemos é algo que depende mais e mais de uma teoria para sua existência como arte, de modo que a teoria não é algo externo a um mundo que ela procura entender, de modo que na compreensão do seu objeto ela tem que entender a si mesma. Mas há outra característica exposta por essa produção recente, a saber, que os objetos se aproximam de zero enquanto a teoria sobre eles se aproxima do infinito, de modo que praticamente tudo o que há no final *é* teoria, tendo a arte finalmente se vaporizado num deslumbre de puro pensamento sobre si mesma, permanecendo, de certo modo, apenas como objeto de sua própria consciência teórica.

Se algo como esse ponto de vista tem a mais remota chance de ser plausível, é possível supor que a arte chegou ao fim. Obviamente, haverá ainda a feitura de arte, mas os fazedores de arte, vivendo no que gosto de chamar período "pós-histórico" da arte, trarão à existência obras que carecem da importância ou do significado históricos que esperamos delas desde muito tempo. O estágio histórico da arte se conclui quando sabemos o que é a arte e o que ela significa. Os artistas deixaram o caminho aberto para a filosofia, e chegou o momento de finalmente transferir a tarefa para as mãos dos filósofos. Deixe-me concluir colocando isso de um modo que possa torná-lo aceitável.

"O fim da história" é uma frase que carrega ressonâncias ameaçadoras numa época em que temos o poder de acabar com tudo, de expelir explosivamente o gênero humano da existência. O apocalipse sempre foi uma visão possível, mas ele raramente pareceu tão próximo da realidade como é hoje. Quando nada mais existir para fazer história – isto é, mais nenhum ser humano – não haverá mais história. Mas os grandes meta-historiadores do século XIX, com suas leituras essencialmente religiosas da história, tinham, antes, algo benigno em mente, mesmo que, no caso de Karl Marx, a violência devesse ser o motor dessa culminação benigna. Para esses pensadores, a história era um tipo de agonia necessária através da qual o fim da história deveria ser desejado de algum modo, e o fim da história significava, então, o fim daquela agonia. A história chega ao fim, mas não a humanidade – como o enredo chega ao fim, mas não os personagens, que vivem felizes para sempre, fazendo tudo o que fazem na sua insignificância pós-narrativa. Qualquer coisa que eles fizerem e qualquer coisa que acontecer a eles agora não é parte da narrativa vivida por eles, como se eles fossem o veículo, a narrativa e o sujeito.

Aqui está um pertinente resumo, feito por esse profundo e influente comentador de Hegel, Alexandre Kojève:

> De fato, o fim do tempo humano, ou da história – isto é, a aniquilação definitiva do homem propriamente dito ou do indivíduo livre e histórico –, significa muito simplesmente a cessação da ação no sentido pleno do termo. Em termos práticos, isso significa o desaparecimento das guerras e das revoluções sangrentas. E também o desaparecimento da filosofia. Porque, desde que o homem não mude essencialmente, não há nenhuma razão para mudar os (verdadeiros) princípios que estão na base do seu entendimento do mundo e de si próprio. Mas todo o resto pode ser preservado indefinidamente: a arte, o amor, o jogo, etc. Numa palavra: tudo o que torna o homem *feliz*.

E Marx, numa famosa passagem, e há poucas dúvidas de que Kojève tenha baseado seu texto nela, descreve a vida do homem quando todas as contradições que definem a história e que são socialmente expressas nas lutas de classe – descritas de maneira tão calamitosa em *Manifesto comunista* – foram resolvidas através da agonia da história, de modo que a sociedade agora é sem classes e não há mais nada que possa gerar mais história, e o homem é levado às praias prometidas da utopia – um paraíso de não alienação e não especialização. Lá, conta-nos Marx, posso ser um caçador de manhã e um pescador à tarde e um crítico que seja crítico à noitinha. A vida pós-histórica, para Hegel assim como para Marx, terá a forma de um *Club Mediterranée* filosófico, ou o que era conhecido como paraíso, onde nada há para fazermos, a não ser – no dizer de nossos adolescentes – "ficar de bobeira". Ou para tomar emprestada outra imagem, agora de Platão, com que, no fim de *A República*, ele retrata uma situação de escolha em que os homens, purgados no seu pós-vida e prontos para reentrar no mundo, reuniram diante de si uma variedade de vidas, da qual eles podem retirar uma; e o cauteloso Odisseu escolhe uma vida de quieta obscuridade, o tipo de vida que a maioria das pessoas vive na maior parte do tempo, a simples e aborrecida existência de uma comédia de costumes, a vida das aldeias, a vida doméstica – o tipo de vida que Aquiles, num episódio doloroso, lamenta no submundo. Só que, em Marx e em Hegel, não há história a reboar para além dos horizontes distantes. As tempestades foram para sempre abatidas, e agora nós podemos fazer o que quisermos, observando aquele imperativo que não é de modo algum um imperativo: *Fay ce que voudras* – "Faça o que quiser".

O fim da história coincide com o que Hegel chama de advento do conhecimento absoluto – ou na verdade é idêntico a ele. O conhecimento é absoluto quando não há nenhum lapso entre o conhecimento e seu objeto, ou o conhecimento é seu próprio objeto, portanto, sujeito e objeto ao mesmo tempo. O parágrafo final da *Fenomenologia* caracteriza apropriadamente a clausura filosófica do sujeito do qual ele trata, dizendo que ele "consiste no perfeito conhecer de si mesmo, em conhecer o que ele é". Nada agora está fora do conhecimento nem é opaco à luz da intuição cognitiva. Uma concepção de conhecimento como essa é, acredito, fatalmente falaciosa. Mas se algo se aproxima de sua exemplificação, é a arte em nosso tempo que o faz – porque o objeto no qual a obra de arte consiste é tão irradiado pela consciência teórica que a divisão entre objeto e sujeito está quase superada, e não importa muito se a arte é filosofia em ação ou se a filosofia é a arte em pensamento. "É indubitavelmente o caso", escreve Hegel na sua

Filosofia das belas-artes, "que a arte possa ser utilizada como mero passatempo e entretenimento, ou no embelezamento de nossas cercanias, na impressão de uma superfície de melhoramentos para as condições externas de nossa vida, ou na ênfase posta pela decoração em outros assuntos". Algumas dessas funções devem ser o que Kojève tem em mente quando fala que a arte está entre as coisas que farão o homem feliz no tempo pós-histórico. É um tipo de jogo. Mas esse tipo de arte, argumenta Hegel, não é realmente livre, "pois é subserviente a outros objetos". A arte é verdadeiramente livre, ele continua, somente quando "ela se estabeleceu numa esfera que divide com a religião e a filosofia, tornando-se assim uma modalidade a mais e uma forma através da qual [...] as verdades espirituais da mais alta estirpe são trazidas de volta à consciência". Dito tudo isso e, sendo Hegel, um bocado mais, ele conclui — se sombriamente ou não, deixo para o leitor julgar — que "a arte é e permanece sendo para nós uma coisa do passado". E mais: "Sob o aspecto de suas mais altas possibilidades [a arte] perdeu sua verdade e vida genuínas, e é mais transportada para nosso mundo de *ideias* do que é capaz de manter sua necessidade anterior e seu lugar superior na realidade". Assim, uma "ciência da arte" ou *Kunstwissenschaft*, pela qual Hegel certamente não se referia a nada parecido com a história da arte praticada como disciplina acadêmica hoje, mas a uma filosofia cultural do tipo que ele mesmo desenvolvia — uma "ciência da arte é uma necessidade muito mais urgente em nosso tempo do que nos tempos em que arte era por si só suficiente para dar uma completa satisfação". E adiante, nesta passagem totalmente fascinante, ele diz que "somos convidados pela arte a contemplá-la reflexivamente [...] a fim de estabelecer sua natureza em termos científicos". E isso é algo que dificilmente a história da arte, tal como a conhecemos, tenta fazer, embora eu esteja certo de que a disciplina claramente anêmica do presente nasceu de algo tão robusto na sua concepção quanto Hegel achava que deveria ser. Mas é também possível que a história da arte tenha a forma que conhecemos porque a arte, tal como a conhecíamos, está terminada.

Muito bem.

Como diria Marx, você pode ser um abstracionista de manhã, um fotorrealista à tarde, um minimalista mínimo à noitinha. Ou você pode cortar bonecas de papel ou fazer o que mais lhe aprouver. A idade do pluralismo está conosco. O que você faz já não é mais importante, e esse é o significado do pluralismo. Quando uma direção é tão boa quanto outra, já não há mais um conceito de direção a se aplicar. Decoração, autoexpressão, entretenimento são, é claro, necessidades humanas permanentes. A arte sempre terá um serviço a desempenhar, se os artistas se contentarem com isso. A liberdade termina em sua própria realização. Uma arte subserviente sempre esteve conosco. As instituições do mundo da arte – galerias, colecionadores, exposições, jornalismo –, que são baseadas na história e, portanto, registram o que é novo, desaparecerão pouco a pouco. É difícil prever até que ponto a felicidade nos fará felizes, mas que se pense na diferença que a febre de cozinha *gourmet* fez na vida comum norte-americana. Por outro lado, foi um imenso privilégio ter vivido na história.

Arte e disturbação

Noel Carrol convidou-me para participar de um simpósio sobre gêneros atípicos de arte realizado na galeria de vanguarda The Kitchen, em 1984. O tipo de gênero que ele tinha em mente poderia ser exemplificado por vídeo, ópera e performance art. *Essa última me intrigou, já que concilia pintura e teatro e, portanto, ocorre em galerias, mas para um público participante. Ofereço o ensaio como um estudo de caso de um esforço de fazer frente à crise para a qual o modernismo é, em geral, uma resposta, mas uma resposta que anda para trás, como se rumasse para os nebulosos inícios da arte, em vez de ir para a frente, para sua transfiguração em filosofia. Assim, este ensaio dá seguimento às especulações históricas de "O fim da arte" e prepara o caminho para aquelas de "Arte, evolução e a consciência da história". Este ensaio apareceu em* Formations, *inverno de 1985.*

No fim do século XIX, a tarefa de redefinir a arte da pintura a partir de sua estrutura interna tornou-se matéria de tal urgência a ponto de praticamente se constituir no principal assunto da pintura, quiçá da arte como tal, ao longo do século presente. Em "O fim da arte" apresentei uma leitura da história da pintura desde a Renascença até aquele momento crucial, bastante conhecido da tecnologia da ilusão, de produzir equivalências perceptuais para o que as aparências das coisas induziriam num espectador – mesmo os impressionistas continuaram esse projeto coletivo –, e a crise de redefinição, portanto, eu atribuo ao reconhecimento de que uma nova tecnologia estava prestes a atingir isso em uma gama de aparências muito mais ampla do que a pintura esperaria conquistar. Eu tinha em mente figuras em movimento, figuras que representam diretamente o movimento por meio de imagens em movimento, facilitando, assim, a representação narrativa de modo impossível para a pintura. Exigiu-se, dessa maneira, que a pintura se redefinisse – do contrário, decairia à situação de atividade secundária, fornecendo decorações e ilustrações, porém não mais em posição de transformar a consciência do modo como era pressuposto pela multidão parisiense que demandou que David retratasse a morte de Marat. A pintura reagiu a esse desafio de maneira tão heroica que provocou sérias perturbações ao longo de linhas demarcatórias que haviam se mantido estáveis por tanto tempo a ponto de ser aceitas como fronteiras naturais. Refiro-me primeiramente às várias linhas demarcatórias que separavam uma arte da outra – a pintura da poesia, o drama da dança, a música da escultura – e, então, aos limites que isolavam a arte da filosofia numa direção e da vida, na outra. Então a história da arte no século XX foi a história das transformações e revoluções no conceito de arte num conflito conceitual tão intenso e irresoluto que a face da alta cultura é um tipo de terra de ninguém, com a possibilidade de que a arte hoje seja apenas desestabilização, devendo sua persistência à memória dos limites que ninguém pode mais respeitar.

Suponho que as artes da colagem e da montagem, da escultura móvel e da poesia concreta exemplificam o tipo de realinhamentos internos que podem ser feitos sem chamar à baila muito agudamente a questão dos dois limites mais pesados – entre a arte e sua própria filosofia e entre a arte e a vida – que a filosofia supôs como mais ou menos indeléveis. Destes, naturalmente eu estive mais envolvido com o primeiro, já que qualquer instabilidade nos seus limites deve induzir o repensar da filosofia a partir de dentro, porque se ela não pode claramente distinguir a si própria de um dos seus assuntos, ela dificilmente sabe, em última análise, o que ela própria é. Na verdade, as histórias da filosofia e da arte são tão imbricadas que a autodefinição da filosofia é refém da filosofia da arte, como tentei mostrar nessas páginas. Neste ensaio, no entanto, pretendo me ocupar dessa extraordinária profusão de formas de arte que cresceram como aglomerados nas bordas do que era tido como os limites da arte: formas de arte que parecem, na superfície, querer retroceder com esses limites, colonizar, por assim dizer, a margem ocidental da vida pela arte – formas de arte marcadas por uma curiosa efemeridade e indefinição, que eu designarei como as artes da disturbação.

O termo é pensado, naturalmente, para aludir à sua rima natural em inglês, já que a masturbação é uma atividade que concilia uma demarcação similar, pois algumas imagens e fantasias têm efeitos externos – meras imagens carregadas culminam em orgasmos reais e induzem a uma redução real da tensão. E, em certo sentido, isso modela o que a arte da disturbação procura obter, produzir um espasmo existencial por meio da intervenção das imagens na vida. Mas o termo também é pensado para reter as conotações de distúrbio, porque essas várias artes, frequentemente em consequência de sua execução improvisatória e precária, portam certa ameaça, até mesmo prometem certo perigo, comprometem-se com a realidade de um modo que as artes mais entrincheiradas e suas descendentes perderam o poder de conseguir. Talvez seja por essa razão que a reação espontânea para a arte disturbatória é desarmá-la por cooptação, incorporando-a instantaneamente às instituições bacanas do mundo da arte, onde se tornará inofensiva e distante de formas de vida que ela tenciona destruir. Isso torna o museu e o teatro de vanguarda os postos avançados da civilização, um fator para se lembrar quando alguém os acusa de serem modismos.

Deixe-me começar, em todo caso, delineando um contraste entre a arte disturbacional e a arte que é perturbadora no sentido tradicional, no sentido de ter sido sempre aberta a se tornar arte – a saber, por meio da representação de coisas perturbadoras, inclusive de modos perturbadores. Hoje dificilmente haveria imagens mais perturbadoras que aquelas encontradas nas pinturas tardias de Leon Golub, cujo trabalho numa bienal do Whitney fez o resto do que havia naquelas galerias parecer um monte de brinquedos. São enormes telas não montadas, como *banners*, sobre as quais Golub retrata terroristas e torturadores, trabalhando sobre suas vítimas amarradas e encapuzadas, ou se divertindo com namoradas, cuja redução a objetos sexuais casa com a redução a meros objetos das pessoas em seu poder. Golub põe o espectador no mesmo espaço com esses monstros, entrando ele próprio nele, se dirigindo a eles com a postura de um fotógrafo que lhes pede que sorriam, pareçam simpáticos, digam "xis" – e eles se viram para a câmera e fazem uma pose, fazem palhaçadas e brincadeirinhas, talvez peçam uma cópia para mandar para casa, enquanto os flashes iluminam a agonia das abafadas garagens e armazéns em que eles levam a cabo suas inumanidades bestiais. A inumanidade é totalmente irredimida, em contraste com a retratação dos martírios na arte cristã, em que o sofrimento é tornado vívido porque ele faz sentido na ética cristã e se torna perturbador a fim de provocar a compaixão do espectador para sua própria salvação. Indubitavelmente, isso é necessário, tendo em vista o fato de que a crucificação, que constitui tanto da substância da arte ocidental, tenha sido fundamentalmente reduzida a tantas decorações. As realidades políticas que as pinturas de Golub tornam emblemáticas são certamente irredimidas por quaisquer dos propósitos a que se espera que a política sirva, mas minha preocupação é apenas enfatizar que elas são perturbadoras porque o que mostram é perturbador, assim como sua forma de mostrar – mas não mais perturbadoras do que *Rei Lear* ou *Édipo Rei*; e entrementes nós as vemos numa galeria esplendorosa, cercadas pelo esnobe povo das artes do Eastside, e o fato de que essas visões horripilantes podem ser contidas tem um conforto compensatório, semelhante, suponho, à total segurança que tem uma criança quando ouve sua mãe contar as familiares lendas de coisas terríveis que ela não tem como saber que não são verdadeiras, deitada em sua cama quente, com ursos de pelúcia e chocolate quente ao alcance da mão: o horror do acontecimento narrado aumenta a segurança que ela sente, o que pode explicar a eterna popularidade dos contos de fadas. E talvez dos filmes de terror a que vamos assistir, porque precisamos das garantias que eles fornecem sobre nossa própria vida. Voltamo-nos para Golub exatamente nesse sentido e exatamente porque suas obras são pinturas, emolduradas pelas amenidades do mundo da arte e compensadas por uma vida cujos prazeres básicos elas sublinham; podemos nos lembrar de mandar um cheque para a Anistia Internacional quando nos voltamos para as confecções de Nancy Graves para as estruturas confusas de Jonathan Borofsky.

No seu modo agora reverenciado, mesmo a arte perturbadora põe as realidades perturbadoras à distância e, fazendo isso, pode afinal de contas se desincumbir de uma das funções para a qual a arte foi inventada. Isso não é o que designo por arte disturbatória, cujo intuito, em exato contraste, é subverter essa função. Golub é limitado pelas convenções da arte a ter os seus gritos adocicados em árias.

Então é disturbação quando os limites que isolam arte e vida são transpostos de um modo que a mera representação de coisas perturbadoras não pode atingir, exatamente porque elas são representações, e reagimos a elas como tais. É por essa razão que a realidade deve de algum modo ser um componente real da arte disturbacional, e usualmente essa realidade é, ela própria, de um tipo perturbador: obscenidade, nudez frontal, sangue, excremento, mutilação, perigo real, dor verdadeira, morte possível. E esses são componentes da arte, e não simplesmente colaterais à sua produção ou apreciação – como quando os andaimes que sustentam os gesseiros desabam ou o pintor cai da escada ou um artista morre por septicemia ou um passante morre pela queda de um pedaço de beiral.

Sempre extraí certa inspiração filosófica da obra de Jasper Johns, especialmente de sua exploração de uma classe de imagens que instantaneamente se tornam exemplo do que elas representam, de modo que, com elas, a linha entre realidade e representação é dissolvida. A figura de um numeral, por exemplo, *é* um numeral, assim como a imagem de um mapa é um mapa. Consequentemente, é impossível representar a realidade sem reproduzi-la. Esses casos – bandeiras, letras e emblemas são outros exemplos – parecem ser exatamente o que Platão tinha em mente ao falar de representações miméticas como uma classe: as palavras que um ator fala, por exemplo, representam, mas também consistem das mesmas palavras que o personagem fala, de modo que o diálogo representa por apresentações. Uma vez que as palavras faladas pelo ator são palavras reais, o diálogo da peça põe no palco uma conversa real, e Platão pensou a mímesis como uma forma muito perigosa de representação, já que os atores deveriam ser os guardiões cuja educação ele estava concebendo, e ele se preocupou com as consequências de pôr palavras reais nos lábios deles, a não ser que fossem boas palavras, faladas por bons personagens. Johns emprega alguns dos mecanismos da arte disturbacional como alta arte, principalmente porque a realidade com que ele lida não é uma realidade perturbadora do tipo que Platão, por exemplo, estava ávido por excluir da representação dramática.

Mas algo semelhante à superstição platônica permanece ou permaneceu até muito recentemente, de fato, no que tange às obscenidades. Era amplamente aceito que alguém não poderia mencionar uma obscenidade sem, por meio desse mesmo ato, *usar* a obscenidade; a obscenidade era um tipo de solvente que corroía o recurso inclusive da citação ou da exibição, de modo que o esforço pela mera imitação da formulação obscena era amaldiçoado: não havia distância permitida como a que tinha se insinuado há muito tempo na representação dramática, separando as palavras que o ator falava daquelas que o personagem falava, mesmo quando eram foneticamente idênticas. É nesse sentido que a obscenidade se torna disturbacional: seu uso apaga uma fronteira entre imitação e realidade, e a arte é perturbadora porque a realidade que ela divulga é, ela própria, perturbadora. A famosa primeira linha do *Ubu Roi* de Alfred Jarry explodia realidade adentro quando vocalizada pelo ator que, de pé diante do público, dizia: *"Merdre!"*. Obviamente, *"Merdre"* não é a palavra homófona *"Merde"* – mas soa como se fosse, e a palavra homófona não era permitida no vocabulário de palco do período: ela não podia ser usada representacionalmente porque ela tinha de ser real, por assim dizer, e *"Merdre"* era, de fato, o fósforo aceso na usina de gás, causando um tipo de desordem e consolidando a relação entre peça e público – e é isso que a arte disturbacional aspira, em princípio, fazer.

Para mim, o paradigma dessa arte – algo que é difícil de imaginar sendo totalmente banalizado – é a famosa e horripilante obra *Deadman*, de 1972, feita por Chris Burden. Burden se enfiou num saco e se pôs numa via expressa na Califórnia: um trocadilho mortal entre *corpse* [defunto] e *corpus*. Burden poderia ter sido morto, sabia que poderia ter sido morto, concebeu esse fato como parte da obra e reagiu, reagindo à obra. Isso não aconteceu, mas poderia ter acontecido – sem violar os limites da obra, porque a obra incorporou esses limites como parte de sua substância. Seria como exibir, em alguma bienal futura, uma obra chamada *Bomb* que consistisse de uma bomba, e em que o público, curadores e artista soubessem todos que ela poderia explodir a qualquer instante. Essa seria uma ilustração exata da generalizada intenção artística de Vito Acconci, de "criar uma área para o público ocupar, de modo que tornasse parte do que eu estava fazendo". Sabendo que era lá, as pessoas teriam de tomar a decisão existencial de visitar a exposição. Não seria como: "Devemos ir ao Whitney, fazer uma caminhada ou ficar em casa e ler?", mas mais do tipo: "Devemos jogar roleta russa, fazer amor sem contraceptivo ou dirigir à velocidade máxima um em direção ao outro para ver quem desvia primeiro?". E, normalmente, nosso envolvimento com arte não é dessa ordem; estamos, portanto, num espaço artístico muito diferente de tudo aquilo com que a filosofia da arte nos equipou para interpretar como uma possibilidade da arte, interno a algo que seja uma obra de arte.

Ubu Roi parece retrospectivamente inocente, como também, por diferentes razões, o autoesfaqueamento do pobre Rudolph Schwarzkogler, que morreu em 1969 por mutilações autoadministradas. Schwarzkogler parece, de algum modo, não ter sabido onde estabelecer o limite que pretendia ultrapassar em nome da disturbação, além de ter sido um tanto tolo. E talvez por causa da certeza das consequências, mais do que simplesmente do risco, como no caso de Chris Burden. Um bem conhecido escultor fez, numa ocasião, uma obra composta de pesados discos de aço precariamente equilibrados e mantidos no lugar por atrito. As pessoas deveriam entrar nela para experienciar o espaço que ela criou, mas correndo o risco de fazê-la desabar – e de fato uma pessoa morreu. Isso foi em um museu aonde estudantes eram levados para experienciar arte: era como uma pistola carregada, mas, embora fosse letal, ela só era disturbacional se o risco de ser esmagado fosse tido como parte da experiência. Do contrário, seria uma possível consequência de uma obra indiferente ao que acontecia ao seu público, o que não seria inconveniente para o artista em questão, mas de modo algum disturbacional.

Esses são casos extremos. Eles disturbam na direção da vida, embora haja obras que disturbam na direção da arte, o que era possível quando se acreditava que a arte era sagrada, fina e bela. As palavras de Rimbaud, "Uma noitinha sentei a beleza nos meus joelhos e achei-a amarga. E eu a feri", expressam uma hostilidade que por vezes surgia com relação ao belo e às obras definidas por sua beleza. Foi nesse espírito que Duchamp desenhou bigodes na Mona Lisa, ou em imagens dela. Ou talvez que Rauschenberg apagou o desenho De Kooning, que tinha que ser um *bom* desenho se quisesse obter o efeito almejado. A aura de perigo, de risco, em todo caso, acompanha o estranho domínio dessa expressão artística, e parte do experienciar é não saber o que acontecerá a nós, uma vez que o contrato que define nossos direitos como público é cancelado. E exatamente por essa razão, a artista também não sabe o que lhe acontecerá: a instabilidade torna voláteis os limites que a arte não disturbacional toma como verdadeiros. Será ela apedrejada, golpeada, estripada? Isso pode acontecer sem violar as convenções, porque essa arte existe a fim de que essas convenções sejam suspensas. Mas, naturalmente, ela é parasitária dessas convenções, as quais injetam nela um paradoxo e a distinguem da arte que só acontece para perturbar, como a de Golub, ou da que tem efeitos reais que não fazem parte de si própria, como as convulsões induzidas pela peça de J. M. Synge no Abbey Theater em Dublin, ou, para tomar um caso mais complexo, o uso por um artista de um conteúdo incendiário, ou um conteúdo percebido como incendiário e que pode provocar uma disturbação por causa disso. Estou pensando nas óperas patrióticas de Verdi, mas não estou inclinado a ranquear *Simon Boccanegra*, ou, por sinal, *The Playboy of the Western World*, como arte disturbacional, e talvez valha a pena tentar descobrir o porquê. Talvez seja porque, no caso do público do Abbey Theater, foi ele que trespassou os limites sem que, fazendo isso, fosse parte da obra nem consequentemente uma colaboração com o autor. No caso de Verdi, que dificilmente estaria desatento ao impacto que suas óperas deveriam ter, insistia, entretanto, que elas eram meramente arte, o que lhe capacitava fazer uma afirmação política, estando, ao mesmo tempo, imune aos efeitos que ela certamente causaria. Seu gesto e sua atitude são comparáveis aos das guerrilhas que desafiam seus inimigos a bombardear o hospital que, na verdade, estão usando para armazenar armas: elas não são moralmente culpáveis se o inimigo comete a atrocidade de bombardear o hospital claramente sinalizado! Não: na arte disturbacional, o artista não se refugia por trás das convenções: ele abre um espaço que as convenções têm o propósito de manter fechado.

Deixem-me retroceder ao momento, cataclísmico para a história da cultura, em que o paradigma renascentista começou a ruir. Havia um amplo espectro de reação artística. Numa ala, como tento demonstrar em "O fim da arte", a arte buscou se mesclar com sua própria filosofia, considerando como sua tarefa principal fornecer um relato de sua essência, que a princípio seria definida justamente pelo fornecimento desse relato. A arte conceitual foi um esforço defletido de realizar esse programa. Central nesse espectro foram os vários esforços na direção do que devemos pensar como essencialismo, a busca alquímica pela arte pura, pelo que restaria uma vez que eliminássemos todos aqueles fatores que faziam parte do próprio paradigma desacreditado da Renascença. Aqui encontramos uma abstração geral, que é um modo cru de lidar com o paradigma da Renascença por mera subtração, por assim dizer, apagando aquilo que tornou possível sua derrota, a saber, imagens da realidade perceptiva. Outras reações muito no mesmo espírito, ainda que conceitualmente menos cruas, poderiam ter sido: que a pintura (o produto) é pintar (o processo), que é, em grande parte, a filosofia que veio para legitimar a pintura da Escola de Nova York, à qual foi dado o nome equivocado de Expressionismo Abstrato; que as pinturas são suas próprias superfícies, de modo que qualquer distanciamento da planaridade é uma traição à essência dessa arte; que a pintura é a substância material de sua execução, a saber, pigmento, tela, suporte; e, naturalmente, os vários minimalismos, já que minimalidade é a metáfora para a busca pela essência da arte que tem de ser mínima, uma vez que qualquer coisa extrínseca a essa essência é uma violação. Contrários a esses esforços, havia as pessoas que se recusaram a reconhecer o colapso do paradigma e que, portanto, se opuseram aos esforços que o pressupunham, tornando-se ilusionistas *à la* cachorro louco, sendo a Op Art uma versão breve e literal disso; os vários neorrealismos, porém, eram exemplares mais fiéis. Os comercialismos, naturalmente, operaram de fora, especialmente depois dos anos 1960, quando o mercado de arte começou a ser um agente central no mundo da arte; mas estou procurando, aqui, um tipo de vista panorâmica filosófica e atribuindo aos artistas a busca, quase no espírito dos cientistas de laboratório, por uma essência que imunizaria a arte contra a catástrofe na autoidentidade que a morte do paradigma revelou como possibilidade vívida: essa catástrofe foi percebida como devida ao nosso desconhecimento sobre o que a arte realmente é e à nossa crença de que ela seja idêntica ao que é, na verdade, uma de suas formas incidentais. De certo modo, a arte moderna colaborou ao trazer à tona o fim da arte, no sentido que atribuo ao termo.

A arte da disturbação pertence a algum lugar ao longo desse espectro, e parte do seu paradoxo reside no fato de que ela compartilha, em seus impulsos, das sofisticações conceituais que marcam a arte moderna como um movimento, mas ela almeja algo muito mais primitivo: ela almeja reconectar a arte com aqueles impulsos sombrios a partir dos quais se acredita que a arte se originou e que a arte veio a sufocar cada vez mais; essa é uma postura regressiva, que supõe a recuperação de um estágio da arte em que ela própria era quase como mágica – como a mágica profunda, que torna reais possibilidades obscuras, e não mágica superficial ou ilusória, na qual nada realmente acontece, mas parece que aconteceu, na qual há mais um repertório de truques do que a invocação de forças estranhas, de um espaço diferente do que ocupamos –, conjurando espíritos das vastas profundezas. O retrocesso a esse início, a outro modo esquecido de pensar, justifica uma comparação com um programa paralelo na filosofia, aquele do Heidegger tardio, que via toda filosofia depois de Sócrates como um grande desvio de certo encontro direto com o ser, que Heidegger, então, pretendia reencenar, ao escrever de um modo totalmente diferente das formas analíticas que caracterizam a inscrição da filosofia ocidental desde tempos antigos. Aquelas últimas obras, estranhas e encantatórias, buscam pôr o leitor em contato direto com realidades esquecidas.

Por mágica, tenho em mente aquela visão de imagens, decerto raramente considerada hoje em dia, de acordo com a qual o sujeito representado realmente entrava nas suas representações, de modo que os teóricos da imagem, como os iconófilos de Bizâncio, puderam falar da presença mística do santo no ícone. Você, afinal de contas, tem de se perguntar por que houve em várias épocas da história essa intensa controvérsia sobre a confecção de ídolos, porque houve movimentos iconoclastas em geral. É uma luta contra o uso dos poderes obscuros por parte dos artistas, que, ao fazer uma imagem de x, realmente capturam x exatamente do modo que os homens pensavam capturar minotauros ou unicórnios (qualquer um que acredite que zoológicos são educacionalmente motivados tem um senso subdesenvolvido de magia). Algo dessa teoria mágica, estou certo, entra na intenção do retrato da morte e na explicação do fato de que os enlutados buscam estabelecer, característica e irrefletidamente, uma imagem dos que partiram, como se a morte fosse magicamente superada se a *persona* pudesse ser preservada. E como explicar de outro modo a adoração de imagens – que não seria de modo algum idolatria se o santo estivesse literalmente *no* quadro –, dos poderes atribuídos às várias estátuas da virgem, dos *sacri bambini* espalhados por toda a cristandade, transradiados por aquela santa presença que se supõe que as relíquias abrigam: como se a forma de alguém *fosse* uma relíquia nesse sentido? Apesar de ter falado de Duchamp pondo bigodes na Mona Lisa, naturalmente foi um *cartão-postal* que ele modificou, não a pintura real; mas a imagem está presente no cartão-postal, e é por isso que o gesto de Duchamp pode ser considerado como modestamente disturbacional, quase um ato de vandalismo.

Como contrário ao poder de capturar realidades, a mera habilidade de representá-las, estabelecendo semelhança, não é terrivelmente interessante e consiste de truques como aqueles dominados pelos mágicos cujo propósito é entreter ao enganar os olhos. Uma vez que percebemos que estátuas meramente designam aquilo que aparentam, quando a semelhança explica sua forma, em vez de conter a realidade por meio da contenção da forma, um certo poder está perdido para a arte, confirmando que tendemos a definir a arte por essa perda – mas esse tipo de definição pode ser apenas uma das formas de descredenciamento filosófico que a história da arte revela. Em todo caso, a arte disturbacional é um esforço de reconectar com essa estrutura mágica de pensamento, há muito abandonada como prerrogativa dos fazedores de imagem, apesar de que, como vimos, algo parecido se encontra nos elegantes experimentos de Johns. E tenho a sensação de que o poder – ou a crença de que os artistas o possuem – foi uma das coisas que os filósofos podem ter temido quando se voltaram para a efemerização da arte enquanto assunto da teoria.

Quero agora propor que essa primeva teoria mágica das imagens, facilmente confirmada na história da iconoclastia bizantina ou holandesa, confirma, por sua vez, uma teoria da representação dramática que é dada numa célebre e bela especulação de Nietzsche. Ele sugere que a tragédia clássica seja uma evolução do ritual dionisíaco e que ela consiste na inserção de certa distância entre o público – ele próprio uma evolução dos celebrantes – e a visão. No ritual, o momento culminante era aquele em que o próprio deus se fazia presente, e é para esse momento que a peça é um substituto civilizado. Os meios pelos quais o deus era conjurado eram orgiásticos: o ritual dionisíaco era uma celebração sombria, um lapso de frenesi em que tudo o que as pessoas civilizadas acham repugnante era tornado possível e escusado; era aterrorizante, disturbacional, se preferir – e realizado em nome da epifania. Nesse momento, os celebrantes eram magicamente ligados ao deus que estaria entre eles: todas as distinções desapareciam num êxtase de união. A tragédia grega reencenava isso, porém mais no nível da arte do que da prática religiosa, e, com efeito, o propósito era separar a imagem da realidade de um modo que as modernas teorias da imagem tomam como certo. O deus é representado por um ator, o ator não é possuído pelo deus que se faz presente na carne e no sangue do ator. Não pensamos mais na ação no palco como algo que vá além da representação de uma presença distante. Mesmo assim, algo da expectativa da mágica deve ter permanecido na experiência teatral dos tempos antigos, se quisermos ter alguma explicação para a estranha doutrina de Aristóteles sobre a catarse, em que algo muito profundo ocorre num público, misticamente purgado como os dionisistas originais deveriam ficar o no clímax da encenação. É razoável supor que as pessoas iam ao teatro mais para que acontecesse alguma coisa desse tipo do que para desfrutar do espetáculo e se divertir. E quem sabe quais associações com a mágica profunda não estariam envolvidas nos modelos e nas atitudes dos frequentadores de teatro de hoje?

Já que estou sendo cruelmente especulativo, deixe-me delinear agora um contraste entre públicos de teatro e de cinema. O teatro, se Nietzsche está certo, é uma transformação complexa de alguns domínios sagrados, em que o mestre do ritual é transformado no ator trágico, os celebrantes, no público, e onde, em vez de o deus aparecer literalmente para este enquanto possui aquele, num sentido de "aparência" que não contrasta com a realidade, há as aparências de deuses que contrastam *precisamente* com a realidade. A língua inglesa atual tem os dois sentidos de "aparência": ninguém diria, ao saber que o presidente apareceu no baile inaugural, que ele não deve ter estado lá realmente, já que era apenas uma aparição [*appearance*]. Mas certamente dizemos que alguém apenas pareceu [*appeared*] amar uma pessoa, mas que não a amava realmente. Há ilusão num caso, mas não no outro. Mas a *sala de cinema* é uma evolução de um dispositivo óptico, a *camera obscura*, uma caixa em que as aparências do mundo circundante foram, por assim dizer, arrancadas do mundo e projetadas em uma de suas paredes por meio de um orifício na parede oposta. Aristóteles já conhecia os princípios da *camera obscura*, mas em meados do século XIX havia caixas suficientemente grandes para acomodar espectadores em meio às distrações e divertimentos encontrados em parques de diversão e balneários espalhados por toda a Europa. Ao entrar nas caixas, eles encontravam imagens separadas das realidades correspondentes – ondas que rolam e que quebram e figuras com roupas encharcadas em *bathing*[11] –, e isso traz conotações de que algo mágico tenha acontecido, como se pode depreender pelas reflexões do narrador sobre a lanterna mágica no início de *No caminho de Swann*. As imagens naturalmente eram evanescentes, até que Fox Talbot descobriu como capturá-las por meio da mediação química de iodeto de prata e tiossulfato de sódio. A *camera obscura* tem uma fascinante história dupla: ela se expandiu, ao dar origem às salas de cinema, e se contraiu, para criar as câmeras que turistas de chapéu de palha apontavam uns para os outros diante de paisagens pitorescas. É como se houvesse uma ligação interna entre o *medium* da cinematografia e o *locus* de sua exibição. Faço aqui uma abreviação severa, pulando inteiramente as descobertas que fizeram as figuras *se mover*, mas minha preocupação é apenas enfatizar que as salas de cinema têm uma origem e uma história subsequente muito diferentes daquelas do teatro.

E essa diferença na origem se reflete na diferença entre frequentadores de teatro e frequentadores de cinema, sublinhada, acredito, de todo modo, por uma evidência institucional: vestimo-nos adequadamente para ir ao teatro, como para ir à igreja, não havendo o espírito cerimonial e celebratório conexo ao ato de ir ao cinema que parece natural quanto ao teatro; adentramos as salas de cinema casualmente

---

[11] *Bath machines* eram cubículos dentro dos quais era permitido às senhoras, na Grã-Bretanha do século XIX, tomar banho de mar, sem se exibir publicamente em trajes menores. (N.T.)

vestidos, a qualquer hora, e ir ao cinema, salvo o caso de solenes debatedores do *Cahiers de cinema*, é considerado entretenimento e distração, mesmo que haja filmes profundos, peças simplórias e óperas ainda mais tolas. O público de cinema *não* é uma transformação de uma congregação. O seu antecessor é a multidão de feriado, que busca mais uma pausa na pressão da realidade cotidiana do que a aquisição de uma realidade superior e de uma revelação. Pode-se até mesmo comer enquanto se assiste a filmes, mas isso é repreendido no teatro. O ponto é que se deve resistir à tentação de tratar filmes e peças como pertencentes ao mesmo gênero em virtude de ambos serem vistos em salas de espetáculos e diante de públicos. É como se o espectador de um filme permanecesse um indivíduo, mesmo que ele veja o filme com outras pessoas, enquanto o espectador de uma peça é membro de um público, mesmo que se assente sozinho. O videocassete enfatiza ainda mais a diferença e, apesar de espectadores caseiros dizerem que às vezes querem ter a experiência da sala de cinema, isso é quase certamente uma questão de tamanho e é conexo com certas características de projeção ainda não disponíveis para o lar. Ou eles afirmam que querem sair de casa, não que querem especificamente entrar em outra sorte de espaço.

Mas parece-me que a arte disturbatória pertence àquele tipo de público a partir do qual adveio o público de teatro e que pretende regressar a um relacionamento mais primitivo entre ator e celebrantes. A artista disturbatória almeja transformar seu público em algo pré-teatral, num corpo que se une a ela numa relação mais mágica e transformacional do que permitem as convenções definidoras do teatro. E ela pretende conseguir isso por alguma transformação de si própria, que consiste em abandonar a atmosfera protetora e fortemente deslocadora da distância teatral e fazer contato com uma realidade. Em certo sentido, a artista disturbatória se sacrifica, de modo que, por meio dela, um público pode ser transformado, talvez apenas por um momento, enquanto ela é possuída por algo estranho. Seu empreendimento é, em suma, recuperar para a arte algo da magia purificada de quando a arte se tornou *arte*.

É claro que toda a coisa pode simplesmente explodir em risadinhas. Com nossas mentes racionais, encontramos a teoria que pode por si só legitimar essas estranhas ambições totalmente desacreditadas.

Mas há um constituinte sub-racional em cada uma das nossas psiques que a arte conseguia atingir em tempos antigos, e é a reativação desse contato – vemos esses impulsos no Surrealismo e no Dada – que a arte disturbatória tem como propósito. E isso explica o que é disturbador na disturbação e por que precisamos de uma palavra para defini-la com precisão. Não é da perturbação ordinária que estamos tratando, e o chocante e ultrajante são apenas meios para um fim. É daquela perturbação que advém da subpercepção difusa de que uma dimensão de nosso ser está sendo colocada num nível ainda mais baixo que o nível mais baixo da civilização. A civilização grega, se Nietzsche estava certo, dedicou-se a pôr tudo isso à distância. Não sabemos do que somos capazes, o que podemos fazer em reação ao aceno da artista disturbatória é esse sentido de perigo que ela insinua que podia ser sentido quando os limites terríficos dos domínios de Dionísio eram cruzados.

Algumas temporadas atrás houve uma tentativa – bem-intencionada e, em muitos sentidos, bem-sucedida – de reconstituir a *Vitória sobre o sol*, de Malevitch, na Academia de Música do Brooklyn. Ainda que a reconstituição fosse bem fiel, a ela faltava, e tinha que faltar exatamente porque ela era fiel, aquela possibilidade de contato imediato com um público que Malevitch almejava. Era, afinal de contas, como observar, por uma abertura de vidro, dinossauros animados eletronicamente, reconstruídos de maneira adorável com o objetivo de instruir os espectadores que imaginavam como era o que acontecia quando os dinossauros sacudiam a Terra. Por ter sido encenada como uma relíquia e para um público que vinha assistir a ela motivado por uma curiosidade antiquariana e por um senso de dever estético, um público que não via a hora de sair dali para comer um *cheesecake* no Juniors ou tomar alguma coisa em outro lugar, ela não podia mesmo ter dado certo. Em certo sentido, as circunstâncias de sua reencenação estão relacionadas às circunstâncias de sua inocência e sua esperança originais, um pouco como a relação que Nietzsche descreve entre o teatro clássico e o frenesi original que este pretendia neutralizar pela distância do desprendimento artístico. É essa distância que a arte disturbatória deseja eliminar.

Eu não aprecio a arte disturbatória, talvez porque eu esteja sempre fora dela e a veja como patética e fútil. E, ainda assim, estou cônscio de que há um inegável poder na concepção do artista como um tipo de sacerdote num ritual primitivo, e da própria arte como uma intervenção miraculosa. E é difícil desprezar a coragem de um artista que toma para si essa temível missão. Nietzsche deve ter sentido essa coragem em Wagner e esperava que Bayreuth pudesse recriar as sublimidades pré-teatrais da Grécia e atingir elementos na psique sufocada pela razão. A recriação, como sabemos, provou ser – recreação. Bayreuth foi uma experiência profundamente decepcionante para Nietzsche, como teria sido para qualquer um que abrigasse esses ideais improváveis. Se Richard Wagner não conseguiu ser bem-sucedido nesse empreendimento, também não consegue – ouso dizer – Laurie Anderson, mas a possibilidade continua sendo tentadora demais para, no fim, desaparecer de nossa ambição. A arte disturbatória, no entanto, vai contra o grão histórico, se minha construção hegeliana da história da arte está correta, mas ela nos lembra daquilo que esse empreendimento altamente – e cada vez mais – filosofado teve de abandonar.

Filosofia como/e/da literatura

*De modo que a obra, expondo o subjetivo, também apresente
a determinação segundo todo o seu modo de exposição,
de existir essencialmente apenas o sujeito, para o espectador
e não autonomamente para si. O espectador, por assim dizer,
participa desde o início, é levado em consideração, e a obra
de arte apenas é para este ponto firme do sujeito.*

Hegel, *Cursos de estética*[12]

*Proferido como meu discurso de posse na Divisão Leste da American
Philosophical Association, em Boston, em 28 de dezembro de 1983,
este ensaio apareceu primeiramente em* Grand Street *e depois nos*
Anais da American Philosophical Association. *Ele se soma ao
esforço de tornar a própria filosofia uma forma de arte, pelo menos
como um gênero de literatura – um movimento brilhante, ainda que
abortivo, que teria tornado o descredenciamento filosófico da arte
um autodescredenciamento, o que é claramente o propósito desejado*

---

[12] Usou-se, para esta epígrafe, a tradução brasileira diretamente do alemão
(*Vorlesungen über die Ästhetik III*): *Cursos de estética*, volume III, tradução de Marco
Aurélio Werle e Oliver Tolle (tópico b: "O material sensível da pintura", do item
1: "O caráter geral da pintura", do primeiro capítulo: "A pintura", da terceira
seção: "As artes românticas"). São Paulo: Edusp, 2002, p. 203. (N.T.)

por Jacques Derrida, que plana em direção ao fim. O título é uma paródia da teimosia emblemática de Derrida para com a pontuação. A epígrafe é de Hegel, Werke, *15:28, traduzida como* Aesthetics: Lectures on Fine Art, *tradução de T. M. Knox (Oxford: Oxford University Press, 1975), p. 806.*

Nossa disciplina parece um híbrido tão singular de arte e ciência que é um pouco surpreendente que apenas recentemente tenha parecido se tornar imperativo para alguns que a filosofia seja vista como literatura: surpreendente e um pouco alarmante. Obviamente, tanta coisa tem sido credenciada como literatura nos tempos recentes que teria sido inevitável que os teóricos da literatura devessem se voltar das tiras cômicas, revistas de cinema, romances descartáveis – de ficção científica, pornografia e *graffiti* – para os textos de filosofia, isso em virtude de uma concepção de texto vastamente ampliada, a qual nos habilita a aplicar as estratégias da interpretação hermenêutica a passagens de ônibus e tíquetes de bagagem, anúncios de classificados e boletins meteorológicos, róis de lavanderia e cancelamentos de postagem, cadernetas de poupança e catálogos de endereços, prescrições médicas, receitas de bolos, latas de azeite e rótulos de conhaque – então, por que *não* meditações, investigações e críticas? Certamente esse não é o sentido enfático de literatura que temos em mente ao falar da filosofia como uma arte, mas, mesmo que retenhamos as conotações normativas do termo, há algo perturbador no fato de que essa faceta particular da filosofia devesse agora se tornar visível de tal modo que nos fosse imposto tratar os seus textos como um gênero literário particular. Porque, afinal de contas, os imperativos que governaram a transformação da filosofia em profissão usaram as ciências para dar destaque à nossa comunidade. Se houvesse um tipo de igualitarismo semiótico nos levando a considerar como textos desse tipo os artigos que aparecem regularmente na *Physical Review,* sua dimensão literária certamente pareceria profundamente secundária, assim como a nossa sempre pareceu para nós mesmos; assim, tratá-la repentinamente como primária deve ser desconcertante.

A filosofia-como-literatura possui implicações para além da afirmação de que os textos filosóficos têm ocasionalmente certo grau de mérito literário. Temos a remota satisfação de que alguns de nós – Strawson, Ryle ou Quine, para não dizer Santayana, Russell e James – escrevem uma prosa notável, e todos consideraríamos astuto um professor de inglês que tomasse páginas de qualquer um deles como paradigmas de composição. Mas nossa tendência é considerar o estilo, exceto na medida em que ele aprimora a clareza, como adventício e supérfluo para aquilo em benefício do que abordamos, em última análise, esses textos: como mera *Farbung*, para usar o termo pejorativo de Frege. Então, girar esses textos de modo que as facetas secundárias capturem a luz do interesse intelectual obscurece o que consideramos facetas primárias; e aquiescer ao conceito da filosofia--como-literatura logo agora parece tacitamente aquiescer à visão de que os austeros imperativos da filosofia-como-ciência perderam sua energia. Levando em consideração o que vem acontecendo com os textos quando abordados nos tempos recentes, nosso cânone parece repentinamente frágil, e dói no coração pensar neles se defrontando com o sadismo frívolo do desconstrucionista. Mas a perspectiva da filosofia-como-literatura é uma questão desconfortável com a qual temos de lidar, independentemente dessas violações não edificantes.

Considere-se a perspectiva comparável da Bíblia-como-literatura. Certamente ela pode ser lida como tal, sua poesia e sua narrativa encaradas como poesia e narrativa, suas imagens apreciadas por sua força e suas representações morais como um tipo de drama. Mas tratá-la assim é pôr, a uma distância considerável, a Bíblia tida como corpo de revelações, de verdades salvíficas e correções éticas: um texto tal que um pensador como Filo poderia crer que tudo nele – e nada fora dele – é verdadeiro. Desse modo, certa relação fundamental com o livro terá se modificado quando ele passar por uma transferência de currículo como "literatura viva". Obviamente, algum aspecto de seu estilo desempenhou, desde o início de sua importância histórica, um papel na epistemologia bíblica. Diz-se da linguagem do Alcorão que ela transcende, em sua beleza, os poderes da expressividade humana, como se praticamente garantisse sua própria reivindicação de ter sido ditada por um anjo e de ser, nem mesmo metaforicamente, a palavra de Deus; então o seu estilo é tido como a melhor prova de sua verdade. O escrito bíblico, em contraste, foi tomado como o registro do testemunho humano, e grande parte desse texto era tão ofensiva ao gosto literário que tinha de ser verdade. Um apologista do século II escreve: "Enquanto dedicava minha mais sincera atenção à descoberta da verdade, aconteceu de eu encontrar certos escritos bárbaros [...] e fui levado a pôr fé neles pela construção despretensiosa da linguagem". Orígenes, admitindo a inferioridade estilística das Escrituras por comparação específica com Platão, encontra nisso a prova de que ela é exatamente a palavra de Deus, já que, se escrita por homens, ela seria mais elegante; sua rudeza é mais uma arma para desconcertar os sábios. "No que concerne à mera autoria, por mais rudemente que meu livro seja adornado", Poe fez o seu herói ficcional escrever no irônico prefácio a *A narrativa de Arthur Gordon Pym*, "sua própria estranheza, se houvesse alguma, aumentaria ainda mais suas chances de ser recebido como verdadeiro." Que a mera prosa tem uma grande chance de ser recebida como verdadeira é uma máxima estilística não desconhecida na adoção de uma dicção filosófica – que se pense em Moore –, mas meu argumento é somente que há um contraste profundo entre tomar a Bíblia como literatura e vê-la como Palavra, suspeito que classes desconexas de passagens se tornando célebres dependendo de qual ponto de vista assumimos. A música remanescente da Bíblia deve contar como uma compensação insignificante quando as pretensões de verdade feitas em seu benefício não forem mais sentidas como incontestáveis, e algo como esse contraste surge com a filosofia-como-literatura posta contrariamente à filosofia-como-verdade. Por outro lado, isso possibilita uma ocasião para refletir, como farei brevemente, sobre como a verdade filosófica foi considerada se abordarmos a filosofia, por enquanto, como se ela fosse um gênero de literatura: isso nos permite ver como interpretávamos a verdade quando não tínhamos pensado em nós mesmos como produtores de literatura. E, assim, podemos refletir sobre os modos pelos quais as dimensões de nosso ser profissional estão conectadas.

Num período aproximadamente contemporâneo daquele em que a filosofia obteve a profissionalização, o formato canonicamente literário era o artigo de filosofia profissional. Nossa prática como filósofos consiste em ler e escrever artigos desse tipo, em treinar os estudantes para lê-los e escrevê-los, aos quais reagimos colocando questões que, de fato, são recomendações editoriais, tipicamente incorporadas e reconhecidas na primeira ou na última nota de rodapé do artigo, em que somos eximidos desses erros e infelicidades que podem ter permanecido e nos agradecem por nossas valiosas sugestões. Os periódicos nos quais esses artigos são finalmente impressos, independentemente das características úteis para a profissão que eles possam veicular, não são, com efeito, terrivelmente distintos uns dos outros, não mais do que os próprios artigos caracteristicamente o são: se, dentro da prisão dos pareceres cegos, escondemos os nomes e a filiação institucional, não haverá nenhuma evidência interna de uma presença autoral, mas apenas uma unidade de pura filosofia, para cuja apresentação o autor terá sacrificado toda identidade. Isso implica uma nobre visão de nós mesmos como veículos para a transmissão de uma verdade filosófica totalmente impessoal, e isso implica uma visão da realidade filosófica como constituída de problemas isoláveis, difíceis, mas não definitivamente intratáveis, que, mesmo que não sejam, solúveis em mais ou menos quinze páginas, podem estar mais próximos de uma solução naquelas tantas páginas. O artigo é, então, um relatório impessoal de resultados limitados para um leitorado severamente restrito, consistindo daqueles que têm algum uso para esse resultado, uma vez que estão engajados com os escritores de artigos num empreendimento colaborativo, construindo o edifício do conhecimento filosófico. É perfeitamente óbvio que a implicada visão da realidade filosófica, assim como a da forma de vida desenvolvida para descobri-la e a da forma de literatura em que é adequado representá-la, são intimamente modeladas na visão de realidade, vida e literatura que compõe o que Thomas Kuhn nos instruiu a pensar como ciência normal. A mestria das formas literárias é a chave do sucesso na forma de vida, trazendo estabilidade profissional e o tipo de reconhecimento que consiste em ser convidado para proferir palestras por toda parte e talvez para a presidência de uma ou outra divisão da American Philosophical Association. Postos de lado esses benefícios práticos, ninguém poderia razoavelmente estar interessado em participar na forma de vida definida pela forma literária em questão se não se acreditasse que essa é a avenida da verdade filosófica. O fato de a verdade ser definida pela crença de que essa é a maneira de encontrá-la é menos obviamente uma questão consensual.

Não é meu propósito, aqui, criticar uma forma de vida da qual eu, afinal de contas, participo, nem criticar o formato de discurso e escrita que, afinal de contas, reforça as virtudes da clareza, da brevidade e da competência nas pessoas forçadas a usá-lo. Apenas quis enfatizar que o conceito de verdade filosófica e a forma de expressão filosófica são internamente relacionados o suficiente para que queiramos reconhecer que, quando nos voltamos para outras formas, podemos também estar nos voltando para outras concepções de verdade filosófica.

Considere-se o modo pelo qual nos dirigimos aos nossos predecessores, por exemplo. Grande parte do que li sobre Platão soa muito como se ele, de quem se diz que toda filosofia posterior é umas tantas notas de rodapé, na verdade fosse uma nota de rodapé de si mesmo e estivesse sendo orientado para ter um artigo aceito por *The Philosophical Review*. E boa parte dos escritos sobre Descartes tem como objetivo fustigar sua argumentação em notas que – temos certeza – ele teria adotado se tivesse vivido para apreciar suas vantagens, já que agora é tão claro onde ele errou. Mas em ambos os casos poderíamos pelo menos questionar se aquilo a que cada escritor se propõe pode ser tão facilmente separado das formas aparentemente inevitáveis de se apresentar a obra, de modo que o diálogo ou a meditação aplainada em prosa periodista convencional pudesse não ter perdido no processo algo central para esses modos de escrita. A forma como a verdade, tal como eles a entenderam, deve ser compreendida, poderia requerer justamente uma forma de leitura, portanto um tipo de relação com aqueles textos, totalmente diferentes daqueles apropriados para um artigo, ou para o que às vezes nos referimos como uma "contribuição". E isso porque se tenciona que aconteça para o leitor algo que seja diferente de ser informado, ou um acréscimo a isso. Afinal de contas, não é simplesmente que os textos podem perder algo quando aplainados em artigos: a vida pode ter perdido algo a partir do momento em que a filosofia é totalmente aplainada para a produção e a transmissão de artigos, por mais nobre que a visão que lhes é correlativa seja. Desse modo, abordar a filosofia como literatura não significa estultificar a aspiração pela verdade filosófica, mas sim propor um *caveat* contra um conceito reduzido de leitura, exatamente porque descobrimos que há mais coisas envolvidas, mesmo na filosofia analítica contemporânea, além de meramente afirmar a verdade: chegar àquele tipo de verdade envolve uma espécie de transformação do público e a aquiescência em certa forma de iniciação e de vida.

Não consigo pensar num campo de escrita tão fértil como a filosofia tem sido em gerar formas de expressão literária, porque a nossa é – para usar uma lista parcial em que me aventurei certa vez – uma história de diálogos, notas de leituras, fragmentos, poemas, exames, ensaios, aforismos, meditações, discursos, hinos, críticas, cartas, sumas, enciclopédias, testamentos, comentários, investigações, tratados, *Vorlesungen*, *Aufbauen*, prolegômenos, parerga, *pensées*, sermões, suplementos, confissões, sentenças, perquirições, diários, panoramas, esboços, livros cotidianos e, para ser autorreferencial, pronunciamentos e inúmeras formas que não têm identidade genérica ou que constituem elas próprias gêneros distintos: *Holzwege*, Gramatologias, Pós-Escritos Não Científicos, Genealogias, Histórias Naturais, Fenomenologias e o que quer que *O mundo como vontade e representação* seja ou o *corpus* póstumo de Husserl, ou os escritos tardios de Derrida e excluídos os tipos padrão das formas literárias – por exemplo, romances, peças ou coisa parecida, para os quais se voltaram os filósofos quando dotados para tal. Pode-se perguntar qual significado cognitivo é veiculado pelo fato de que os textos clássicos da China são tipicamente compostos de trechos conversacionais, uma questão trazida vividamente para mim quando um acadêmico que respeito reclamou que é terrivelmente difícil tirar quaisquer proposições de Chuang Tzu; e esse pode ser o início de uma compreensão de como deve ser abordado esse esquivo sábio e do que significa lê-lo. Reagindo a uma resenha de *The Realm of Truth* por seu amanuense, Santayana escreveu: "Que bom que agora você pode tirar umas férias; o que não exclui a possibilidade de retornar a eles [os escritos] com frescor de juízo e de apercepção. Talvez, então, você possa não depreciar minhas passagens purpúreas e possa ver, que é o fato histórico, que elas não são meros ornamentos, mas sim desenvolvimentos naturais e *realizações* do pensamento movendo-se previamente num limbo de abstrações verbais".

É discutível que o artigo filosófico profissional seja um produto evolutivo que surge, por seleção natural, de uma profusão selvagem de formas darwinizadas rumo ao esquecimento por meio da inadaptação, estágios no avanço da filosofia em direção à consciência de sua verdadeira identidade, uma estrada mais sinuosa do que a maioria. Mas é igualmente discutível que filósofos com pensamentos realmente novos tiveram simplesmente que inventar novas formas para veiculá-los e que seja possível que, da perspectiva do formato padrão, nenhum caminho por essas outras formas – portanto, nenhum caminho por esses sistemas ou essas estruturas de pensamento – possa ser encontrado. Essa afirmação pode ser apoiada, talvez, pela consideração de que, em grande medida, a literatura do tipo não filosófico incidiu sobre a consciência filosófica unicamente pela perspectiva da verdade-ou-falsidade. O filósofo consignaria alegremente a totalidade da ficção ao domínio da falsidade se não fosse pela preocupação lamuriosa de que é preciso assinalar uma diferença entre as sentenças que erram o alvo e as sentenças que não têm alvo para errar e são ameaçadas, pelas teorias do significado predominantes, com a ausência de significado. Algum modo deve, portanto, ser encontrado de fazer com que elas tenham significado antes que sejam desprezadas como falsas, e quase todo o *corpus* analítico – e posso também adicionar o fenomenológico – dirigiu-se em peso à questão da referência fictícia. A literatura estabelece obstáculos para a passagem das teorias semânticas que se sairiam muito melhor se a literatura não existisse. Avaliando-a em comparação com o conceito de referência, a literatura absorve qualquer dignidade intelectual que a filosofia pode conceder, com o benefício incidental de que, se a literatura é meramente uma questão de relacionar palavras com o mundo, veja bem, se a filosofia é literatura, ela é plena de significado, desde que ela apenas possa mostrar como. E o modo da filosofia de relacionar a literatura com a realidade pode tornar a filosofia-como-literatura um modo de filosofia-como-verdade.

Dificilmente seria este o lugar para contar a terrível lenda da referência ficcional, em parte porque ela parece não ter chegado ao fim, não havendo qualquer teoria aceita sobre como ela funciona. Mas se já houve argumento em favor da filosofia como um tipo de literatura, ele pode ser encontrado na extravagante imaginação ontológica de teóricos da semântica ao propor coisas que designam termos fictícios. Uma vez que *Dom Quixote* tem significado, "Dom Quixote" deve se referir – para ser exato – não a algum nobre espanhol específico de La Mancha, mas ao próprio Dom Quixote, uma entidade subsistente, sobre quem *Dom Quixote* pode versar agora do mesmo modo que versaria se ele fosse de fato um nobre espanhol em La Mancha. Como entidades subsistentes desse tipo conferem significado, ou, pelo menos, como elas explicam o fato de que as percebemos, nunca foi explicado de modo particular, tendo sido as transações causais entre o domínio das entidades subsistentes e o das entidades existentes, como nós, certamente postas fora de questão. Esse problema é agravado quando purgamos o universo de seres fictícios balançando uma varinha que transforma nomes em predicados, tornando-se Dom Quixote o *x* que quixotiza todo o *y* que lamancheia. A prodigalidade necessária na manufatura de entidades sob medida é evidentemente despercebida quando se trata da manufatura de predicados sob medida, e a mudança de *Gegenstände* para *Gedanke* deixa a questão do significado e de sua apreensão mais obscura do que nunca – a questão nem é especialmente mitigada quando permitimos que *Dom Quixote* escolha um mundo possível sobre o qual versar, pois a relação desse mundo com o nosso, e finalmente conosco, continua sendo tão obscura quanto a relação entre Dom Quixote e nós quando ele era uma sombra sem-teto, um fantasma ontológico que vaga por mundos jamais sonhados por poetas. Desse ponto de vista, a elegante teoria do professor Goodman a respeito das extensões secundárias é particularmente bem-vinda: em primeiro lugar, da perspectiva da ontologia, uma vez que as extensões secundárias são compostas de coisas nas quais podemos pôr nossas mãos, como inscrições; em segundo lugar, do ponto de vista da epistemologia, uma vez que as figuras desempenham um papel importante na extensão secundária de um termo e, de fato, começamos nossas aventuras na literatura com livros de figuras. Por outro lado, ela realmente lança uma carga semântica imensa nas edições ilustradas e afins; e nos embaraçam em quebra-cabeças próprios, uma vez que as figuras ostensivamente *da* mesma coisa podem se parecer tão pouco umas com as outras que podemos ter sérias dúvidas sobre como seu objeto se pareceria se ele existisse, enquanto figuras de objetos totalmente diferentes podem se parecer tanto que não conseguiríamos distingui-las caso fossem reais. Se devemos ascender para extensões terciárias e além, e como essas extensões resolveriam nossos problemas ulteriores, é matéria que não deve ser tratada aqui, porque a questão que quero levantar é: por que nós, como leitores, independentemente de qual dessas teorias for verdadeira, deveríamos ter o mais leve interesse em *Dom Quixote* se aquilo de que ele trata é um desatualizado homem magro numa região da existência a qual eu não teria motivo nenhum para conhecer, salvo pelas intervenções da teoria semântica; ou se ele fosse sobre o x que quixotiza (não havendo nenhum) ou um conjunto de mundos possíveis, outros que não o meu próprio, ou primariamente sobre nada, mas secundariamente sobre coisas como uma série de gravuras de Gustav Doré.

Levanto a questão porque a literatura, certamente nos seus melhores exemplares, parece ter algo importante para fazer com nossas vidas, importante o bastante para que seu estudo constitua uma parte essencial de nosso programa educacional; não se sabe se seu significado tem a ver com suas referências, e seus possíveis *referenda* são uma *menagerie* de coisas imaginadas tão bizarra quanto aquela concebida pela fantasia humana. E pode ser que, quando mostramos o tipo de conexão que há, não haja um problema como aquele para o qual a teoria semântica foi uma solução tão elaborada. Bem, pode-se dizer que isso poderia simplesmente remover a literatura da esfera da preocupação filosófica, uma remoção suficientemente bem-vinda, a não ser pelo fato de que ela poderia remover a própria filosofia do domínio da preocupação filosófica, se a própria filosofia é literatura. E minha insinuação foi que as coisas de que a filosofia abriu mão para se conectar com a literatura a fim de lhe dar significado – *Gegenstände*, intensões, mundos fictícios – são elas próprias tão carentes de redenção ontológica quanto os seres para cujo resgate foram elencadas – Dom Quixote, Mr. Pickwick, Gandalf, o Branco. Acreditar que podemos salvar a ficção por meio de ficção é uma das inocências cativantes de uma disciplina que se orgulha daquilo que gosta de considerar como sua circunspecção cética.

A teoria semântica faz o seu melhor ao tentar conectar a literatura com o mundo por meio daquilo que, afinal de contas, são os únicos tipos de conexões que ela compreende: referência, verdade, instanciação, exemplificação, satisfação e coisas afins; e isso significa distorcer o universo a fim de que ele possa *receber* as representações literárias. Bem, esse nunca foi tido como um alto preço para a filosofia pagar – não foi de modo algum tido como preço, mas como oportunidade criativa – e continua sendo mérito desse empreendimento o fato de ele pelo menos acreditar que *algumas* conexões entre literatura e o mundo são necessárias. Nisso ela contrasta com a teoria literária tal como praticada atualmente, que refuta preocupações filosóficas com ligaduras semânticas como apenas mais um exemplo do que um importante teórico despreza como a Falácia Referencial. De acordo com essa visão, a literatura não se refere de modo algum à realidade, mas, no melhor dos casos, a outra literatura, e desenvolve-se um conceito de *intertextualidade* de acordo com o qual uma obra literária deve ser compreendida, contanto que a referencialidade facilite a compreensão, apenas em termos de outras obras a que uma dada obra se refere, de modo que as pessoas dotadas de uma cultura literária menor que a do escritor de uma obra pronta para ser interpretada podem estar certas de que não entenderão a obra por completo. Há certamente algo nesta visão, se Northrop Frye está correto em afirmar, do verso de Blake "Oh Terra, Oh Terra retorne" que "embora contenha apenas cinco palavras e apenas três palavras diferentes" – cinco espécimes [*tokens*] e três tipos [*types*], como diríamos de modo mais enérgico –, "contém também aproximadamente sete alusões diretas à Bíblia". O autor da Falácia Referencial, ao qual prefiro, por razões um pouco complexas, me referir apenas como R – ele, afinal de contas, fala por sua profissão –, nos assegura que "o texto poético é autossuficiente". Mas, "se há referência externa, ela não diz respeito à realidade – muito longe disso! Qualquer referência desse tipo diz respeito a outros textos". Essa visão extrema merece algum exame, mesmo que seja apenas por sua vívida oposição à visão filosófica padrão.

Consideremos um de seus exemplos, o último verso do poema de Wordsworth "Escrito em março", que diz: "Pequenas nuvens navegam/ Céus azuis prevalecem,/ A chuva passou, acabou". Esse verso, juntamente com o título, poderia levar o leitor a supor que o poema se refere ao fim do inverno e expressa a gratidão do poeta de que a primavera finalmente chegou – mas essa leitura fácil é, de acordo com R, muito séria e falaciosamente errada: ele se refere, na verdade, ao *Cântico dos cânticos*, do qual o verso de Wordsworth é tirado literalmente, e é, de fato, um fragmento de um verso bíblico que começa com "Porque já passou o inverno...". Ora, dificilmente pode ser colocado em dúvida se Wordsworth conhecia o *Cântico dos cânticos,* e é certo que a atividade acadêmico-literária, ao explicar as fontes do poema, vai se referir a ele como uma fonte máxima para o último verso. Talvez cada verso ou cada frase de um poema possa ser explicada com referência a algo na cultura literária do escritor. Mas nem todo efeito literário *se refere* necessariamente às suas causas, e há uma diferença considerável entre compreender um poema, que pode requerer a compreensão de suas referências quando ele as faz, e compreender a proveniência de um poema, que é outra matéria totalmente diferente: compreender um poema é conhecimento de especialista, e talvez algo incidental.

Deixe-me oferecer uma ilustração de uma outra arte, em parte para tornar o meu argumento mais genérico, em parte para confirmar uma reivindicação sobre a semântica pictórica. A bela *Madonna della sedia*, de Rafael, é composta dentro de um chassi circular – um *tondo* – não, como aponta Gombrich, porque Rafael um dia lançou mão de uma tampa de barril para pintar a filha de um estalajadeiro que o encantara, juntamente com sua linda criança, como Madonna e Criança, que é a amável explicação do guia turístico; mas sim porque, como muitos de seus contemporâneos, Rafael estava entusiasmado por alguns desenhos de Leonardo recentemente exibidos, dentre os quais havia composições circulares. Todo pintor na região teria sabido sobre esses desenhos, daí a procedência da pintura de Rafael, mas de modo algum Rafael estava se referindo aos desenhos que o inspiraram. Em contrapartida, o pintor norte-americano Benjamin West fez um retrato de sua esposa e filhos na forma de *tondo*, sendo sua vestimenta a da Madonna de Rafael, não como cópia, mas *em referência à* pintura de Rafael. Era uma referência excessivamente pretensiosa, retratar sua esposa como Madonna, seu filho como Menino Jesus, *sua* pintura como a *Madonna dela sedia* e ele próprio como Rafael. Mas entender a pintura é entender essas alusões, porque ele está representando sua família *como* o Santo Par *como* retratado por Rafael, e uma metáfora muito autoexaltadora está sendo veiculada. (Que humilhação essa esperançosa visão ter sido removida da coleção Reynolds' em troca de um meramente típico Thomas Cole!).

Foi um triunfo da atividade acadêmica da história da arte demonstrar o inequívoco uso, feito por Manet, de um arranjo de figuras numa gravura de Marcantonio Raimondi, ao dispor as figuras em seu *Déjeuner sur l'herbe*. Isso, de modo algum, exclui a possibilidade, ou mesmo o fato, de que Manet estava representando amigos seus, inteligentes e *demimondaines*, usufruindo de um elegante convescote. É obvio que é uma pintura diferente, dependendo de ele estar se referindo à obra de Raimondi ou apenas usando a obra de Raimondi. Se ele estava se referindo a ela, então o seu tema é *aquele* convescote *como* uma festa dos deuses, que é o tema da gravura original. Raimondi foi o mais famoso gravador de sua época (assim como um notório forjador), mas, no mundo de Manet, ele era sem dúvida muito obscuro para que essa alusão pudesse ser feita, por contraste, talvez, com as referências bíblicas no mundo de Wordsworth; e, provavelmente, a obviedade é uma condição da alusão, assim como a banalidade é uma condição da validade no entimema.

Mas, ainda assim, o uso que Manet faz daquela gravura deve ser distinguido de um uso feito pelo pintor norte-americano John Trumbell, no seu famoso retrato do General Washington com um cavalo, de certa forma preexistente de representação equestre. Longe de ser uma retratação em finos detalhes da elegante montaria de Washington, o cavalo de Washington, como mostrado, não é senão um na longa sequência histórica de cavalos similares que Leo Steinberg rastreou até chegar a um pequeno medalhão romano, e que, provavelmente, poderia ser rastreado até ainda mais longe. No entanto, a referência é a Washington com o cavalo, e não a qualquer membro dessa série, cada um dos quais se conformando a um modelo. O modelo, que pode ser um exemplo daquilo que Gombrich chama de *esquema*, é um modo muito satisfatório de representar cavalos, que são, como sabemos, muito difíceis de observar – antes de Muybridge, ninguém sabia que todas as quatro pernas ficavam conjuntamente fora do chão no galope –, e fornece um tipo de *a priori* representacional de uma sorte cujas narrativas e congêneres líricas podem ser achadas na literatura e, apesar de não ser esse o meu objetivo, pode haver profundas similaridades também com representações científicas.

Em todos esses casos e inúmeros outros, a referência ao mundo trabalha conjuntamente com referências a outra arte, quando há referências desse tipo, para fazer uma representação complexa: então, por que deveria ou deve ser diferente no caso de Wordsworth? Assim, R escreve: "A palavra-chave – *inverno* – ausente de Wordsworth é a matriz que penetra todo detalhe de primavera no poema [...] agora percebido como a conversão de uma imagem que foi tornada efígie, de modo que o poema não é uma retratação direta da realidade, mas uma versão negativa de um texto latente sobre o oposto da primavera". Esse é o tipo de contorção hermenêutica que faculta, a intérpretes da literatura, cátedras distintas nas universidades – o tipo que afirma, por exemplo, que *Hamlet* é a versão negativa de um texto latente sobre Fortinbras, o *verdadeiro* herói da peça, percebida agora mais como comédia do que como tragédia, uma vez que o herói está vivo no final, e fazendo de Shakespeare um sabido precursor de Tom Stoppard. Mas minha preocupação não é discordar da interpretação, mas do "de modo que", para o qual R não está habilitado. Uma interpretação propriamente dita teria de mostrar por que Wordsworth se referiu à estação por meio de uma alusão bíblica, se é que de fato foi uma alusão, e não um clichê daqueles que simplesmente entram para a linguagem, do modo como entrou grande parte de *Hamlet*, a ponto de um estudante tê-lo criticado por ser cheio de clichês, apesar de ser uma história bem empolgante. E o que dizer do próprio *Cântico dos cânticos*, se é poesia: ele trata do inverno, ou, para usar a outra opção que nos é oferecida, é totalmente autônomo?

Numa célebre carta escrita para sua amante Louise Collet, Flaubert esboça o seu próprio ideal como artista: "O que eu gostaria de escrever é um livro sobre nada, um livro independente de qualquer coisa externa, o qual se comporia pela força interna do seu estilo, exatamente como a Terra, suspensa no vácuo, de nada externo depende para apoiá-la; um livro que quase não teria um tema, ou, pelo menos, em que o tema fosse invisível, se é que isso é possível". A astronomia de Flaubert é estarrecedora e, se R está certo, ele poderia não ter falhado no seu propósito, sendo toda literatura, apenas na medida em que é literatura, sobre nada. Ou, na melhor das hipóteses, sobre outra literatura, uma obra apoiando outra obra em órbita referencial – para dar a Flaubert uma metáfora física mais feliz –, mas basicamente não restringida pela realidade. A questão é: que considerações tornam atraente a garantida irrelevância da literatura para a vida?

"Na linguagem cotidiana", escreve o autor da Falácia Referencial, "as palavras parecem ser atribuídas verticalmente, cada uma à realidade que parece fornecer, como os rótulos numa tampa de barril, cada qual uma unidade semântica. Enquanto na literatura a unidade de significado é ela própria um texto. Os efeitos recíprocos de suas palavras, como membros de uma rede finita, substituem a relação semântica vertical por um lateral, forjada ao longo da linha escrita, tendendo a anular os significados dicionarizados das palavras."

Agora quero aplaudir o conceito de texto como uma rede de efeitos recíprocos. Não original de R, obviamente, ele entrou no nosso mundo a partir de fontes europeias, ocasionando um imenso impacto sobre os teóricos da literatura, enquanto deixava a filosofia até aqui intocada. Sinto que se o conceito de texto se tornasse tão central na filosofia analítica como tem sido o de sentença desde que Frege lhe concedeu primazia, ou como o termo tem sido desde Aristóteles, um vasto mundo de pesquisa filosófica teria sido aberto. Porque o conceito de texto é consideravelmente mais amplo do que apenas o texto literário. Ele se aplica a composições musicais e a estruturas arquitetônicas, formas de arte cuja referencialidade tem estado ocasionalmente em questão, e a personalidades, vidas inteiras no sentido biográfico do termo, famílias, povoados, culturas, coisas para as quais a questão da referencialidade dificilmente tem sido levantada. E a expressão "uma rede de efeitos recíprocos" virá a ser substituída por uma classe de relações tão variadas e talvez tão importantes quanto aquelas que ligam sentenças a argumentos, e que têm sido extremamente exploradas no pensamento filosófico contemporâneo. Mesmo assim, é algo totalmente consistente com o estar unido por meio de uma rede de efeitos recíprocos à qual aludiria – extratextualmente, por assim dizer – uma obra literária, embora a referência possa ser complicada tanto por referências intratextuais quanto pelas intertextuais. O "Prelúdio" e o "Finale" de *Middlemarch* se referem reciprocamente, assim como ao romance que eles emolduram, e ambos se referem ou aludem a Santa Teresa, ela própria não sendo um texto, a não ser num sentido tão amplo que torne a teoria de R tímida e decepcionante. Eles se referem a ela para fornecer uma metáfora para Dorothea Brooks – Miss Brooks como ascética erótica, talvez –, provando que o seu caráter permaneceu constante por dois casamentos e dizendo, finalmente, algo profundo sobre o espaço restrito que há, afinal de contas, para sermos diferente do que somos.

Mas isso vai muito além do que os filósofos querem dizer ao supor que *Middlemarch* se refere, digamos, a um mundo próprio ou a alguma mulher desencarnada subsistente, Dorothea Brooks. E isso vai muito além do que R permitirá, o qual nos deixa com a mesma questão que a discussão filosófica da referência ficcional fez, a saber, por que deveríamos nos interessar por *Middlemarch*? Por que, já que nós mesmos não somos acadêmicos literários, deveríamos nos preocupar com essas intricadas redes de efeitos recíprocos? "Porque elas existem" não seria uma boa razão nem mesmo para escalar montanhas, mas me admira o fato de que os filósofos parecem compreender apenas referências verticais, enquanto os teóricos literários, se R está correto, apenas referências horizontais. Nesse sistema de coordenadas é difícil localizar a literatura no plano das preocupações humanas em geral. Precisamos claramente de uma coordenada z, devemos abrir uma dimensão de referência que não revele totalmente nem a referência vertical nem a horizontal se quisermos obter uma resposta. No que resta deste ensaio, é o que quero começar a fazer.

"A distinção entre o historiador e o poeta não está no fato de que um escreve em prosa e o outro, em verso", escreve Aristóteles, prestativo como sempre. "Você poderia transpor a obra de Heródoto para verso, e ela ainda seria uma espécie de história." Embora ele não considere a possibilidade reversa, suponho que Aristóteles quer dizer que seríamos *incapazes* de perceber, pelo simples exame de um texto, se ele é poesia ou alguma outra coisa, o que dá à minha questão uma estrutura filosófica imediata. A forma de uma questão filosófica é dada – me aventuraria a dizer sempre, mas careço de prova imediata – quando pares indiscrimináveis com localizações ontológicas não obstante distintas podem ser encontrados ou supostamente encontrados, e então devemos explicar no que consiste ou poderia consistir a diferença. O caso clássico é emparelhar a experiência do sonho com a da vigília de maneira que, como queria Descartes, nada interno a cada modo de experiência sirva como critério de diferenciação. Assim, qualquer critério que de fato – e, por acaso, pré-analiticamente – empreguemos será irrelevante para a solução do problema; por exemplo, que sonhos são vagos e incoerentes: porque sonhos podem ser imaginados e possivelmente tidos, o que é tão semelhante à experiência da vigília quanto o que requeremos para esvaziar o critério. Então a diferença deve advir em ângulos retos ao plano do que experienciamos, e a filosofia, aqui, consiste em dizer o que ela pode ser. Kant descobre a mesma coisa na teoria moral, pois imagina ser possível que um conjunto de ações deva perfeitamente se conformar aos princípios e ainda assim não ter valor moral, porque isso requer uma relação diferente para com aqueles princípios que não seja a mera conformidade, e a observação externa não pode resolver a questão. E Adimanto fornece o exemplo perturbador que gera *A República*, de um homem perfeitamente justo, cujo comportamento é indiscriminável do comportamento de um homem perfeitamente injusto: o exemplo requer que a justiça seja ortogonal em relação à conduta e supõe como único possível o tipo de teoria que Platão nos fornece. Outro exemplo se encontra ao alcance da mão. O atual estado do mundo é compatível com o mundo absolutamente em qualquer idade, inclusive cinco minutos, e nada na superfície do mundo arbitrará sem petição de princípio. Um mero movimento corporal e uma ação básica poderiam parecer exatamente iguais, assim como o que supomos ser a expressão de um sentimento pode não ser mais do que um tipo de ritual. Nada aberto a observações discrimina um par de eventos conexos, para usar a distinção de Hume, de um par meramente conjuntado. E nas minhas próprias investigações na filosofia da arte, me beneficiei imensamente da descoberta de Duchamp de que nada que o olho possa revelar arbitrará a diferença entre uma obra de arte e uma mera coisa real que a ela se assemelha em todos os particulares externos. Desse modo, qualquer distinção proposta, baseada em diferenças perceptuais, mesmo nas artes visuais, se provará artificial, assim como com o sistema de Lineu na Botânica, ainda que útil na prática. Duchamp relegou ao esquecimento todas as teorias do passado ao provar que o problema era filosófico. E aqui está Aristóteles nos dizendo que a diferença entre poesia e história não reside na superfície dos textos, e que distingui-los não é uma questão de classificação ordinária, mas uma questão filosófica de explicação.

De fato, não é nem um pouco difícil imaginar dois bem sustentados textos escritos que pertençam a gêneros relevantemente distintos, sem que haja diferença maior que um ponto e vírgula. Uma vez imaginei um par de textos indiscrimináveis: um era um romance, outro, um texto de história. Meu colega Stern, suponhamos, encontra por acaso um arquivo contendo os artigos de uma nobre polonesa do século passado, que morreu, de modo característico, num convento. Inacreditavelmente, ela era amante de Talleyrand, de Metternich, do jovem Garibaldi, de Jeremy Bentham, Eugene Delacroix, de Frederic Chopin, do czar Nicolau da Rússia e pensava que os grandes amores de sua vida eram George Sand e a núbil Sarah Bernhardt. Publicada pela Vicking, a obra ganha o Prêmio Pulitzer em história no mesmo ano em que um romance com exatamente o mesmo nome ganha o prêmio em literatura – *Maria Mazurka, amante de gênios*, escrito por Erica Jong, inspirada a inventar uma heroína que morre, apropriadamente, num convento, mas que, na sua época, tinha sido amante de Talleyrand, de Metternich, do jovem Garibaldi, de Jeremy Bentham, Eugene Delacroix, de Frederic Chopin, do czar Nicolau da Rússia e pensava que os grandes amores de sua vida eram George Sand e a núbil Sarah Bernhardt. O romance de Jong, infelizmente, é muito improvável, tem personagens demais, se estende por toda parte, como Jong estava acostumada a fazer naquela época – e isso sustenta uma comparação crítica com o maravilhoso livro de Stern, que consegue acompanhar o desenvolvimento de todos os seus personagens, é fortemente estruturado, dada a diversidade de materiais, e não contém nenhum fato em excesso. Assim, o livro de Jong, para o desespero da autora e da Random House, logo está encalhado e por $ 2,98 é possível obter um tanto de páginas que não se diferem do livro de Stern, em oferta por $ 19,99 através do History Book Club – apesar de que nenhum dos leitores de Stern seria flagrado lendo um simples romance. O livro de Stern, obviamente, refere-se verticalmente, enquanto o de Jong, sendo um romance, é uma rede de efeitos recíprocos e autossustentável ou quase isso, é caracterizado apenas pela referência horizontal. Descubro que estou escorregando da filosofia para a literatura; mas o caso é que qualquer coisa que marque a diferença deve sobreviver a exemplos como esse.

Obviamente, a célebre sugestão de Aristóteles é que "a poesia é algo mais filosófico e de importância mais considerável do que a história, já que suas declarações são da natureza dos universais, enquanto as declarações da história são singulares". É claro que essa diferença não está registrada gramaticalmente ou sintaticamente, se o exemplo construído acima for possível e seguir o espírito aristotélico. Então deve haver uma maneira pela qual o livro de Jong, por todas suas falhas, seja universal, e pela qual o livro de Stern, esplêndido como é enquanto historiografia, continue sendo, justamente por essa razão, singular – sobre aquela mulher específica, exatamente naquelas relações cálidas. Por outro lado, deve haver alguma maneira pela qual o livro de Jong, se universal e por isso mais filosófico do que o de Stern, não seja tão filosófico quanto a própria filosofia – do contrário, o problema de estruturar a filosofia como uma forma de literatura seria resolvido à custa de ampliar tanto a filosofia, posto que nada poderia ser mais filosófico do que ela, a ponto de abranger qualquer coisa que Aristóteles considerasse poesia. De qualquer modo que a filosofia tiver de ser literatura, se é que ela deve mesmo ser literatura, ela precisa respeitar quaisquer diferenças que possam haver com a literatura que não é filosofia, por mais necessariamente filosófica que ela tenha de ser para se distinguir da mera história.

Minha visão é que a filosofia quer ser mais do que universal; ela quer também a necessidade: verdade para todos os mundos que são possíveis. Nesse respeito, ela contrasta com a história, ou, aliás, com a ciência, preocupada com as verdades de apenas este mundo, singularmente real, e feliz se ela conseguir tanto. O meu argumento, aqui, foi que a semântica filosófica confere verdade à literatura em relação a mundos possíveis, para usar o vernáculo, de tal modo que ela seria história para todos esses mundos se eles fossem reais em vez do nosso – assim como *As viagens de Gulliver* seriam apenas antropologia para um mundo em que houvesse liliputianos em vez de melanésios. Essa visão, suponho, é muito próxima da visão do próprio Aristóteles, em que a história lida, de acordo com ele, com a coisa que foi, enquanto a poesia lida com "um tipo de coisa que pode ser". E isso soa verdadeiro demais a respeito de um mundo possível para que nos conformemos com isso enquanto análise. Acredito, entretanto, que há um tipo de universalidade na literatura que vale a pena considerar, diferente dessa, e tentarei agora dizer do meu próprio modo, reconhecendo que, se a filosofia é também literatura, ela teria de ser universal e possivelmente até necessária de duas maneiras diferentes.

A ideia que quero desenvolver é que a literatura não é universal no sentido de tratar de cada mundo possível, tanto quanto possível, como a filosofia em sua dimensão não literária aspira tratar, tampouco no sentido de tratar do que acontece de ser o caso exatamente nesse mundo particular, como a história aspira tratar se tomada sob esse aspecto enquanto ciência exemplificatória, mas sim no sentido de tratar de cada leitor que a experiencia. Ela não trata, obviamente, de seus leitores como um livro trata de leitura, o que acontece quando por acaso trata deles apenas como subclasse de seu objeto, mas sim da maneira como o pretensioso retrato de família de Benjamin West trata de Benjamin West, embora procuremos em vão por ele no retrato. Ele não se mostra da maneira de Velásquez em *Las Meninas*, mas mesmo assim a pintura trata de Benjamin West *como* Rafael *como* pintor da Sagrada Família, por meio de uma identificação alusiva e metafórica: ele enforma a obra como um tipo de *dieu caché*. Bem, quero dizer que uma obra literária trata de seus leitores neste modo metafórico e alusivo, numa imagem exatamente espelhada do modo como a pintura de West trata dele; no pensamento maravilhoso de Hegel, a obra existe para o espectador, e não por sua própria conta: ela existe, como ele diz, apenas para que o indivíduo a apreenda, de modo que a apreensão completa a obra e lhe dá substância definitiva. A difícil afirmação que estou fazendo pode ser posta, aproximadamente, em termos formais, da seguinte maneira: a análise usual de universalidade é que $(x)Fx$ é, por meio dos mecanismos da dedução natural, equivalente a uma conjunção de todos os valores de x, verdadeiros no caso de cada um ser F. A universalidade da referência literária é apenas que ela trata de cada indivíduo que lê o texto no momento em que o indivíduo o lê, e ela contém um indexador implicado: cada obra é sobre o "Eu" que lê o texto, identificando-se não com o leitor implicado para o qual o narrador implicado escreve, mas com o sujeito real do texto, de modo tal que cada obra se torna uma metáfora para cada leitor – talvez a mesma metáfora para cada um.

Uma metáfora, obviamente, em parte porque é literalmente falso que eu seja Aquiles, ou Leopold Bloom, ou Anna, ou Édipo, ou Rei Lear, ou Hyacinth Robinson, ou Strether, ou Lady Glencora; ou um homem caçado por uma burocracia abstrata por causa de uma acusação inespecífica ou suspeita, ou a escrava sexual O, ou o canoeiro responsável por um ser moral que uma nação indizível se recusa a admitir como homem, ou o narrador obsessivo da violência dos meus ancestrais que é minha própria violência, uma vez que sua história acaba sendo minha história, ou alguém que estava para Jay Gatsby como Jay Gatz estava para o mesmo sonho que o meu de "amor, reconhecimento, beleza, elegância, riqueza" (que é uma lista que encontrei há pouco numa história maravilhosa de Gail Godwin). É literatura quando, para cada leitor Eu, Eu é o sujeito da história. A obra encontra o seu sujeito somente quando lida.

Por causa dessa imediaticidade de identificação, é natural pensar na literatura, como os teóricos de Hamlet destacadamente fizeram, como um tipo de espelho, não simplesmente no sentido de refletir uma realidade externa, mas como dar-me para mim mesmo para cada eu que espreita dentro dele, mostrando a cada um de nós algo inacessível sem espelhos, a saber, que cada um tem um aspecto externo e o que é esse aspecto externo. Cada obra de literatura mostra, nesse sentido, um aspecto que não conheceríamos se não nos beneficiássemos desse espelho: cada um descobre – no sentido setecentista do termo – uma insuspeitada dimensão de si mesmo. É um espelho menos por retornar passivamente uma imagem e mais por transformar a autoconsciência do leitor, que, por se identificar com a imagem, reconhece o que ele é. A literatura é, nesse sentido, transfigurativa, e de um modo que atravessa a distinção entre ficção e verdade. Há metáforas para qualquer vida em Heródoto e Gibbon.

O grandioso paradigma para uma transfiguração desse tipo deve ser Dom Quixote, tendo de ser creditada a Cervantes não apenas a invenção do romance, mas também a descoberta da perversão de sua filosofia. Quixote é transformado, por meio da leitura dos romances de cavalaria, num cavaleiro errante, enquanto o seu mundo é transformado num mundo de oportunidades cavalheirescas, em que prostitutas se transformam em virgens; estalajadeiros, em reis; pangarés, em alazões e moinhos de ventos, em monstros. Mas isso é uma perversão na relação entre leitor e romance, porque a própria noção de Quixote sobre sua identidade era tão previamente fraca que ele não conseguiu mantê-la durante a transformação, e sua própria noção de realidade era tão fraca que ele perdeu sua compreensão da diferença entre literatura e vida. Ou ele leu poesia como se fosse história, portanto, não filosófica, mas particular. Ele seria como aqueles que, mediante a leitura de Descartes, passam a acreditar seriamente que "são reis quando são pobres, que estão vestidos de ouro quando estão nus; ou imaginam que sua cabeça é feita de barro ou que eles são pepinos, ou que seus corpos são de vidro". Ou que há um gênio maligno, ou que não há mundo, ou que a crença em objetos materiais é equívoca. Essas são falhas em distinguir filosofia da vida, cuja contrapartida em Cervantes induz uma ilusão tão poderosa que a distinção fica perdida: o que pode ser uma fórmula para a felicidade – viver numa ilusão –, tornando *Dom Quixote* genuinamente cômico.

Encontrei o reverso trágico disso, em que a noção que se tem sobre si é forte, mas a que se tem sobre a realidade tornou-se desesperada mediante o fato de a literatura ter lançado uma amarga discrepância na relação entre as duas. Conheci uma dama que descobriu a verdade a partir do romance de Proust: que ela realmente era a Duquesa de Guermantes; tão inútil, infelizmente, no seu caso, quanto o conhecimento do príncipe sobre quem ele realmente é, quando um feitiço, no entanto, o obrigou a viver na investidura de um sapo. A terra *dela* era Combray e o Faubourg St. Germain, uma atmosfera de sagacidade, comportamento sofisticado e gosto impecável – não o Upper West Side, com rebocos caindo, crianças resfriadas, um marido desatencioso, dinheiro sempre escasso e ninguém que compreendesse. Seus momentos de felicidade vinham quando a realidade às vezes concordava em cooperar com a metáfora, quando ela podia coincidir com uma graça exótica, infelizmente muito efêmera, deixando-a com os pratos para lavar as contas para pagar e uma exaustão terrível. Diferentemente do Quixote, suas ilusões nunca eram suficientemente fortes para afogar a realidade, somente para envená-la em certo sentido. E enquanto ela sustentava que sua maior felicidade consistia em ler Proust, na verdade, ele somente causava sua angústia.

Eu gostaria de pôr o teórico R ao lado desses dois leitores de ficção, sendo que um deles por acaso também está na ficção, já que o próprio R poderia ser um ente ficcional e "A Falácia Referencial", uma ficção dentro da ficção, ambos criados por mim. De fato, tanto o teórico quanto o artigo são reais. R é um homem de grande orgulho e paixão, que viveu situações extremas e conheceu, tanto quanto qualquer pessoa que conheço conhecia, as atribulações definidoras de toda uma vida. Certamente ele não pode ter sido atraído para a literatura simplesmente para ser um leitor de literatura através da literatura para a literatura, a menos que, como o professor em *Desordem e mágoa precoce*, de Mann, ele queria desenhar um círculo a fim de excluir a vida. Se fosse um texto literário, "A Falácia Referencial" ofereceria uma metáfora de extremo deslocamento, pondo a vida como um todo para além do espectro da referência, demonstrando uma existência vivida numa infinita biblioteca sem janelas, em que um livro nos envia a outro livro numa teia de relações recíprocas que o leitor pode habitar como uma aranha. Imagine que ela tinha sido escrita por Borges, cuja vida é quase como isso, e incluída em *Ficciones*! Mas, de fato, ela foi escrito por R e nos dá uma análise falsa em vez de uma metáfora; ele se refere verticalmente a leitores cuja relação com textos é compreendida de maneira equivocada, e não ao leitor do texto cuja vida ele retrata metaforicamente. Se esse pronunciamento fosse arte, ele seria um espelho apenas para R, que, vendo sua própria imagem refletida, poderia descobrir sua consciência presa numa armadilha e corrigir o seu pensamento.

O texto de R, que procurei ver uma vez como literatura e outra vez como ciência, ilustra, já que ele é sobre leitura, os dois modos em que um texto pode se referir aos leitores; e com esses dois modos de referência em mente, podemos retornar para a *filosofia* como literatura, não com o intuito de tratar os textos filosóficos como literatura, que seriam apenas um conceito se não fossem isso, como o texto de R não é isso, mas sim para mostrar uma das maneiras como a filosofia de fato se relaciona com a vida. *Uma* das maneiras. Há um célebre texto desconstrucionista que sustenta que a filosofia deve ser tratada como um gênero de literatura, porque ela é inelutavelmente metafórica, quando, de fato, ela somente se torna interessantemente metafórica ao se decidir pela primeira vez tratá-la como literatura, e esse texto foge exatamente da questão que os entusiastas acreditam ter resolvido. As metáforas têm em comum com os textos como tais o fato de não usarem necessariamente sua metaforicidade em sua superfície, e o que parece uma imagem pode ser realmente uma hipótese estrutural sobre como uma realidade, para a qual até agora carecemos de palavras, pode ser entendida. Uma característica das metáforas é sua ineliminabilidade, um traço que as torna paraintensionais, se não totalmente intensionais. Mas na escrita filosófica, assim como na científica, o que parece uma metáfora no início acaba como um fato, e ela pode ser eliminada em favor de um termo técnico, como Locke, que começa com a luz natural – com "o candeeiro dentro de nós" – e acaba com o termo técnico *intuição*. Assim, o que parecem ser metáforas, o que foi tomado pelos desconstrucionistas como sendo metáforas, pertence mais à filosofia como ciência do que à filosofia como literatura.

Há uma visão difundida, creditada a Nietzsche, de que na metáfora temos a margem crescente da linguagem, assimilando desse modo o desconhecido ao conhecido, sendo que o conhecido deve originalmente ter sido metáfora agora esfriada, dissecada e tomada por fato. É difícil compreender como, na sua própria visão, esse processo começou, mas penso que ele deve ser considerado como uma visão transvalorativa e necessariamente paradoxal, como dizer que os primeiros serão os últimos ou que os humildes herdarão a terra, dando à poesia o lugar que a ciência presumia como seu. Mas essa é uma visão dotada de credibilidade pelo fato de que as hipóteses estruturais se parecem suficientemente com as metáforas para serem tomadas como metáforas por teóricos decididos a ver uma atividade como a filosofia como amplamente, se não totalmente, metafórica. Acredito que os textos filosóficos são mantidos vivos como metáforas quando eles deixaram há muito de parecer plausíveis como hipóteses estruturais, um tributo à sua vivacidade e ao seu poder, ao passo que seu *status* enquanto literatura é um prêmio de consolação por não terem sido verdadeiros. Mas isso é desconsiderar exatamente a maneira pela qual a filosofia funciona como funciona a literatura, não no sentido de artefatos verbais extravagantes, mas como um engajamento dos leitores na busca daquele tipo de universalidade que supus caracterizar a referência literária: como se tratasse do leitor no momento de leitura, por meio do processo de leitura. Nós os lemos como literatura nesse sentido porque, no esplêndido pensamento de Hegel, eles existem para o leitor, que está "neles desde o começo". Os textos requerem o ato de ler a fim de serem completos, e é como leitores de certo tipo que os textos filosóficos se dirigem a nós todos. A fantástica variedade dos textos filosóficos implica uma fantástica variedade correspondente de tipos possíveis de leitores e, portanto, de teorias daquilo que somos na dimensão da leitura. E cada um desses textos encontra um tipo de prova ontológica de suas afirmações por meio do fato de que podem ser lidos do modo como requerem.

O exemplo mais óbvio de um texto desse tipo é obrigatoriamente *Meditações*, no qual o leitor é forçado a comeditar com o escritor e a descobrir no ato da comeditação sua identidade filosófica: ele deve ser o tipo de indivíduo que o texto requer – se é que ele pode lê-lo –, e o texto deve ser verdadeiro – se é que pode ser lido. Ele encontra a si mesmo no texto, pois estava nele desde o início. Como me impressiona que justamente as pessoas que insistem que a filosofia não passa de um gênero da literatura são as pessoas que oferecem leituras de Descartes tão externas que a possibilidade de serem universais, da maneira que a literatura exige, é excluída desde o início. Tratar textos filosóficos à maneira de Derrida, simplesmente como redes de relações recíprocas, é precisamente pô-los à distância de seus leitores de uma maneira tão intransponível que impossibilita que os textos tratem de nós do modo que a literatura requer, se minha conjectura está correta. Eles se tornam simplesmente artefatos feitos de palavras, sem qualquer referência, salvo as internas ou externas incidentais. E lê-los torna-se externo, como se eles nada tivessem a ver conosco, como se meramente existissem, como se fossem compostos bastante intricados de enlaçamentos lógicos, complicados, bonitos e despropositados. A história da filosofia é, então, como um museu de trajes, e nos esquecemos de que eles foram feitos para serem vestidos.

A variedade de textos filosóficos, então, subentende uma variedade de antropologias filosóficas, e embora cada texto seja sobre o seu leitor e, portanto, seja uma peça de literatura de acordo com aquele critério, ele não oferece uma metáfora, mas uma verdade internamente relacionada com a sua leitura. Mesmo agora que a inventividade textual foi reduzida na filosofia e todos os textos são muito parecidos, tanto quanto o direcionamento ao leitor foi raleado quase à nulidade, o leitor no ato de ler exerce algum controle sobre o que o texto diz, posto que o que o texto diz deve ser compatível com o seu ser lido. Um texto, então, que se dedica a provar a impossibilidade da leitura, teria em mãos um paradoxo desse tipo. De maneira menos flagrante, há textos em filosofia, leitura corrente entre nós, que, se fossem verdadeiros, restringiriam sua própria legibilidade lógica. E é inconcebível que os filósofos caíssem nessas incoerências se não tivessem, por assim dizer, esquecido que seus textos, além de serem representações de um tipo de realidade, eram coisas para serem *lidas*. Pagamos um preço por nos esquecermos disso no estilo corrente de escrita, já que ele nos habilita a retratar mundos em que os leitores não podem caber. A tendência de desconsiderar o leitor segue paralela à tendência de deixar de lado entes do tipo que os leitores representam fora do mundo que o texto descreve. As filosofias contemporâneas da mente, da linguagem, da humanidade podem ser exemplos cabais de uma desconsideração que é encorajada por uma visão da escrita filosófica que torne o leitor sem peso ontológico: como certa consciência profissional desencarnada. A ciência, frequentemente e talvez tipicamente, pode se sair bem com isso, principalmente porque, mesmo quando trata de seus leitores, não os trata como leitores e, portanto, carece da conexão interna que os textos filosóficos demandam, tratando assim dos leitores *enquanto* leitores. Desse modo, a filosofia é literatura visto que entre suas condições de verdade estão aquelas conexas com o ser lido, e então ler aqueles textos supostamente nos revela pelo que somos em virtude de nossa leitura. Entretanto, revela-nos realmente, não metaforicamente, e é por isso que penso que não posso finalmente aquiescer à ideia de que a filosofia é literatura. Ela continua a almejar a verdade, mas quando falsa, seriamente falsa, ela é às vezes tão fascinantemente falsa que retém um tipo de vitalidade perpétua como metáfora. Isso é o que torna nossa história tão impossível de desprezar, já que sempre há o poder e os textos nos engajam quando os lemos vitalmente como leitores cujos retratos filosóficos se materializam sobre nós quando entramos naquele lugar que esperava por nós desde o início.

Filosofando a literatura

Donald Barthelme me convidou para falar aos alunos de pós-graduação do Programa de Escrita, na University of Houston, sobre o tópico filosofia e literatura. Isso se me afigurou como uma oportunidade ideal para apresentar o inverso do Ensaio VII. Aquele ensaio procura afirmar que a filosofia não é literatura. Este aqui procura afirmar que a literatura tampouco é filosofia. Mas o critério que estabeleço para a literatura decerto marca uma classe especial de textos filosóficos como possuidores de uma dimensão literária, a saber, aqueles que tanto corporificam quanto representam uma ideia. O presente ensaio não é literatura por esse critério, ainda que possa ser literário na forma. Afinal de contas, ele foi apresentado para um grupo de escritores, e eu estava preocupado em não ser enfadonho e – bem – filosófico.

Não muitos anos atrás, o pensamento mais atual sobre a relação entre filosofia e arte seria encontrado, tipicamente, embora expresso de modo mais estridente do que alhures, nos escritos de Rudolf Carnap, um líder da escola Positivista Lógica da análise filosófica. Carnap escreveu: "Muitos discursos linguísticos são análogos ao riso, pois têm apenas uma função expressiva, nenhuma função representativa. Exemplos são gritos como 'Oh, Oh!' ou, num nível superior, versos líricos. As proposições metafísicas [...], assim como o riso, a letra e a música, são expressivas". Por "proposição metafísica" Carnap tinha em mente o que qualquer outra pessoa teria em mente por "filosofia", assim como ele tem em mente por "verso lírico" qualquer obra literária de que se fale; até mesmo as distinções comuns feitas a partir dessa visão panorâmica são requintadas demais para que nos incomodemos em delineá-las, e há certa grandeza balbuciante na maneira como, em três parcas sentenças, Carnap puxa para o limbo da incoerência os sonetos de Shakespeare e *O mundo como vontade e representação*, entendidos como risadas e meneios sofisticados, modos indiretos de dar vazão aos sentimentos. O fulcro por meio do qual toda essa civilizada sintomatologia deve ser alavancada para fora do plano do discurso com uma "função representativa" era um princípio de significância que Carnap e seus colegas acreditavam definir os discursos de cognição verdadeira, a saber, descrições científicas do mundo. Esse era o célebre e temido Critério de Verificabilidade da Significância, de acordo com o qual uma expressão é significativa somente no caso de ser verificável, pelo menos em princípio, por meio da experiência dos sentidos. É um sinal do quanto esse critério é dominante o fato de que seria considerado uma amplificação ousada e de grande magnitude sugerir, como o fez Karl Popper, que a *falseabilidade* tem um papel a desempenhar no sentido das teorias, mas que, em todo caso, riso, poesia e metafísica são agregados e deixados à deriva por sua incapacidade absurda de sobreviver ao que os positivistas supunham ser um teste absurdamente fraco.

Então, num gesto que deve ter soado como generosidade estupidificante, realizado talvez em deferência ao amor de Carnap, incorrigível e muito irracional, pela poesia, esses discursos desqualificados foram redimidos pelo reconhecimento de um tipo secundário de significado, identificado pelos positivistas como *emotivo*. Eles supunham que esse tipo de significado era compartilhado, aliás, por discursos morais enquanto uma classe, que, por sua vez, apenas expressava os sentimentos de seus locutores. Tudo o que a poesia e a filosofia portam como conteúdo cognitivo é a prova que eles fornecem, como sintomas, das patologias daqueles que as escrevem. Assim como olhares, para não dizer olhares profundos, dirigidos a uma realidade ulterior, eles são tão nulos quanto grasnidos que ecoam através do pântano.

É de conhecimento geral que a história subsequente do Critério de Verificabilidade foi bastante infeliz, oferecendo quase uma metáfora para a medicina geriátrica, na qual tecnologias cada vez mais complexas são convocadas para prolongar a vida por meios externos, artificiais: o pobre princípio passou de terapeuta para terapeuta, nenhum dos quais foi capaz de estancar sua hemorragia crônica, já que o que ele impugnava como *nonsense* e o que ele admirava como paradigmaticamente significativo insistiam em vazar de um lado para o outro, e, no fim, não foi encontrada nenhuma maneira de preservar os limites precisos que Carnap achava que pudessem ser delineados entre ciência e tolice. O logicista Richard Jeffreys me disse uma vez que o Critério de Verificabilidade era como a Sibila de Cumas descrita por Petrônio e citada na folha de rosto de *The Wasteland*: ele simplesmente queria morrer. Não mais do que à Sibila lhe foi admitida uma morte digna, e acredito que ele continua a assombrar o inconsciente filosófico do pensamento contemporâneo a um grau tal que, se fôssemos pacientemente remover a camuflagem de argumento corrente, discerniríamos, afinal, como basicamente patogênico o espírito inquieto do verificacionismo. De fato, o verificacionismo não é ele próprio senão uma camuflagem de uma das opções profundamente filosóficas que ele ironicamente buscou matar, a saber, o idealismo filosófico, cujas máscaras são uma legião e cuja essência é talvez inextrincável do pensamento. Mas essa é uma história – ou um tipo de história – diferente da que estou ansioso para contar.

Meu propósito é conjurar o espírito não para pressupor aquele tipo de diagnóstico estrutural, mas sim para mostrá-lo como um capítulo da longa e pouco edificante relação entre filosofia e arte que começa em Platão: uma inimizade tão profunda que a filosofia não hesitará em consignar à custódia do *nonsense* toda a poesia, mesmo que ao custo de consignar uma boa parte de si a essa mesma custódia. É preciso apenas pôr lado a lado o retrato do filósofo feito por Aristófanes (em *As nuvens*) com o retrato do poeta feito por Platão (em *A República*) para ver o início de nossos destinos imbricados na consciência ocidental. Argumentei em "O descredenciamento filosófico da arte" que é possível ver a totalidade da metafísica platônica como um labirinto cósmico, projetado para manter a arte, como um minotauro, numa quarentena lógica, e também que é possível ler toda a história subsequente da estética ocidental muito sob a mesma luz desacreditadora: de que outra maneira podemos entender o potencial consenso de que a essência da arte é sua efemeridade, fora do contexto de uso e propósito que define a vida humana, algo para ser contemplado através das grades do museu ou do teatro, a uma irredutível distância do mundo que realmente importa? Há uma deliciosa justiça na sugestão de Carnap de que o próprio Platão, esse ardiloso arquiteto do presídio para a arte, na verdade é um dos seus internos, já que a teoria das formas pertence à mesma família de discurso que a lírica de Arquíloco: ela apenas expressa os sentimentos do filósofo (ódio à poesia); ele poderia igualmente ter escrito versos. "A metafísica é um substituto, ainda que inadequado, para a arte", escreveu Carnap no fim de outro ensaio, sendo que sua ideia é que os metafísicos usam as *formas* do discurso significativo (ciência) para criar a ilusão de significado, quando, na verdade, é apenas o sentimento do filósofo que está sendo expresso *en travestie* e para o qual as estruturas da literatura seriam mais adequadas e menos enganadoras. Carnap tem, no tocante a isso, estima especial por Nietzsche. *Assim falou Zaratustra* tem uma honestidade não encontrada tipicamente na escrita filosófica, já que Nietzsche "não escolhe a forma teórica enganadora, mas abertamente a forma de arte, de poesia".

Há um toque de inadvertida poesia no retrato de Carnap, assim como um toque de malícia, e como acontece com qualquer caricatura, ele padece de exagero. O cartum do filósofo como poeta num guarda-pó de laboratório é injusto em primeira instância com a poesia, interpretado como *nonsense* não camuflado como outra coisa, mas usando abertamente as vestimentas de sua vacuidade cognitiva, como um bobo num macacão colorido. Mas em segunda instância, ele é injusto com a profusão de formas filosóficas, incluindo aquela curiosa forma encantatória que Nietzsche escolheu em *Zaratustra*, um livro que levanta para o intérprete tantas questões complexas de voz narrativa quanto *Em busca do tempo perdido* e em que a ambiguidade de voz – é Nietzsche falando ou Zaratustra? – refrata a mensagem polifonicamente, de modo que é impossível afirmarmos que Nietzsche a considerasse sem nenhuma relação com um conteúdo, mas também é impossível afirmar que Nietzsche considerasse tal conteúdo ausente em princípio. O batalhão de formas filosóficas é o mais rico que penso existir, incluindo, obviamente, a forma de relatório científico favorecida por Carnap e seus colaboradores, que, como ninguém, selecionaram a parafernália de objetividade e desprendimento retoricamente veiculada por essa forma. Estou certo de que parte da razão pela qual o Positivismo Lógico foi tão ameaçador na sua época foi que ele difundiu suas "descobertas" em artigos adequados ao formato de um relatório, digamos, de operações espectroscópicas de uma dada molécula, repletos de fórmulas destacadas e com o uso contundente da nova notação lógica. Se há em qualquer lugar um conjunto de escritos nos quais os sentimentos – ódio, fúria, desprezo, talvez medo, quase certamente histeria – são expressos na "enganosa forma teórica", é nos artigos clássicos do Círculo de Viena. Eles são espécimes de agressividade disciplinada. A "solução final para os problemas da metafísica" ressoa como um desconfortável eco de outras soluções finais sendo apregoadas no mundo germanófono na década de 1930 e início da década de 1940.

A resposta de Carnap é apenas uma de uma classe de respostas àquilo que poderíamos chamar de Problema da Filosofia, que é a questão do que a filosofia é. A filosofia no século XX pode ser definida exatamente pelo tipo de problema que ela se tornou para si mesma – isso é quase exatamente o que Heidegger supôs ser humano, se o homem é aquele ser para o qual a natureza do seu ser está em questão: o seu ser tornou-se precisamente essa questão. E dois tipos principais de reações foram evocados, sendo que ambos estão de acordo no que se refere à rejeição da vasta gama de reivindicações feitas em seu benefício pela filosofia em épocas de menos autoquestionamento. Um tipo de resposta procura identificar a filosofia com a execução de alguma tarefa intelectual bem limitada, apresentada como aquilo que, afinal de contas e despido da excrescência, é o que a filosofia essencialmente tem sido. Nos anos 1950, em Oxford, por exemplo, a filosofia foi reduzida ao escrutínio do uso ordinário, do que dizemos e quando; nos anos 1970, na Califórnia, a filosofia era interpretada mais tecnicamente como a articulação de uma semântica para linguagens naturais. Para Carnap, a filosofia se dedicou a constituir uma linguagem formal para a ciência. A outra resposta é mais radical: é, com efeito, anular a filosofia como a ilusão de competência intelectual, uma caricatura inerte do trabalho da mente – algo que começa, como disse Wittgenstein, somente quando a linguagem sai de férias. E para mim é chocante que nenhum insulto mais convincente tenha se recomendado do que o pensamento de Derrida, muito defendido ultimamente, de que a filosofia não passa de uma metáfora e que os textos de filosofia devem ser tratados apenas como um gênero de literatura. Não se pode ter uma visão muito enaltecida da literatura se é um ato de humilhação desconstrutiva assimilar a filosofia a si: quão elevada pode ser nossa visão das mulheres se "feminino" é um insulto quando aplicado a homens?

Mas a teoria literária desconstrutivista não tem também a literatura em alta conta, reforçando a pretendida degradação da filosofia, uma vez que seu propósito é exaltar a crítica à custa de ambas. Considere-se, já que em todo caso a analogia é irresistível, a transformação das obras literárias em meros objetos textuais, que faz um paralelo com a redução das mulheres a mero objeto sexual. Interpretar obras de literatura como meros objetos, ser despertado para a vida pela intervenção gramatológica, é tratá-las como logicamente passivas e existentes para os prazeres interpretativos do hermeneuta. É como se elas existissem apenas para a crítica, que sabe como mantê-las no seu lugar, e por isso é uma agressão que toma suas estruturas emprestadas da dominação sexual. O entusiasmo acelerado com que a desconstrução tem sido aceita pelos membros do *establishment* literário deve sugerir um sentido de emancipação dos textos que, até então, tinham prometido um significado a ser descoberto pelo árduo trabalho intelectual, mas agora se encontra como infinitamente complacente a qualquer significado que se queira impor. Assim, encontramos na metacrítica de hoje uma reencenação do conflito entre teoria e literatura com o qual a filosofia iniciou sua longa e, mais recentemente, pouco edificante carreira. A filosofia começou definindo a si mesma por meio de supressão da poesia: então há uma ironia dialética no fato de que aqueles textos filosóficos vieram a ser classificados junto com os textos literários, sujeitos agora a uma degradação comum.

Bem, se a filosofia é tão próxima da literatura a ponto de serem tratadas como uma só coisa por inimigos mútuos, ela poderia começar a readquirir a dignidade que procura à custa da literatura ao empreender a redignificação da própria literatura. E então ela pode examinar a si mesma para ver se de fato tem a dignidade que encontra na arte. Minha opinião sobre essa questão é que ela não tem *essa* dignidade, mas uma dignidade própria, que só pode ser reivindicada distinguindo-a da arte. O filósofo da arte hoje tem a tarefa de um duplo recredenciamento, sendo que um deles é a condição para o outro. Encontro nisso uma ironia final, a saber, que o destino de sua própria identidade deva ser enlaçado com o que os filósofos, caracteristicamente, no seu desprezo pela arte, deveriam ter descartado como ramo mais periférico, quase frívolo, da filosofia. Em minha visão, a filosofia da arte é o *coração* da filosofia.

Por uma curiosa evolução interna na arte de nosso século, a filosofia praticamente recebeu em mãos um certificado de autenticidade advindo de sua vetusta inimiga, no sentido de que foi demonstrado que a definição da arte é um problema filosófico, do qual se segue que, enquanto a arte existir, deve haver um lugar também para a filosofia. Com isso quero dizer que a arte mostrou que a classe de obras de arte não constitui uma categoria natural, de modo que a distinção entre obras de arte e outras coisas não é, em última instância, matéria de ciência. Isso foi mostrado pelo surgimento de obras de arte que não podem ser distinguidas de meros objetos que não são obras de arte, embora se assemelhem um ao outro em todos os pormenores perceptuais. Isso foi conquistado preliminarmente por Duchamp e então brilhantemente estendido e explorado nos anos 1960 por Warhol, Lichtenstein, Oldenburg e outros. Tome qualquer dos *readymades* de Duchamp, digamos, o porta-garrafas, cujos congêneres há poucos anos ainda podiam ser adquiridos nas *quincailleries* da França – talvez eles ainda possam ser encontrados. Ora, porta-garrafas constituem uma categoria natural, visto que compartilham um conjunto de propriedades que correspondem ao ser um porta-garrafas e que podemos comparar com os critérios padrão. E aqui, em nenhum aspecto diferente de seus pares, temos um porta-garrafas por aqueles critérios – mas ele é também uma obra de arte, com um título, *pedigree*, data de execução e caro como trufas. Duchamp fez diversos *readymades* e poderia ter feito qualquer quantidade; e é fácil imaginar que ele os tenha feito a partir de abridores de lata, limpadores de neve, bombas de encher balão, em vez de rodas de bicicleta, pentes e mictórios. Assim, qualquer categoria natural pode ter fornecido uma obra de arte tão indiscernível de seus pares quanto o é dos seus um porta-garrafas. Mas esse conjunto heterogêneo de objetos pode não ter nenhuma propriedade muito interessante em comum: eles têm em comum, de fato, qualquer coisa que membros de todas as categorias naturais têm em comum, que pode não ser muito. Mas todos são obras de arte, ou podem ser.

Considere-se o que os cientistas chamam de isômeros: moléculas compostas dos mesmos elementos unidos na mesma proporção em peso, portanto, indiscerníveis em relação a composição e tamanho. Entretanto, eles têm diferentes propriedades, e por isso deve haver alguma diferença interna que explique isso; essa diferença acaba se mostrando ser uma diferença de estrutura, no modo como os elementos são conectados. Assim, ureia e cianeto de amônia são representados pela mesma fórmula, CON_2H_4. Eles se diferem quimicamente, entretanto, e isso é explicado por suas estruturas. Mas é impossível supor que o porta-garrafas de Duchamp se difira do porta-garrafas rotineiro da maneira como um par de isômeros se difere, ou que uma cuidadosa análise científica dele demonstrará onde reside a diferença. E, uma vez que a classe de obras de arte não constitui uma categoria natural, é difícil supor que a análise da arte deve ser resolvida por meios científicos. Mas o problema apresentado pelos *readymades* tem precisamente o mesmo feitio de todos os problemas filosóficos.

Os problemas filosóficos surgem sempre que temos indiscerníveis que pertencem, por assim dizer, a tipos filosóficos diferentes: existe aí uma diferença, mas não uma diferença natural. O paradigma de uma diferença filosófica está entre dois mundos, um dos quais é mera ilusão, como os indianos acreditavam que fosse este mundo, e o outro é real, do modo que *nós* acreditamos que este aqui seja. O problema de Descartes de distinguir a experiência da vigília da experiência do sonho é uma variação limitada da mesma questão, em que está claro que nada interno à experiência efetivará a diferenciação. Outros exemplares são prontamente fornecidos. Um mundo de mero determinismo poderia ser imaginado como indistinguível de um mundo no qual tudo acontece acidentalmente. Um mundo em que Deus existe jamais poderia ser distinguido de um mundo em que Deus não existisse, uma vez que Deus não é nenhuma das coisas do mundo, como poderia ter sido suposto numa religião primitiva como aquela do Antigo Testamento. Quando confrontado com dois mundos exatamente iguais, um dos quais ungido com a invisível presença de Deus – se Deus fosse visível, o problema não seria filosófico –, Tiago disse: escolha o mundo que faz a diferença. Carnap teria dito que uma escolha desse tipo não faz sentido precisamente porque nenhuma observação poderia ser conjurada para efetivar a discriminação. Hume procurou analisar leis em termos de hábitos de expectativas e insistiria, então, que o mundo do determinismo e o mundo do mero acidente são o mesmo, pois nada mais pode ser oferecido além desses hábitos para diferenciá-los: qualquer coisa ulterior, no seu jargão, seria uma "distinção sem uma diferença". Qualquer que seja o caso, é certo que as diferenças filosóficas são externas aos mundos que elas discriminam e, em menor grau e de modo mais tratável, esse é o caso das obras de arte que não são distinguíveis dos objetos reais que, por outro lado, se lhes assemelham perfeitamente.

É esse último problema que se tornou vívido em nosso século, já que, antes dele, parecia que as obras de arte realmente constituíam uma categoria natural, até mesmo identificável em razões perceptuais. A arte revelou sua natureza filosófica quando ficou claro que, embora as diferenças fossem imensas entre a *Brillo Box* de Andy Warhol e o mero recipiente para barras de sabão, elas não poderiam ser identificadas ou explicadas por nenhum tipo de análise científica. Antes, seria preciso uma análise filosófica, e eu assumo o crédito de ter levado a cabo os estágios preliminares de uma análise desse tipo em *A transfiguração do lugar-comum*. Não pretendo repetir, aqui, o itinerário daquele livro, mas apenas sublinhar o seu método, que é tentar, sempre que se pense que há uma distinção filosófica a ser feita, manufaturar um par de indiscerníveis pertencentes àquilo que se supõe serem tipos filosóficos distintos e, então, dizer em que consiste a diferença – e depois aplicar esse método ao caso presente.

Portanto, deixe-nos levantar a possibilidade de um par de textos, um de filosofia e outro de literatura, que poderiam ser tão indiscerníveis quanto necessário, de modo que não podemos distingui-los por nenhuma característica de superfície (foi exatamente pelo empréstimo da característica de superfície do relatório científico que Carnap procurou conferir respeitabilidade cognitiva aos que eram, afinal de contas, textos filosóficos mascarados, já que muitos são ataques à filosofia). *A náusea*, um romance escrito por um filósofo, tem a forma de um periódico, enquanto *Journal métaphysique*, por Gabriel Marcel – dramaturgo e filósofo –, é uma obra filosófica em forma de periódico: assim eles se equiparam quanto à forma. Ambos contêm pensamentos filosóficos, mas conter pensamentos filosóficos não torna algo em texto filosófico – do contrário, certos biscoitos da sorte que cruzaram meu caminho se qualificariam a tanto. *A náusea* não é um texto filosófico, *Journal metafisique* é. O *Journal of the Plague Year* de Defoe é um romance em forma de periódico, mas Defoe não era filósofo de jeito nenhum, por mais que Crusoe seja filosoficamente interessante; e embora trate da morte e do morrer, assuntos certamente pesados, ele próprio, como livro, não é nem mesmo remotamente filosófico. Os *Diários* de Pepy são um periódico sem ser nem romance, nem filosófico. Assim cobrimos todas as bases, exaustivamente: um periódico que é filosófico sem ser romance, um periódico que é romance e poderia ser filosófico, um periódico que é romance sem ser filosófico e um periódico que não é romance nem texto de filosofia. Todos eles têm diferenças consideráveis entre si: não são tão similares quanto *Brillo Box* e as caixas de Brillo, mas dão conta de que, mesmo efetuando nossa diferenciação, ela não se dará com base na conferência de forma e conteúdo. Até mesmo Pepy pode ter um pensamento filosófico vago, e eu odiaria ficar preso a uma diferenciação baseada num censo; e estou convencido de que o que torna uma obra filosófica não é uma questão de frequência de pensamentos filosóficos. Um dicionário de citações filosóficas conteria mais desses pensamentos do que a *Metafísica* de Aristóteles.

Um último tópico, antes de passar aos casos concretos. Sustentei algumas vezes que às questões filosóficas sempre pode ser dada uma forma que torne possível uma estratégia de justapor equivalentes indiscrimináveis. Isso significa que a tarefa de diferenciar a filosofia da literatura é uma questão interna da filosofia, uma questão que não pode ser respondida sem dizer em parte o que a filosofia é. Trata-se, na melhor das hipóteses, de uma questão externa para a literatura, algo com o que os escritores podem estar ou não preocupados. Que essa é uma questão interna da filosofia pode-se ver pelo fato de haver uma linha ininterrupta de filósofos, de Platão a Carnap, cuja filosofia é definida por meio da busca exatamente dessa diferenciação. Platão, afinal de contas, escreveu diálogos, e talvez ele tivesse o senso de urgência de que algo tinha que diferenciá-los dos dramas. Embora tradicionalmente essa tenha sido uma questão externa da literatura – diferenciar a si mesmos da filosofia não pode ter sido um problema dos escritores em parte porque muitas vezes eles aspiravam à filosofia –, ela se tornou em nosso tempo uma questão urgente para a arte, inclusive a literatura. Isso aconteceu porque a arte chegou tão perto de se tornar sua própria filosofia que parecia requerer um resgate pela filosofia, a fim de que a arte não perdesse sua identidade na reflexão filosófica sobre si mesma. A literatura poderia simplesmente ter se tornado filosofia num ato de se autotranscender – o que ainda é bastante diferente de a filosofia se tornar literatura, ou ser descoberta como tendo sido sempre literatura, de acordo com reivindicações como as de Carnap ou de Derrida, segundo as quais ainda falta articular alguma base para essa diferença sentida. Darei início a essa articulação no que resta deste ensaio.

Quero distinguir os textos de literatura daqueles que não são literatura, supondo que diferenças em ser *literário* não quer dizer muita coisa de qualquer maneira. Ou seja, certa quantidade de filosofia pode ser mais literária do que alguma literatura, e isso não me parece uma diferença profunda. Santayana escreveu filosofia de um modo literário e ele também produziu um maravilhoso romance, mas ele teria se sentido desconfortável se as propriedades literárias de sua prosa filosófica levassem *Ceticismo e fé animal* a ser agrupado como literatura a *O último puritano* como literatura. Seria também útil dispensar como irrelevante o critério muito mais comum que separa fato e ficção. É perfeitamente possível para a ficção ser falsa – por exemplo, no sentido de conter falsas afirmações – e, no meu caso, acho desfigurador quando encontro isso. Um amigo começa um romance com algumas pessoas *subindo* de carro a Quinta Avenida, uma rua que se dirige somente ao Sul, e não pude ler adiante: um homem cuja pega com a realidade é fraca assim não deve necessariamente ser confiável no que se refere a fatos psíquicos mais delicados, fatos em relação aos quais temos expectativa que um romancista seja verdadeiro.

Um caso pior é a história de Cynthia Ozick, publicada numa edição recente da *New Yorker*, em todo caso psicologicamente inverossímil, que, em geral, deve ser o preço que se paga por ler Ozick. Se seus personagens leem o mundo de modo equivocado, bem, esse é o tipo de coisa que ela talvez almeje – mas então precisamos confiar que *ela* leia o mundo corretamente. Essa história acontece na Itália, na era fascista, e ela sofre um pouco para tornar claro aos seus leitores sobre o lugar histórico de sua improvável história de amor. O último seguimento acontece em Milão, onde determinada estátua desempenha um papel simbólico crucial. A *Pietà Rondanini* de Michelangelo, na verdade localizada num lindo museu no Castello Sforzesco de Milão, onde os amantes de Ozick caminham de mãos dadas. Eles poderiam caminhar lá hoje, mas não no período em que ela compõe sua história, porque esse museu não existia na época e a *Rondanini* estava até 1953 em posse da família San Severino, em Roma. Fiquei consideravelmente mais incomodado por isso do que pelas falsificações de Alasdaire Read, bastante benignas, afinal de contas, e que receberam tanta atenção quando foram reveladas, como por exemplo pelos editoriais afetados no *New York Times* dizendo que há um nome para o que Read fazia, a saber, ficção. Mas a falsidade não tem lugar também na ficção, e eu prefiro de longe personagens plausíveis no mundo verdadeiro do que personagens implausíveis num mundo que pretende ser verdadeiro, mas que é falso. No final de *Dale Loves Sophie to Death*, Robb Forman Dew põe o marido a admirar um dito de Mies van der Rohe: "Deus está nos detalhes". Esse é um dito de Flaubert; Mies disse: "menos é mais", e é quase certo que o infeliz cometeria esse erro, ainda mais por ele ser professor de literatura. E embora paire uma suspeita no ar de que o erro seja da própria Robb Forman Dew, há espaço para um possível crédito à ironia, ao passo que nada suaviza o lapso de Ozick (eu teria odiado sua história mesmo que eu não tivesse esse motivo – ou desculpa – específico para odiá-la). Qualquer que seja o caso, verdade e falsidade não entrarão especialmente na minha análise.

Ponderemos, então, um par de textos isoméricos, textos caracterizados pelos mesmos elementos, unidos na mesma proporção em peso, eles, porém, diferem em suas propriedades – um é literatura e outro não é –, e então procuramos uma diferença explicativa, seguindo os imperativos da química orgânica, nas suas estruturas. E exatamente para aplicar a pressão máxima, suponhamos que sejam idênticos em tantos aspectos que quaisquer diferenças residuais que possam persistir não podem seriamente ser tidas como diferenças que expliquem a presença ou a ausência da propriedade. Assim, nossos textos devem estar consideravelmente mais próximos do que, digamos, *Hamlet* está para a história de Amletus na *Historia Danica*, de Saxo Grammaticus, embora nada possa ser mais "literário" do que esta última, composta em versos latinos eufuísticos, e aquela é, afinal de contas, desfigurada por um fantasma na *dramatis personae*: Marcelo, Bernardo e Horácio o veem, então ele não é meramente uma projeção da imaginação doentia do melancólico príncipe. Então imaginemos que realmente houve no passado uma aldeia onde um tecelão levava uma vida solitária, tornou-se avarento por causa de sua solidão, foi roubado por um senhorzinho local – o irmão canalha do verdadeiro pai de uma criança abandonada que engatinha para dentro da casa do tecelão por um feliz acaso. E ela, a criança abandonada, apesar dos genes aristocráticos – ou sangue, como eles teriam dito naquele tempo –, se casa com um rapaz local chamado Ronnie na vida real, ao passo que no romance de George Eliot seu nome é Aaron. Tomamos conhecimento disso tudo em um texto com certo grau de mérito literário, mas na verdade não passa de uma história paroquial bem incoerente, registrada por um arquivista esquecido em Raveloe, que não pôde resistir aos apartes morais. A outra é uma obra de literatura, na verdade uma daquelas obras pelas quais o significado da palavra "literatura" é ensinado a secundaristas agoniados e resistentes pelo país afora. Não me incomodaria que *Silas Marner* fosse "baseado na" crônica de uma maneira ainda mais estrita do que *Hamlet* é baseado na história de Amletus; nem mesmo me incomodaria que os textos fossem tão próximos que o sussurro de plágio se levante espontaneamente; mudar "Aaron" para "Ronnie" também não livraria George Eliot (não admira que ela usasse um pseudônimo) de sua responsabilidade, tampouco explicaria a afirmação de que o texto dela é literatura enquanto o texto escrito por um homem cujo *nome verdadeiro é* George Elliott – dois *ls* e dois *ts* – não o é. Onde está a justiça? – mas, mais importante: qual é o argumento?

George Eliot (um *l*, um *t*) nos dá uma pista, penso eu, numa carta escrita ao seu amigo Frederick Harrison em 1866 – cinco anos depois da publicação de *Silas Marner*.

> É um problema extremamente difícil; suas dificuldades pesam sobre mim, alguém que se dedicou repetidamente ao esforço severo de tentar tornar certas ideias totalmente incarnadas, como se elas tivessem se revelado primeiramente a mim na carne, e não no espírito. Penso o ensinamento estético como o mais elevado de todos os ensinamentos porque ele lida com a vida em sua mais alta complexidade. Mas se ele cessa de ser puramente estético – se decai em algum lugar da figura ao diagrama – ele se torna o mais ofensivo de todos os ensinamentos.

Por "ensinamento estético" Eliot entende: ensinamento por meio de uma obra de arte, do tipo que se espera que *Silas Marner* exemplifique, e não um ensinamento do mesmo tópico, por meio talvez de um sermão ou de uma palestra, que seus textos almejam ensinar esteticamente. O sermão, ou a palestra, está para seu texto como o diagrama está para a figura, suponho, para usar a sua impressionante comparação. Obviamente nós hoje chegamos a compreender que há figuras que são indistinguíveis de diagramas, mas, ainda assim, "ensinam" de modos muito diferentes: O *Retrato de Madame Cézanne*, de Roy Lichtenstein, é fotograficamente tão similar a um diagrama do livro de Erle Lorans, *A composição de Cézanne*, que o autor deste último processou o pintor daquele por plágio; mas o diagrama meramente nos mostra uma composição, enquanto a pintura aponta o caminho para dentro do coração do artista. E o artista Arakawa fez pinturas que usam o idioma de diagramas sem ser diagramas de modo algum. Obviamente, a mesma distinção é possível também no *medium* verbal: um dos primeiros capítulos de *As aventuras de Augie March*, embora bastasse como história para ser publicada dessa forma na *Partisan Review*, foi realmente escrito na forma de um sermão, assim como um famoso capítulo em *Moby Dick*. Em todo caso, a distinção é absoluta, creio, e parece-me que uma diferença entre literatura e filosofia, para não dizer literatura e outros tipos de texto, como histórias paroquiais, está envolvida nessa distinção.

O termo "ideia", obviamente, é tirado do léxico mais interno da metafísica, e eu duvido muito que no uso de Eliot ele tenha muito a ver com o uso psicológico do termo ou com a intenção autorial de qualquer maneira simples: ela não está fazendo a queixa padrão de que é difícil transformar o pensamento de alguém em escrito real, corporificar ideias, nesse sentido, em palavras escritas. Há esse conflito, e todos nós que escrevemos temos familiaridade com isso, mas não acredito que é a isso que ela se refere. As ideias fazem sua entrada fatídica na teorização ocidental em algumas passagens famosas de Platão, cuja queixa contra obras de arte era especificamente que elas *não* incorporam ideias, mas apenas parecem fazê-lo. As ideias na sua filosofia eram as formas que os objetos reais em nosso mundo possuem, e com cuja posse adquirem o grau de inteligibilidade, por mais imperfeito que seja, que a esses objetos pode ser atribuído. Os objetos são apreciados como ligeiramente translúcidos, nos permitindo distinguir, opacamente, a formas ou as ideias com as quais eles são irradiados, como se através de um vidro escurecido. São Paulo, como Platão, vislumbrou a possibilidade de encontros cognitivos diretos com formas desse tipo quando deixarmos para trás os impedimentos dos sentidos e subsistirmos como entes de puro intelecto. Mas o mundo que habitamos, tal como é, é uma fusão do eterno com o temporal, literalmente como nesse entrecruzamento da teoria grega com a he-braica, Cristandade, em que Deus assume forma humana e entra na história como a palavra tornada carne sofredora.

Silas Marner é ideia tornada carne na metafísica literária de Geor-ge Eliot, e ela enuncia, no meu ponto de vista, uma impecável filosofia da arte. O que torna *Brillo Box* uma obra de arte é que ela encarna, expressa, qualquer ideia que ela realmente expresse, e portanto é ideia e mera coisa de uma só vez, uma caixa transfigurada, ainda que seja apenas na ideia de uma caixa. As caixas de Brillo de uso rotineiro no transporte e no armazenamento de barras de sabão não encarnam qualquer ideia desse tipo, embora, obviamente, Platão suporia que o deveriam, apenas para serem inteligíveis como caixas em geral, en-quanto podemos apenas supor que satisfaçam os critérios da contenção e não incarnem qualquer outra coisa. Nem é preciso dizer, é claro, que são especificamente coisas desse tipo, como ideias, que Carnap supõe que o Critério de Verificabilidade aniquilará como *nonsense*. Mas não está claro que mesmo hoje tenhamos qualquer modo claro de passar sem elas ou algo como elas, uma vez que continuam sendo uma parte do discurso filosófico sob o nome de significado. Frege, apenas como exemplo, achou necessário postular um campo domínio de pensamentos ao qual as expressões devem visar, já que era óbvio para ele que algo como o pensamento seria necessário para explicar o fato de que duas expressões podem indicar a mesma coisa e, ainda assim, diferir em significado: ele diria que elas apresentam pensamentos diferentes – embora por "pensamentos" ele não queira dizer nada psicológico, e embora supusesse, misteriosamente, que entender uma expressão é apreender o pensamento que ela expressa. Isso é misterioso porque os pensamentos, tal como ele os interpretava, são misteriosos, ocupando um terceiro mundo, que não é mental nem material. Mas algo como a estrutura de Frege parece irresistível no presente contexto. Nossa história paroquial se refere a um tecelão real num lugarejo real, a uma menina abandonada real e seu marido real, quando ela se tornou uma mulher adulta. Nesse sentido de referência, *Silas Marner* pode não se referir a nada, já que é uma obra de ficção. Sob o ponto de vista da teoria semântica, podemos compreender um como compreendemos o outro, "apreendendo os pensamentos" que as palavras expressam, se é isso que fazemos e se houvesse a mais ínfima possibilidade de que existam pensamentos no sentido de Frege. Mas, para além disso, *Silas Marner* incarna uma ideia cuja percepção é diferente do tipo de compreensão que pode estar envolvido na compreensão de palavras, o que *Silas Marner* compartilha com sua congênere ou isômero na história da aldeia. Minha tendência é pensar que a *Brillo Box* possui um tipo de alma, admitidamente imperceptível, já que suas congêneres, desprovidas de alma, se parecem exatamente com ela. O personagem de Silas Marner também pode, no *medium* do romance *Silas Marner*, incarnar uma dimensão de significância que a pessoa correspondente na narrativa paroquial não possui. Deixe-me esclarecer o que essas sugestões admitidamente obscuras poderiam significar, e depois por que a expressão de encarnar uma ideia é tão atraente.

Suponha que realmente tenha existido, como sustenta a narrativa, esse tecelão nessa aldeia, que teve seu ouro roubado, mas ganhou, por ação do destino, o ouro mais verdadeiro, e no processo foi recebido e amparado pelo povo simples da aldeia, que, até então, o achava estranho e alheio, uma espécie de feiticeiro. Imagine que o escritor da narrativa queira conferir com suas memórias e ateste sua acuidade: sim, foi exatamente assim que aconteceu. Effie engatinhou para dentro e se aproximou da lareira. Pois se eu não tivesse deixado a porta aberta, à procura de algo, a pobre criancinha morreria congelada... e assim por diante, tagarelando. Agora suponha que o manuscrito chame a atenção da própria George Eliot, que vê nele não apenas um conjunto de eventos, mas algo universal, uma parábola de amor e de significado, a encarnação de uma ideia sobre a doçura e o amargor da existência. E ela o publica como o romance *Silas Marner*, que o Silas Marner, se esse era o seu nome, lê num espírito muito diferente do que ele leu a narrativa, e se funciona como ela gostaria, de repente ele não apenas apreenderá o pensamento encarnado no texto, mas verá sua própria vida à luz daquele pensamento, verá sua vida, escrita ali, como uma metáfora da sua vida, tal como realmente vivida. Ele vê que o texto trata dele de modo muito diferente de como a história paroquial tratava. Mas assim como o texto, enquanto romance, trata dele, ele trata de *qualquer pessoa* que o leia, fornecendo a mesma metáfora para a vida de todos os leitores. Um judeu que leve a vida em meio a *wasps* de classe alta poderia, nesse sentido, achar que ele *é*, não literalmente, mas em virtude de transformação metafórica, Charles Swann; mas você não precisa ser judeu para que *O caminho de Swann* seja sobre você também. Silas Marner é Silas Marner na trilha direta de referência; mas Silas Marner é também *Silas Marner* na trilha diferente da identificação metafórica. Mas Silas Marner é qualquer um de nós também desse modo. O romance ensina esteticamente porque dá à vida do leitor o significado que o livro encarna. Isso é o que me parece que George Eliot (um *l*, um *t*) conseguiu e que George Elliott (dois de cada) não fez, mesmo que seus textos possam ser isômeros perfeitos. Há mesmo um sentido, que não desenvolverei aqui, em que *Brillo Box* é sobre o seu espectador – deixo como um exercício para o leitor descobrir de que maneira.

Estive perfilando uma série de estratégias ficcionais – o exemplo imaginário como *Gedankenexperiment* é práxis filosófica padrão – a fim de construir um diagrama, no sentido de George Eliot, de sua filosofia da literatura. Seus romances certamente são conformes à sua teoria, alguns mais do que outros, visto que cada um deles busca incorporar uma ideia cuja apreensão é tarefa do leitor: ler nesse caso é mais do que compreender as palavras (perceber os pensamentos que elas significam, no ponto de vista semântico de Frege), ainda mais do que compreender o pensamento que o texto pode expressar, se este deve ser diferente do que as palavras enquanto tais significam: é apreendendo o pensamento que o texto *incorpora* e que os personagens, neles próprios e nas suas relações, encarnam. A carne da encarnação é mais sutil no caso de Eliot do que em Dickens, cujos personagens conduzem ideias sem identidade para além disso; mas a questão que quero levantar é esta: os romances dela, além de serem conformes à sua filosofia, de fato *incorporam* a ideia que sua filosofia requer? Eles incorporam a ideia de incorporação ou apenas a ilustram? Talvez apenas um filósofo pudesse pôr a questão desse modo, mas incorporação, como procurei deixar claro, é uma ideia filosófica de algum peso e linhagem, é talvez a ideia que tenha levado a filosofia para o Ocidente, e se *Silas Marner* – ou qualquer romance – incorporou ou encarnou essa ideia, veja bem, ele incorporaria uma ideia filosófica e continuaria sendo literatura, ou seja, comeria o bolo e o guardaria ao mesmo tempo. Não posso supor que, exatamente em virtude de incorporar uma ideia, um romance ou um poema incorpore a ideia da incorporação – porque, então, toda obra de arte literária incorporaria a mesma ideia e cada uma, com efeito, incorporaria a filosofia da literatura –, ensine a ideia de literatura esteticamente. É claro que a incorporação não é a única ideia filosófica, mas pelo menos podemos dizer o que um romance deve fazer para que seja, além de literatura, uma obra de literatura filosófica: ele deve incorporar uma ideia filosófica. Cada obra desse tipo teria de ser, de algum modo, uma metáfora para si mesma. Todas as obras seriam filosóficas, por outro lado, se cada uma incorporasse a ideia da incorporação: e isso me parece excessivamente pródigo. Há romances que buscam incorporar a ideia do romance e, se essa é a ideia da incorporação, então esses romances incorporam essa ideia; mas essa é uma classe especial de obras altamente autorreflexivas, hoje encontradas com muito mais frequência do que no tempo de Eliot. Pode ser uma definição de modernidade que o romance moderno seja filosófico desse modo.

Ora, se a incorporação de ideias é a marca da literatura, e se a incorporação de ideias filosóficas é a marca da literatura filosófica, suponho que textos filosóficos de certa subclasse devem ser exemplos de literatura filosófica nesse sentido, uma vez que eles incorporam aquilo sobre o que são. Alguém poderia arguir que qualquer argumento incorpora a ideia do argumento, ou que todo texto filosófico incorpora a ideia de filosofia, independentemente do que o argumento possa ter como conclusão ou do que o texto possa ter como objeto primário. Mas se a literatura é a incorporação de ideias, todo texto filosófico seria, então, literatura, e eu acho que isso é muito grosseiro; e poderia obscurecer o limite entre exemplificação e incorporação, cuja separação deve ser um imperativo para uma filosofia da literatura. Mas há textos filosóficos que incorporam de uma maneira muito parecida, suponho, com *Silas Marner*. Os primeiros diálogos de Platão são bons exemplos: *Lísis* é sobre a amizade, mas ele incorpora aquilo de que trata na relação entre Sócrates e a juventude que ele envolve nas conversas; isso é o que a amizade *é*, assim temos um exemplo daquilo que o diálogo abstratamente discute. O *Mênon* incorpora a ideia de rememoração, pois o rapaz escravo produz a prova de um teorema que ele não pode ter aprendido nessa vida. *O banquete* certamente incorpora o seu assunto, que é o amor, na interrupção frenética e desenfreada da festa da razão pelo Alcibíades bêbado, na qual até então o sentimento era apenas discutido; o contraste entre sentimento e pensamento não poderia ser mostrado de modo mais dramático. *A República* incorpora a construção racional por meio do discurso racional sobre os fundamentos de uma sociedade justa e demonstra como a razão pode dominar a força na maravilhosa inversão da tese de que poder é direito feita por Trasímaco e Sócrates. As *Meditações* de Descartes incorporam a procura por ideias claras e distintas que também descrevem, e é um livro que não pode ser lido como os livros geralmente o são: o leitor deve se engajar propriamente na procura e, no fim, ser transformado num exemplo vivo do que o texto recomenda. *Lógica: a teoria da investigação*, de John Dewey, mostra aquilo que também descreve e se torna, assim, por esse critério, uma obra de arte improvável. Muito possivelmente o *Ensaio sobre o entendimento humano*, de Locke, põe em nossas mãos exatamente aquilo de que fala, como um livro sobre livros: ele *é* o conceito abstrato de entendimento verbalmente incorporado.

Mas algumas ideias podem ser abstratas demais para a incorporação, de modo que os textos dirigidos a elas são melhores quando são o mais transparentes possível, não contribuindo em nada para a percepção intelectual de seus tópicos. E isso pode ser verdadeiro também para o *corpus* platônico. Amizade, amor, justiça: essas são coisas sobre as quais temos fortes intuições e cujos exemplos podemos reconhecer mesmo quando os conceitos escapam aos nossos poderes definicionais. Algumas vezes, exatamente por causa disso, quando temos visões novas do amor, da amizade, da justiça, temos de mostrar que elas são possíveis – e pôr um exemplo diante de nós é uma poderosa demonstração. Mas quando Platão prossegue por águas desconhecidas, como no *Timeu* ou no *Sofista*, a relação com a intuição comum é bem tênue, e estou inclinado a pensar o paradigma dialógico como cada vez menos adequado: há um limitado número de coisas que o diálogo, mesmo quando concebido de modo amplo, é capaz de incorporar.

Mas penso que isso seja geralmente verdadeiro à medida que a investigação filosófica avança. Obviamente há programas em filosofia nos quais as conexões com a intuição devem ser fortes. A fenomenologia, enquanto análise das estruturas da consciência e, portanto, da intuição das essências, tal como Husserl a descreve, deve contar, em última instância, com a colaboração do próprio leitor: de certo modo, o que aqueles textos analisam deve se materializar dentro da consciência do leitor, ou eles não podem ser corretos. A filosofia da linguagem ordinária precisava contar com as intuições lexicais do leitor, e os textos precisavam incorporar os seus lampejos. Penso que as *Investigações filosóficas*[13], de Wittgenstein, incorporam a clarificação a que o texto se dirige por meio de confortáveis intercâmbios entre o escritor e *Du* – talvez ele próprio –, e internaliza-se esse texto como deve ser nas *Meditações*. Mas há vastas áreas da filosofia em que não há intuições ou em que elas se conflitam entre si; ou em que a autoridade está, ela própria, em questão, de modo que a incorporação incorreria em petição de princípio. Esse é surpreendentemente

---

[13] No original, *Logical Investigations*. Parece ter sido um lapso de Danto, uma vez que *Investigações lógicas* é obra de Edmund Husserl. (N.T.)

o caso daquilo que parece residir mais próximo de nós do que todas as coisas possíveis – a mente humana.

Tampouco é necessariamente um aperfeiçoamento da filosofia, exceto alguns dos programas que esbocei, o fato de que ela devesse aspirar ao *status* de literatura. Eu, por acaso, esforço-me duramente ao escrever, o que penso não ser comum na minha profissão, e fiquei naturalmente satisfeito quando críticos disseram que minha *Transfiguração do lugar-comum* era o que pretendia analisar, uma obra de arte por si só, de modo que, pelo menos, se poderia dizer que sei o que é a arte, mesmo que minha análise estivesse errada – outro caso de intuição suplantando os poderes de análise do escritor. Mas o elogio, parece-me, confunde qualidade literária com literatura. Não tenho a paciência de incorporar minhas ideias e não estou certo de que a compreensão de minha escrita seria melhorada se eu pudesse, digamos, encarná-las num romance. Como filósofo, quero injetar na veia, chegar diretamente à questão. Outros filósofos diferem: é difícil pensar em William Gass, por exemplo, injetando na veia, mas o seu assunto, frequentemente, é palavras, escrita e leitura, de modo que ele é capaz de levantar suas questões colocando seus leitores numa experiência como a que ele pretende analisar. A respeito da análise, ele poderia provavelmente dizer em três páginas o que usa trinta páginas para obter; mas a obtenção é parte do que ele quer. Mas nem mesmo pode ser um acaso que ele seja um romancista, para quem a incorporação significa algo que não pode incorporar para mim.

Mas penso que a conexão entre literatura e intuição é muito mais estreita do que entre intuição e filosofia, e especialmente se literatura intenciona ser edificante e educacional, como Eliot achava que deveria ser. Se ela deve ser educacional, por exemplo, o leitor se enquadra nos assuntos de que ela trata e o texto deve lhe dizer respeito. E se esse tipo de identificação metafórica é possível – se Silas Marner pode dizer "sou Silas Marner" ou eu posso dizer "sou Charles Swann" ou Cézanne pode dizer "Sou Frenhofer", aludindo ao herói dúbio do *Chef d'oeuvre inconnu*, de Balzac –, então a literatura não pode passar muito longe das estruturas que definem a vida daqueles que leem romances: amor, ciúme, amizade, aventura, conflito e crise, o apuro da alma humana, morte, família, infância, memória, traição e perda, sacrifício, finais felizes, paixões, dever e significado. E sexo e trabalho e ideais. Mas posso ver um artista extremamente inquieto com essas restrições, querendo escapar livremente da experiência comum, não no sentido de escrever sobre sexo em galáxias distantes, para onde levamos inevitavelmente conosco os valores, as preferências e as possibilidades de nosso caro planeta, mas querendo ser filosófico sobre o que, afinal de contas, o define como escritor – a escrita, digamos. Grande parte da literatura contemporânea almeja isso.

E ela alcança seus objetivos incorporando ideias sobre a escrita, mas, ao fazer isso, dirige-se aos seus leitores como leitores, e não como homens e mulheres que têm os tipos de problemas que os grandes escritores tomaram como a essência de sua arte. É como se o leitor fosse abordado como alguém reduzido às competências envolvidas na estruturação ou na desestruturação de textos e como se os textos não tratassem de nada além de si mesmos, e os limites da biblioteca ou da sala de aula se tornam os limites da vida. Quando isso acontecer, as reduções da teoria contemporânea da literatura terão sido antecipadas. O limite entre literatura e teoria, talvez entre literatura e filosofia, terá sido apagado. E se nada há fora do texto, viver é uma forma de leitura.

Eliot acreditava que o limite é indelével. Para Lady Ponsonby, ela escreveu: "Considere o que a mente humana *em masse* teria sido se não houvesse nela uma combinação de elementos como a que produziu os poetas. Todos os filósofos e *savants* não teriam sido suficientes para suprir essa deficiência. E como pode a vida das nações ser compreendida sem a vida interior da poesia? – quer dizer, da emoção mesclada ao pensamento?". De certo modo, suponho, os textos da crítica contemporânea oferecem um quadro do que seria *em masse* a mente humana se a literatura fosse reduzida a tantos espécimes textuais, e leitores reduzidos a teóricos da leitura, e a vida reduzida à literatura de um modo que o diagrama se torna o quadro.

Enquanto isso, não posso deixar de levar em conta o vocabulário químico nessa singular passagem. A "combinação de elementos" que produz a poesia sugere que uma combinação diferente pode produzir filosofia, de modo que somos isômeros um do outro e satisfazemos uma fórmula comum de modo próximo o suficiente para que, numa leitura superficial, a filosofia seja percebida como literatura se a literatura é percebida como textos apenas e, portanto, como objetos para a teoria literária. Tentei neste artigo esquematizar uma visão mais profunda, baseada na intuição de que poesia e filosofia têm propriedades no fundo muito diferentes para serem formas de elementos uma da outra. Mas a verdadeira química deste assunto espera por seus Daltons, seus Wohlers, seus Kekules.

Arte, evolução e a consciência da história

*Apresentada à seção da American Society for Aesthetics em Louis-
ville, Kentucky, atendendo ao convite de Mary Wiseman, esta
foi a quarta Conferência Mandel. David Mandel patrocinou uma
conferência a ser proferida bianualmente sobre algum aspecto da
relação entre evolução e arte. O Sr. Mandel expressou a crença de
que "a arte desempenha o papel principal no desenvolvimento da
evolução futura do homem", e eu decidi, ao aceitar o convite, ser
um hóspede bom o bastante para abordar as visões de Mandel. Em
todo caso, isso me capacitou a desenvolver, para além de "O fim da
arte", as visões sobre a história da arte que foram desenvolvidas lá
e dizer algo mais sobre a relação entre arte e filosofia.*

Quem senão o pai especificamente de Leonardo da Vinci teria
tomado para si o grandioso projeto de replicar o seu impressionante
rebento pelo agenciamento da paternidade planejada? Piero da Vinci,
num experimento rural que demonstra, por meio de sua audácia
imaginativa, que o grande artífice era, afinal de contas, parecidíssimo
com o pai, buscou recriar circunstâncias o mais similares possível
àquelas sob as quais Leonardo foi concebido na esperança confiante e
extravagante de que se a mulher, o quarto e as configurações astroló-
gicas fossem suficientemente similares, haveria grandes expectativas

de que o resultado também fosse semelhante. Piero acreditava que o gênio era mais genético do que produto da educação, embora não possa ter atrapalhado ter tido Verocchio como mestre – e um homem que se inclinou a reconstituir uma circunstância ao ponto da indiscernibilidade morfológica dificilmente teria sido negligente a respeito da nutrição de sua criança. Ele teve a brilhante ideia de que a reprodução para o gênio era o mesmo que a reprodução qualquer característica ou conjunto de características desejáveis, e assim fez uso de conhecimentos tradicionais sobre aves de capoeira que dariam a Darwin o seu paradigma três séculos mais tarde. Piero convincentemente argumentou por meio de sua ação que muito pouco se sabe sobre os determinantes causais do gênio para tomar qualquer coisa como garantida: os mecanismos de seleção iguais àqueles explorados na produção de pombos de determinada forma ou coloração – o caso do próprio Darwin –, mas a chance de gerar outro Leonardo seria grandiosa demais para que houvesse negligência até mesmo em relação à roupa de cama e aos penicos. Seu esforço foi brilhante, mas comicamente supersticioso em última instância, para o que, naquele tempo, não seria chamado de seleção artificial, uma vez que não havia qualquer outro tipo de seleção conhecido que tornasse a descrição plena de sentido. Afinal de contas, há famílias que se reproduzem por propensão, por esperteza ou por aparência, e no século XVI o leito de reprodução era um lugar de poder: não escapou à observação dos retratistas daqueles que estavam no poder que certas características fenotípicas continuavam reaparecendo nos Hohenzollern, Hauenstauffen ou Habsburgos, cuidadosamente miscigenados. Se era possível confiar em determinado queixo ou em determinada disposição à idiotia quando semelhante procriava com semelhante, por que isso não seria válido para o gênio quando um muito semelhante procriasse com um muito semelhante? Piero simplesmente almejava coisas muito elevadas.

As conotações de "mais elevado" atingem um ominoso sobretom retroativo à luz de seres de uma ordem superior sobre a qual se especulava no século XIX, depois de Darwin e até no nosso século, culminando, obviamente, nas terríveis promessas raciais do Nacional Socialismo. Mas é pouco controverso que O Artista – uso as maiúsculas da tipografia romântica – teria figurado como um dos exemplares mais benignos de uma ordem superior da humanidade, sustentada por profetas como a redenção da espécie. Goethe e Michelangelo foram exemplos oferecidos por Nietzsche daquilo que ele tem em mente por *Der Übermensch* – ele também menciona Cesare Borgi e Napoleão –, e embora Nietzsche supusesse ser um dever sagrado tornar o *Übermensch* possível – penso que ele via os humanos ordinários como demasiadamente inferiores para desenvolver seriamente o imperativo de que *nós* deveríamos ser o máximo possível como o *Übermensch* –, ele não é especialmente útil quanto ao modo como poderíamos atingi-lo. Mas por qual outro mecanismo a seleção natural poderia atingi-lo senão pela seleção artificial, supondo que os atributos da *Übermenschlichkeit* sejam hereditários? A transmissão dos traços musicais na família Bach mostrou que certos dons eram tão passíveis de serem transmitidos quanto a cor dos olhos, a obesidade ou a hipermobilidade; se ao menos aqueles em posse desses dons não procriassem de modo tão aleatório e irresponsável quanto os artistas, como o restante de nós, fixados no que Nietzsche poderia considerar como traços de todo incidentais e irrelevantes, como covinhas, piscadelas, seios salientes ou cabelos cacheados. Se o *Übermensch* deve nos redimir, não seria talvez até mesmo imoral deixar essas questões à mercê de variação aleatória? Era inevitável que a arregimentação eugênica devesse parecer um programa social apropriado na fantasmagórica era política que começa com a publicação, em 1859, de *A origem das espécies*, com seu fatídico, eu diria desastroso, subtítulo, "Ou a preservação das raças favorecidas na luta pela vida". É no subtítulo que Darwin mostra o seu gênio para uma retórica que asseguraria a preservação de suas ideias na sua própria luta pela sobrevivência. A linguagem tem a função adaptativa de proteger a frágil teoria até que ela adquira força cognitiva suficiente para sobreviver sozinha. O fato de que as expressões de luta, preservação, favorecimento e raça deveriam ter sido uma toxina moral que ainda temos de expelir teria sido matéria de tão pouco interesse para a teoria da tenra infância quanto seria para o indiferente feto o fato de ele estar causando imenso desconforto para a mulher que o carrega. Foram as lutas que a linguagem de Darwin causou que transferiram a atenção dos besouros e pintassilgos para a humanidade como um espécime elevado e o artista como espécime mais elevado, quase como se isso fosse uma incrível tática diversionista para possibilitar as investigações científicas de que suas teorias necessitavam se fosse o caso de serem levadas adiante em paz. Quão providencial, se verdadeiro, considerando que filósofos da ciência bem avançados ainda hoje disputam a cientificidade da teoria evolucionista tão sutilmente quanto outros debatem a legitimidade da teoria psicanalítica enquanto ciência. "Não existe lei de evolução", escreveu Sir Karl Popper, e a vulnerabilidade do evolucionismo foi, à parte as afirmações da sagrada escritura, a principal arma do "Criacionismo Científico" para expor suas afirmações ao reduzir aquelas do darwinismo a meras hipóteses, deixando um espaço lógico para alternativas. A teoria evolutiva está florescendo hoje, mas que preço a humanidade teve de pagar em termos de holocausto – afinal de contas, basta pensarmos nele para sentir arrepios. Bem, os darwinistas poderiam dizer que nunca foi sua postura negar que é numa arena difícil e cruel que a luta pela vida tem lugar; por que deveria ser diferente com as ideias, que têm sua própria morfologia, com relação à miríade de outras formas de vida?

A retórica nunca é historicamente tão isolável da substância das teorias que não se possa seriamente perguntar se a teoria poderia ter ocorrido ao seu descobridor sem as premissas retóricas que a tornam atraente. A teoria de Darwin certamente acompanha o criacionismo em postular aquilo que de fato antropomorfiza para a natureza as práticas de procriação mimetizadas por Piero da Vinci: a natureza é a grande escritura do pecuarista, selecionando (termo de Darwin) por meios naturais em precisa analogia com o modo como selecionamos artificialmente, e tratando as espécies como tratamos as variedades. Reprodutores humanos nunca tiveram o poder de reproduzir uma nova característica hereditária, mas apenas de guiar, por meio de um criterioso emparelhamento, o que a necessidade ou a inventividade humana inicialmente seleciona como desejável. O darwinismo supõe uma profunda analogia entre a capoeira e o universo, assim como entre seleção natural e artificial, de modo que deve ter sido irresistível supor uma analogia ulterior entre os critérios usados pela natureza para selecionar características e aquelas que os pecuaristas citariam: portanto "o mais apto" porta aquelas conotações de desejabilidade que o reprodutor invocaria ao argumentar a favor da qualidade da lã nas ovelhas ou das plumas no peito das aves. Teria sido igualmente irresistível para uma mentalidade ainda essencialmente religiosa não ver, na seleção natural, algo semelhante às mesmas operações da Mão Invisível que supostamente guiaria, por meio dos mecanismos do mercado, escolhas humanas que finalmente levariam à melhor distribuição possível dos bens, sendo que todos possuiriam o que quisessem da mais alta qualidade pelo preço mais razoável. O sofrimento ao longo do caminho – a eliminação das espécies inaptas, por um lado; a eliminação dos não competitivos e economicamente inferiores, por outro – seria exatamente o custo, ou um tipo de custo, que devemos esperar ser exigido pela evolução rumo a um estado final desejado; absolutamente custo nenhum se adotarmos a visão de longo prazo com a qual o problema do mal nos tornou familiar através dos séculos. O criador de pombos encontra um uso para os seus piores pombos nas tortas, deixando-os melhores para a reprodução futura. A natureza deve ter como propósito o tipo de estado final a que almejamos; e por mais que hesitasse um pouco em dizer isso, Darwin acreditava que o ser humano não seria menos maravilhoso por ter se desenvolvido como teríamos sido se tivéssemos sido criados num punhado de pó depois de receber um sopro de vida. Os profetas do super-homem simplesmente aumentaram a aposta, prezando constelações de características variavelmente raras, como aquelas exemplificadas em Leonardo; e não viram obstáculo moral em reproduzir tendo-as em vista. Se a natureza pode trazer à tona o homem a partir dos primatas inferiores, por que não podemos fazer da nossa espécie uma espécie de gênios, reproduzindo características já presentes, mas que até aqui são mais uma questão de acaso? O próprio Leonardo pareceu pouco inclinado ao ato do qual dependia a geração, o que pode ser o motivo de Piero ter tomado a questão para si. A questão é: por que quereríamos reproduzir para o talento artístico?

A prática moderna de criação distingue criação seletiva de criação utilitária, e é interessante especular se a de Leonardo pertence a uma ou outra classe. A criação seletiva deve sua existência à preferência estética: o chifre longo no gado, a cara arredondada e as pernas arqueadas do bulldog, a orelha descaída do *basset hound*, a plumagem lustrosa do pombo-de-nicobar: essas são selecionadas para o deleite dos criadores, que se dane a utilidade. É a criação seletiva que ganha troféus e faixas em exposições de cães, e é discutível que a seletividade possa acarretar em inutilidade, visto que a utilidade pode estar comprometida por uma característica hipertrofiada: a proporção entre comprimento e altura do *dachshund* era útil quando os animais eram reproduzidos para caçar texugos, mas isso se torna contrafuncional quando a proporção projeta um *dachshund* ideal no qual o cumprimento se aproxima do infinito enquanto a altura se aproxima de zero. É exatamente aqui que a criação artificial corre na direção contrária à da natureza, já que essas proporções exageradas não fariam frente às exigências do ambiente. Os artistas são notórios por sua incapacidade de vencer na luta pela existência, o que sugere que a natureza não favoreceria especificamente sua sobrevivência sob os rigores da seleção natural.

Há uma grande tradição de que o artista pertença mais à variedade seletiva de humanos do que à utilitária, e o mito biográfico padrão corrobora o compositor ou o pintor desqualificado para a existência comum na busca de sua arte. Chegamos a esperar certo grau de excentricidade em nossos artistas, a qual aceitamos como o preço do gênio, com a consequência de que suspeitamos da capacidade do artista para as atividades corriqueiras: a habilidade de T. S. Eliot para levar adiante o emprego num banco é ajustada por sua incapacidade de lidar com um casamento normal. A natureza pode ter sido muito sábia na sovinice com que os dons artísticos estão distribuídos através das espécies, o que portanto vai contra o propósito de nos reproduzirmos numa raça de super-homens leonardianos. Precisamos de *dachshunds* fortes e indiferentes se a caça aos texugos tiver de continuar; mas mesmo assim o impulso estético não deve ser suprimido, e continua a existir na seleção um lugar para o cão baixo e comprido ou para o pintor cuja obra não causa qualquer efeito.

A visão do artista motivada pela criação seletiva vai par a par com a visão padrão da arte como atividade essencialmente desinteressada e a apreciação da própria arte, por sua vez, como desinteressada; e onde, nas taxonomias rotineiras de nossa disciplina, um contraste essencial entre a estética e a prática é dado como certo. Que a arte, e daí o artista, deve ser gloriosamente inútil não seria um argumento contra a criação desse último, já que os impulsos que levam à criação seletiva são, eles mesmos, características do caráter humano com um fundamento no material genético, e são responsáveis por um conjunto determinante de razões pelas quais selecionamos pares, lugares, formas de vestuário e de abrigo sem nenhum motivo mais convincente que a anuência com a criação seletiva. Os museus meramente veneram práticas que encontram sua concretização por toda a civilização, em exposições de cães e concursos de beleza, feiras de coelhos e mostras de flores; e em fisiculturismo, dietas de impacto, implantes de silicone, plásticas no rosto, alçapões[14], pingentes de plástico, roupa íntima de renda e ombreiras. Encontramos os congêneres espalhados por toda a zoosfera, e é difícil insistir na inutilidade da seleção quando ela fornece um conjunto de razões que justificam o ato num universo que seria totalmente indiferente sem ela. Um esquema em que um rosto lança ao mar mil navios não é evolutivamente insensível ao gosto. O esteta pode ser, ele próprio, tão despreparado quanto o artista nas grandes lutas pela vida, mas a característica que é tão singularmente desenvolvida nesse caso é tão adaptativa, em um nível mais baixo de desenvolvimento, quanto as orelhas do bassê quando não são absurdamente compridas: elas podem servir para fornecer estímulos que mantêm a cabeça do cão na posição ótima para farejar. Tudo o que é seletivo tem uma origem utilitária; do contrário, não teria sobrevivido para ser reproduzido.

Mas mesmo que o artista fosse criado para fins de utilidade, porque a própria arte é, afinal de contas, prática, ele poderia, por tudo isso, ser excêntrico, pela mesma razão que a economia doméstica favorece a especialização. As ovelhas são criadas para lã ou corte, e, embora exista a criação com dupla finalidade, é como se a natureza cobrasse uma taxa em gosto refinado para retribuir a fibra com a qualidade de caxemira. E como há metas humanas que exigem tosas de pelo longo, em oposição às de pelo curto, podemos descobrir que temos de sacrificar a carne para conseguir o que queremos. Então, se reproduzíssemos humanos pelos princípios que Darwin estabelece em *Variações de animais e plantas sob domesticação*, teríamos de pesar os custos de cultivar para a arte em vez de outras variedades humanas e equilibrar a utilidade da arte em relação a outros valores da realidade doméstica. E há, como sabemos, algumas

---

[14] Tradução do termo inglês *"codpieces"*, peça do vestuário masculino que começou a ser usada no Ocidente a partir do século XVI e cobria o pênis, acompanhando, de modo mais ou menos próximo, o seu formato. (N.T.)

profundas e célebres agendas da estratificação social que deporiam contra a reprodução de artistas. Platão, cujo programa generativo é comparável ao de Piero, viu muitos problemas em criar filósofos e guerreiros sem contaminar o reservatório de genes com o humano-demasiado-humano, embora o conhecimento sobre reprodução já fosse avançado o suficiente para que ele soubesse que diferenças inatas entre os membros de uma variedade cuidadosamente selecionada são mais raras e menos marcadas do que em grupos em que a reprodução fosse deixada à mercê de critérios estéticos ou dinásticos; de fato, Platão viu nisso a única profilaxia contra a degeneração política. É bem sabido que artistas deveriam ser exilados, indubitavelmente para evitar também que os genes artísticos contaminassem o reservatório severamente vigiado, mas isso porque Platão via os produtos dos artistas como caracteristicamente contrautilitários; e não apenas não utilitários, como ele teria acreditado se tivesse tido o benefício da Terceira crítica de Kant, que ensina que arte é essencialmente uma questão de seleção – de desenvolvimento até atingir características sem nenhum propósito, que na linhagem humana comum pode ter algum propósito residual.

Se há razão para eliminar talento artístico, sob o argumento de que é subversivo à economia política platônica, então há razão para reproduzir talento artístico se e somente se for imaginada alguma estrutura política e social na qual a arte desempenhe alguma função útil – ou contrakantiana – melhor do que qualquer outra coisa. Isso seria verdadeiro mesmo se, correspondendo às expectativas, o próprio artista não fosse bom para nada além de fazer arte, nos moldes da ovelha merino da Espanha, cuja lã fina, branca e abundante mais do que compensa o fato de que sua costeleta é um pobre repasto se comparada ao *mouton pré salé* da Bretanha, cuja lã não é de se tomar nota. É claro que tudo isso poderia não ser nada além de seleção, mas minha expectativa é que o patrocinador dessa série de palestras, para quem a arte é o carro-chefe da evolução humana, tivesse em mente algo mais útil do que a evolução de *connoisseurs* e colecionadores, curadores e críticos, apreciadores de arte que entregam as taças e comissões enquanto seus congêneres nos júris de exposições de porcos e desfiles de cães reconhecem os exageros benignos dos especialistas na arte da criação.

Deve ter sido uma agonia para os racialistas dos séculos XIX e XX que os rebentos de negros e brancos, brâmanes e sudras, goyim e judeus pudessem procriar enquanto os rebentos dos jumentos e cavalos eram estéreis. A pigmentação e o tipo facial prevalecem por meio de endogamia por milênios, indubitavelmente reforçados pela seleção, e embora negros e brancos possam parecer morfologicamente mais distantes do que qualquer coisa que distinga cavalos de jumentos, as espécies são definidas mais por meio de isolamento reprodutivo do que de similaridade morfológica. Na verdade, é sabido que essas espécies são geneticamente distintas, de modo que diferenças morfológicas são encontradas nelas, enquanto as espécies morfologicamente similares são estéreis entre si. Então, os racialistas foram obrigados a recuar, como Platão, para proibições eugênicas, sendo o exílio a forma antiga do que veio a ser conhecido como Soluções Finais, e aceitar sua coespecificidade com seus inferiores. Criadores humanos, em ambos os sentidos do termo, foram extremamente incapazes de produzir uma característica hereditariamente nova, e o pensamento audacioso de Darwin era que as características hereditárias se desdobram de modo totalmente similar ao modo como as características desejáveis são produzidas na capoeira. O isolamento reprodutivo faz soar quase analítico o fato de que isto não possa acontecer, mas a ideia era que, ao longo de vastos milênios, ramificações podem cessar de ser inférteis, embora um milhão de anos seja muito pouco tempo para que isso aconteça. A maioria do que sabemos está inscrito nos registros fósseis.

Menciono essas coisas familiares porque, se a própria arte deve ser um meio para a evolução futura da humanidade, não podemos falar sobre características hereditárias novas, mas sobre características que existem há milênios. E aproximadamente pelo mesmo período que temos registros arqueológicos, há provas de que algo como o fazer artístico tem sido parte do fenótipo humano, indubitavelmente com uma base no DNA, no qual o resto do que é distintivamente humano está codificado – a propensão para a linguagem, por exemplo, se isso é distintivamente humano. Essas características são as que reproduziríamos em meu projeto imaginário de seleção artificial de artistas. Entretanto, algo foi deixado de fora desse quadro: o fato de que a propensão para o fazer artístico se realiza de diferentes maneiras em diferentes tempos, tanto que a sequência dos próprios modos do fazer artístico parece ter uma estrutura evolutiva, e isso não é explicado no esquema de Darwin, ou não tanto quanto fui capaz de elaborar. Imagine um caçador isolado em alguma remota era passada entalhando num osso algumas linhas que tenham muito pouco a ver com os propósitos que ele tem em mente com o osso em si: elas são decorativas, digamos, ou rudimentarmente pictográficas. Esse osso com o entalhe se torna parte do ambiente e pode se tornar algo diante do que outro caçador exercita os seus próprios impulsos artísticos, modificando-o ou meramente repetindo-o. Em determinado período, podemos observar uma espécie de evolução nas marcas em ossos, de modo que, no fim, características talvez bem diferentes do que seria requerido num estágio anterior sejam chamadas à baila para integrar o fazer artístico – por exemplo, suponha que alguém tenha adicionado cor. O fazer artístico e a *expertise* evoluem juntas, e o que fazemos e como reagimos são, em grande medida, uma função do que é nosso lugar histórico nesse processo. Na medida em que a arte modifica o ambiente ao qual o próprio fazer artístico deve se adaptar, suponho que, num certo sentido, seja verdadeiro que a arte é um meio para a evolução humana de uma maneira semelhante à evolução das variedades ou mesmo a descendência das espécies. É razoável apenas, obviamente, porque não há modificação no material genético, e se as instituições pelas quais o fazer artístico é encorajado e ensinado fossem eliminadas, digamos que por alguma catástrofe histórica, exercitaríamos ou manifestaríamos, na próxima geração, as características de nosso fazer artístico arranhando ossos ou empilhando pedras. Mas a mediação da história e a evolução das instituições não foi algo a que Darwin dedicou grande atenção.

Darwin teve a incrível – quase *übermenschliches* – coragem de estender a teoria da evolução para cobrir os seres humanos: se a evolução aconteceu em outro lugar do universo, ela também deve ter acontecido conosco; e Darwin foi incansável em exibir os elementos comuns, por exemplo, na expressão de emoções, entre os animais e nós mesmos. O que ele não discutiu especialmente foi o que tornou a própria teoria da evolução historicamente possível mais numa época do que na outra. Darwin era de várias maneiras um determinista genético, e considerou as diferenças entre o seu irmão e ele próprio. O seu irmão, Erasmus Alvey Darwin, era mais interessado em arte e literatura do que em observar insetos, e Darwin escreveu, numa famosa passagem, que "ele se inclinava a concordar com Francis Galton na crença de que a educação e o ambiente produzem pouco efeito na mente das pessoas e que a maioria de nossas qualidades é inata". Piero da Vinci poderia ter sido induzido às mesmas reflexões se Leonardo tivesse *devidamente* se tornado um homem de negócios e um mulherengo. Mas Darwin não refletiu sobre sua própria localização histórica: ele certamente não teria produzido a teoria da evolução se tivesse nascido numa época diferente. Cinquenta anos depois, ela já teria sido descoberta há muito tempo, ainda que por A. R. Wallace. Cinquenta anos antes, mesmo que ele tivesse uma tendência natural para o pensamento evolutivo, dificilmente produziria uma teoria para a explicação histórica, a qual precisamos levar em conta, dada em *Princípios de Geologia*, de Sir Charles Lyell, e para a teoria da população de Malthus, que sugeriam o mecanismo pelo qual se preservavam as características favoráveis. Uma teoria que não pode explicar seu próprio surgimento, se ela *é* uma teoria do surgimento, é seriamente incompleta, mas podemos adotar a teoria da evolução para essa tarefa somente se historicizarmos o conceito de ambiente e se reconhecermos, junto com Wölfflin, que nem tudo é possível em qualquer época, mesmo quando estamos lidando com criaturas que, como nós mesmos, não passaram por nenhuma modificação genética significativa desde a época do nosso surgimento.

Mas se a arte deve ser um meio de evolução humana, como David Mandel quer acreditar, ela tem de ser de alguma maneira em que a própria história seja relevante, de modo que nós, no fim do processo, por assim dizer, seríamos, em consequência da arte, pessoas historicamente diferentes das que éramos no início. Mas isso significa que a própria arte deve ter uma certa estrutura histórica, de tal forma que as mudanças que ela induz em nós entrem para a história da arte como determinantes de sua evolução. Não quero dizer que algo desse tipo não seja verdadeiro, mas, se for, então certas visões padrão da transformação histórica da arte teriam de ser falsas.

Considere, por exemplo, a teoria profundamente influente de que a arte é mimese, ou de que qualquer coisa que seja arte é centralmente mimética. Foi de Vasari o imenso lampejo de que a mimese tem uma história e que, se examinarmos a sequência de mimeses de Cimabue a Michelangelo, precisaremos reconhecer que os artistas foram ficando cada vez melhores na mimese, de modo que há um inequívoco progresso na conquista das aparências visuais. Embora não se envolva em especulações contrafactuais, Vasari poderia ter inferido que "educação e ambiente" produzem efeitos imensos, já que ninguém que pintara no início do período teria pintado como se tivesse nascido mais no final do período, mesmo com o mesmo talento inato. Isso seria verdadeiro de modo geral: é difícil supor que Leonardo teria pintado a Virgem com a Sant'Ana se ele tivesse crescido em East Village – se é que alguém de fato cresce em East Village – ou que Rothko teria pintado seus taciturnos retângulos vagos nos ateliês de Luís XV. Mas lidemos com a mimese entendida de maneira simples, cujo esforço é apresentar aos olhos uma variedade de estímulos para os quais a resposta óptica é a mesma que seria à variedade de estímulos apresentada pela realidade à qual dizemos que a pintura se refere. Se Vasari reconheceu que existe na mimese uma história, Gombrich reconheceu o que torna essa história possível, e quanto chão teve de ser percorrido antes que os artistas conseguissem ser tão bons na mimese quanto a lenda diz que eles supostamente são, a ponto de enganar pássaros verdadeiros com uvas pintadas. A ilusão nos dá nosso critério de sucesso, e Gombrich insiste, penso que corretamente, que houve uma longa intervenção de um processo de feitura e comparação, com determinados momentos de avanços profundos, como a descoberta da perspectiva linear (na verdade histórica, acredito que foi menos a possibilidade de ilusão do que a demonstração de que a percepção tem uma estrutura matemática que teria sido reivindicada como a grande conquista da perspectiva).

Mas fazer é uma coisa e comparar é outra, e enquanto aquela tem uma história do tipo descrito por Gombrich, não está claro que esta também a tenha. Já foi dito que não existe olho inocente, mas a verdade é que o olho é muito inocente: a percepção visual pode estar entre as modularidades da mente, cognitivamente impenetrável, e, de fato, a ciência cognitiva foi adiante com demonstrações fantásticas sobre o quão pouco de aprendizado está relacionado ao ato de ver, e quanto dele é inato. É verdade que a *mão* não é inocente, e se houvesse catástrofes institucionais como aquelas a que me referi, nas quais retornássemos a um estado de natureza, teríamos de aprender a representar tudo novamente, mas veríamos exatamente o que de fato vemos: assim, o comparar não tem a história que o fazer tem, como pode ser evidenciado pela observação de que sem a habilidade de comparar não haveria qualquer formação de conceitos. Gombrich apoia essa ideia com exatidão psicológica: "Até mesmo as representações grosseiramente coloridas de uma caixa de cereal matinal teriam feito os contemporâneos de Giotto suspirar". Mas justamente na medida em que o suspiro atesta a surpresa, há um argumento que, ao mesmo tempo que foi preciso toda a história da representação, de Giotto até a caixa de Sucrilhos, para que se aprendesse a representar daquele modo, não foi preciso história nenhuma para que se pudesse ver daquele modo: o suspiro seria devido à surpresa de que a mão alcançou o olho. Assim, podemos concluir que, se a arte supostamente transformou os seres humanos, a história da arte não pode ser a história da ilusão e a essência da arte não pode ser a mimese. Não pode ser porque, no fim do progresso, somos os mesmos que éramos no começo, de modo que não houve nenhuma evolução humana. Obviamente houve evolução na destreza, e isso pode ser dito para induzir um certo procedimento de seleção, visto que, no final do progresso, exige-se muito mais a habilidade dos artistas do que no início; poderíamos supor que, a fim de entrar na história da arte no início, não se exigiria tanto em termos de poder mimético, mas, com a continuidade da luta pela ilusão, aqueles com graus menores de talento seriam excluídos, e a virtuosidade seria cada vez mais favorecida pelo processo. A história da arte seria como a história da performance na música, ou como a história do atletismo, em que os competidores entram com níveis de reflexo cada vez mais rigorosos. Essa é uma história diferente daquela que estou tentando contar, embora valha a pena nos concentrarmos no pensamento de que, à medida que a própria natureza da arte é reconcebida, um tipo muito *diferente* de artista é selecionado, e as características que anteriormente davam ao seu possuidor uma importante vantagem provam-se irrelevantes para a sobrevivência sob a nova ordem. Durante a assombrosa Whitney

Biennial de 1985, foi colocado como uma crítica o fato de que os artistas não sabiam desenhar. Mas a habilidade para desenhar pode ter se tornado muito irrelevante para a arte tal como ela evoluiu hoje. Desse modo, tratemos de outro modelo de história da arte.

Um ponto crucial no longo litígio teórico sobre a inocência do olhar foi o *status* da perspectiva linear: ela representa o modo como o olho vê ou somos nós que vemos em perspectiva por causa dela, tendo nossos modos de representação entrado na história da percepção, a qual se mostra, afinal de contas, cognitivamente penetrável? Há uma visão histórica da perspectiva que é de certo modo neutra a essa controvérsia, a saber, que a perspectiva é um tipo de forma simbólica, o que obviamente era a visão de Panofsky, exposta num ensaio difícil e talvez não totalmente preciso. Digo que a visão é neutra porque ela é consistente com o fato de ser uma forma simbólica que deveria também exemplificar o modo como o olho percebe; seria apenas que a cultura na qual ela foi descoberta – talvez a única cultura em que ela foi descoberta – tinha decidido tornar simbólico o modo como realmente vemos. A teoria da iconologia de Panofsky considerava que há alguma estrutura subjacente a toda cultura que determina a cultura a simbolizar o mundo, ou representá-lo, de modos diferentes, e a tarefa do iconologista seria, então, identificar esse iconogene, como poderíamos chamá-lo, e mostrar como tudo aquilo que define a cultura é uma variante dele. O seu livro sobre o Gótico, por exemplo, busca um iconogene cujas exemplificações naturais estavam na arquitetura gótica e na filosofia escolástica, estando essas entre suas formas simbólicas; mas, indubitavelmente, há outras formas simbólicas nessa cultura a serem explicadas por meio do mesmo iconogene. Na Renascença havia um iconogene diferente, e a perspectiva era uma de suas principais exemplificações. Seria adequado à ideologia da Renascença que ela enobrecesse o olho humano ao estabelecer o que lhe pertencia como aquilo que os seus membros acreditavam que fossem – e isso seria exemplificado em toda a cultura, em estilos de arquitetura, política, história e poesia. Na visão de Panofsky, tanto quanto sei, nunca desenvolvida totalmente em detalhes, a história da arte seria a história das formas simbólicas, o que, de fato, significa a história dos iconogenes, cada qual gerando um conjunto diferente de formas simbólicas. Essa seria uma teoria da história da arte profundamente descontínua, em contraste com a teoria profundamente progressiva e, portanto, contínua, subscrita por Vasari. Vasari viu somente um iconogene – a representação naturalística –, mas o viu como tendo seus altos e baixos dos tempos antigos até o seu próprio, com um mergulho desastroso naquilo que ele pensava ser as eras obscuras. Mas Panofsky vê os períodos como incomensuráveis: não fazemos bem o que os medievais faziam mal, mas cada um de nós faz coisas diferentes, com significados muito diferentes e que pedem habilidades muito diferentes. Alguém saído da construção de Chartres poderia não ter de aprender um monte de novas habilidades para participar do programa de construção de Florença ou Roma, mas teria de aprender um novo modo de ver as coisas e, portanto, um novo modo de julgar, o que significa que julgar através de períodos iconogênicos seria ilegítimo.

Há uma acepção na qual as formas simbólicas são, elas próprias, a forma simbólica do período de Panofsky, como do nosso próprio. Porque não pode haver dúvida exceto que, embora os teóricos costumassem ver a continuidade, nós vemos descontinuidade por toda parte. Pense na história da ciência, tal como vista por Thomas Kuhn, como a sucessão de paradigmas, cada qual gerando um estilo diferente de ciência normal. Pense na arqueologia do saber, tal como praticada por Foucault, onde há incomensurabilidades tão profundas entre o modo como vemos as coisas quando comparadas com períodos anteriores, que a possibilidade mesma da verdade se dissolve completamente, deixando apenas espaço para a possibilidade de dominação e poder. Até mesmo a teoria da evolução, hoje, tem essa estrutura. Por mais que antes, quando havia descontinuidades no registro de um fóssil, os cientistas dissessem que o registro estava incompleto e procurassem o que era chamado de elo perdido, os novos evolucionistas dizem, em vez disso, que o registro está completo: sua evolução é que é descontínua. A teoria do equilíbrio pontuado representa a evolução como a sequência de saltos catastróficos, por assim dizer, giros abruptos em direção a um nível novo, depois do qual não há mudança relevante até o próximo nível. E assim como a perspectiva poderia ser exatamente descritiva de processos ópticos *e* uma forma simbólica, as formas simbólicas poderiam ser, ao mesmo tempo, formas simbólicas e o modo como a história realmente se movimenta. Uma vez que há continuidade, estamos no período de equilíbrio. Mas não há continuidade entre os núcleos dos diferentes períodos e culturas com sua própria variedade de formas simbólicas. A iconologia, como a aquisição de iconogenes, é uma fórmula para aquilo que chamei alhures de "interpretação profunda", aquela forma de interpretação que procura por estruturas que subjazem às superfícies da cultura e que suas várias formas simbólicas expressam. Presumivelmente, todas as práticas humanas, sob o balanço de uma dada estrutura desse tipo, são suas formas simbólicas – e quando isso muda, tudo muda. E essas "mudanças profundas" são refletidas na superfície da história da arte como as divisões intuitivas entre os períodos estilísticos – maneirismo, barroco, etc.

Quero observar neste ponto que, se há algo de bom nesse modelo de história da arte, a própria arte é excessivamente epifenomênica para ser um instrumento primordial na mudança evolutiva; e então, para apoiar a tese de Mandel, ele é pouco melhor que o modelo progressivo da história da arte, que leva em consideração as estruturas antecedentes da percepção. Isso porque a arte, como forma simbólica, está mais na superfície do que como um ingrediente nas profundas estruturas internas que a arte expressa; ou, para usar a terminologia de Schopenhauer, que a arte objetifica. Qualquer que possa ter sido o núcleo do período medieval, ele foi objetificado pela filosofia e pela semiótica da estratificação social tanto quanto pela arquitetura e, até onde sei, pelos sistemas de taxonomia e astrologia. A perspectiva pode ter sido uma forma simbólica da Renascença, mas o vestuário, o planejamento urbano e talvez certas visões de história como as que encontramos em Vasari poderiam ser outras formas simbólicas. Então, sua arte pode estar entre os modos com que uma cultura representa sua vida interior para seus membros – mas exatamente por essa razão ela não é transformativa a ponto de querermos chamar de evolução. A causalidade acontece no nível para o qual a interpretação profunda nos leva, de núcleo em núcleo, por assim dizer, e sobre isso Panofsky tinha, penso eu, pouco a dizer, como se ele estivesse tomado o suficiente por seu esquematismo de mudanças catastróficas para supor que o seu era apenas mais um, um modo de ler o mundo sem base objeta, de maneira que não haveria nenhuma esperança para uma explicação. A explicação *ancoraria* as formas simbólicas na realidade, de um modo tal que delineasse uma ponta de relativismo da filosofia de Foucault – algo que acredito que ele não seria capaz de tolerar. Alguém ansioso para negar a existência de um fundamento sólido não estará ansioso para achar um lugar para ficar. Mas se a teoria do equilíbrio pontuado pode, ao mesmo tempo, exemplificar o modo como olhamos para o mundo e ser verdadeira, é possível insistir em todas as diferenças que Foucault nos revelou e, então, insistir numa explicação. No caso da arte, isso seria mais uma *Kunstwissenschaft* do que uma *Kunstgeschichte*: mais uma teoria da arte do que uma fenomenologia da mudança estilística. E, com exceção do marxismo, há muito poucos candidatos a esse papel; mas era precisamente um dos princípios do materialismo histórico a ideia de que a arte está na superestrutura e não na base de mudanças históricas profundas, e por isso não é, de modo algum, tão profundamente transformadora por si só.

Há um terceiro modelo de história, um que incorpora características dos outros dois, que foi desenvolvido por Hegel e que procurei evocar em certo sentido no meu ensaio "O fim da arte". Esse é um tipo de modelo cognitivo e, caracteristicamente para o idealismo de Hegel, as causalidades da história são com efeito as causalidades do pensamento, que ele interpretou romanticamente, como um processo de pesquisa e investigação, mais do que, classicamente, uma recolocação de formas lógicas eternas. Hegel via a história muito como o esforço de chegar a uma compreensão de seu próprio processo: um esforço inconsciente de a consciência irromper em si própria. Com efeito, ele via a história como um impulso para formar sua própria filosofia, que ele comemorou ter sido alcançado em sua própria obra: como se a história realmente tivesse chegado à sua compleição nele. O que é impactante no pensamento de Hegel é que a arte, não sempre, mas num certo estágio, desempenhou um papel transformativo central nesse processo. Nesse ponto, a arte se desloca do seu papel passivo como forma simbólica, marcando, por assim dizer, um estágio de pensamento que acontece em outro nível, e se torna uma força na história.

Por mais bizarra que seja a teoria de Hegel, em todos os sentidos possíveis, há uma reversão na direção da causalidade, e o que é epifenomênico e passivo se torna causal e ativo – quando Rosenkranz e Guildenstern se tornam os pivôs de uma história na qual, de outro modo, teriam sido apenas participantes remotos. Isso, se de fato verdadeiro, não confirmaria a tese de Mandel em sua forma geral; a arte não teria sido o principal meio da evolução humana, mas haveria um momento histórico em que isso aconteceria. Obviamente, nada disso tem lugar num nível genérico, mas sim no nível do pensamento. A arte, por meio de seu próprio desenvolvimento interno, atingiu um estágio em que contribuiu para o desenvolvimento interno do pensamento humano para obter uma compreensão de sua própria essência histórica. Quando isso aconteceu, não foi mais possível pensar a arte como antes ela era pensada; mas tampouco seria possível praticá-la como antes, e isso faz parte do que eu tinha em mente com a ideia da arte tendo chegado ao fim. Ela chegou ao fim porque não podemos pensar sobre ela nos mesmos termos que anteriormente; e uma profunda transformação de pensamento como essa é exatamente uma passagem na evolução – diferentemente da percepção, o pensamento não é modular. E é uma transformação de pensamento que a arte fez acontecer.

Tenho a sensação de que essa profunda mudança acontece com a passagem histórica para a arte moderna, mais ou menos durante a virada deste século. *Arte moderna* não é um indicador temporal que significa o que está acontecendo agora – como pode ser sustentado pela consideração de que arte moderna já passou, salvo como estilo, e a arte pós-moderna está acontecendo agora. Não: "arte moderna" se refere a um período estilístico, como o Maneirismo ou o Barroco. Mas a passagem para o período que ela nomeia não é apenas outra passagem para um novo período: é uma passagem para um novo tipo de período. Ela marca um tipo de crise. Na bela ontologia de Sartre, há um momento em que o *pour soi*, como ele o chama, que até então tinha sido invisível a si mesmo, pura nulidade, se torna abruptamente um objeto para si próprio, em cujo ponto ele adentra um novo estágio de ser. De modo menos culminante, há um estágio na história de cada um de nós em que nos tornamos objetos para nós mesmos, quando descobrimos que temos uma identidade para investigar: quando vemos a nós mesmos em vez de ver simplesmente o mundo. Mas também reconhecemos que nos tornarmos conscientes de nós mesmos como objetos não é a mesma coisa que nos tornarmos conscientes de apenas mais um objeto: é um novo tipo de objeto, todo um novo conjunto de relações, e na verdade todas as antigas relações e objetos são redefinidos. Na arte moderna, a arte se torna objeto para si mesma nesse sentido, ou algo parecido. A propósito, estou impressionado com o fato de que a passagem do primeiro para o segundo modelo de história da arte coincide, historicamente, com a passagem da arte pré-moderna para a arte moderna.

A história filosófica é mais ou menos como se segue. Suponhamos que do tempo de Giotto até aproximadamente o fim do século XIX, houve um progresso gradual na conquista das aparências visuais, no aperfeiçoamento da ilusão, garantindo que esse progresso fosse marcado por várias pontuações e longos períodos de equilíbrio. Até o Impressionismo faz parte dessa história, tendo os impressionistas feito certas descobertas sobre a cor das sombras, sobre a natureza da cor, sobre como retalhos vistos de perto se fundem em formas. Entretanto, havia certos limites inerentes a isso, e meu argumento foi que o advento da tecnologia do cinema mostrou que os limites não poderiam ser ultrapassados no âmbito das possibilidades padrão da pintura e da escultura. Nesse ponto, o progresso devia ser levado adiante por um *medium* totalmente novo, um *medium* que, exatamente porque podia mostrar o movimento, conseguiria representar uma narrativa de uma maneira muito melhor do que a pintura jamais sonhara em fazer: pintar supunha que os observadores já conhecessem as histórias, bíblicas, clássicas, shakespearianas; mas contar novas histórias era algo totalmente outro e, em todo caso, requeria imensa cooperação por parte do público. Os filmes podiam se dirigir diretamente para os centros narrativos da mente do público: muito simples, mesmo públicos iletrados podiam compreender as histórias que lhes eram mostradas. Observa-se com frequência que o nível intelectual dos filmes era extremamente primitivo no tempo em que o nível da arte era muito alto: quando o cubismo estava sendo desenvolvido, os filmes mostravam pessoas caindo na lama e recebendo tortas cremosas na cara. Mas isso seria totalmente explicável se, como acredito, a pintura e a escultura descobrissem que, para continuar, elas tinham de definir sua natureza. E esta é a crise à qual me refiro: pintura e escultura, como arte, se tornam objeto para si próprias, e a evolução ulterior da arte pôde acontecer depois apenas no nível da filosofia. A arte moderna é filosofia no *medium* que até então tinha sido tratado de modo tão transparente quanto se supôs que a consciência o era nas teorias tradicionais da mente. Locke escreveu uma vez, lindamente, sobre o entendimento que "como o olho, enquanto nos faz ver e perceber todas as outras coisas, não toma nota de si mesmo; requer arte e esforço colocá-lo à distância e fazê-lo seu próprio objeto". A pintura, de modo similar, nos faz ver e perceber todas as coisas dentro de seus limites: mas quando esses limites foram eles próprios percebidos, a arte se tornou o seu próprio objeto num movimento filosófico que recapitula quase exatamente o que Hegel chama de Saber Absoluto, em que o hiato entre sujeito e objeto é superado. Obviamente a autoconsciência veio também para o cinema, especialmente na obra de Vertov, mas não era uma necessidade interna, e sim como uma aplicação filosófica, por meio da qual ele transpirava.

Penso da iconologia, como tornada programática por Panofsky, como uma resposta, no nível da teoria, para essa crise. Panofsky foi liberado pela arte para a intuição de que a ilusão óptica não era essencial à arte apenas porque a própria arte teve que se dissociar disso para ter futuro; ela teve de insistir que ela própria era apenas incidentalmente representacional, porque, de outro modo, seria derrotada pelo cinema. Assim, Panofsky insiste que a perspectiva é menos um aperfeiçoamento representacional, mas *um* modo de organizar o mundo, a ser tido como igual ao lado de outros modos de organizá-lo, nem melhor nem pior do que qualquer outro. E assim outros concluiriam que não há mesmo nenhum progresso, mas encontramos aquele tipo de relativismo das formas simbólicas – a arte de X, de Y, de Z – sendo exibido lado a lado nos corredores e nas galerias de nossos museus. Mas houve progresso, brilhante progresso: foi o progresso da arte à filosofia que Hegel descreveu tão poderosamente em suas impressionantes lições sobre as belas-artes. Foi um progresso da cognição, de um nível para outro, quando a cognição se tornou o seu próprio objeto.

A arte modernista dos primórdios exigiu de seus praticantes uma descoberta do seu próprio caminho, e toda obra e todo movimento eram um tipo de teoria em ação. Em minha opinião, houve dois movimentos principais. Um deles era o de negar que a essência da arte reside de algum modo na representação, o qual levou em poucos anos, inevitavelmente, à arte abstrata e à estética formalista, que permanece uma característica tão central do modernismo. O outro movimento, que na superfície das obras teria sido difícil de distinguir da abstração, reteve o critério de representacionalidade, mas insistiu que era a tarefa da arte representar uma realidade mais elevada do que a óptica, que conectava a arte a uma antiga negligência dos sentidos, parte da fatídica síndrome platônica da civilização ocidental, e a todo tipo de novas realidades, como a quarta dimensão e as realidades ocultas como as que obcecavam os modernistas nesse período. Referindo-se a uma realidade mais elevada do que o cinema poderia mostrar, trancado como estava na detecção da fisiologia do movimento, esse era um gesto de superar o seu opressor com uma brilhante saída lateral. Os cubistas estão localizados em algum lugar intermediário, com alguns dos menos cubistas claramente tomados por aspirações ocultas. Penso que não podemos superestimar até que ponto os primeiros modernistas estavam possuídos por um senso de realidade mais elevada, para a qual a pintura poderia servir de ponte, e isso fez da pintura uma atividade altamente transformadora – basta apenas refletirmos sobre a missão da arte projetada no ensaio de Kandinsky sobre a espiritualidade. Era um período cuja principal produção artística, acredito, era o manifesto. E se eu puder morder conjecturalmente a mão que me alimenta, a tese de que a arte é um meio, até mesmo *o* meio, para a evolução futura da humanidade pertence a esse estágio de pensamento. Era irresistível o pensamento de que a arte revelaria uma realidade mais elevada para a qual poderíamos nos tornar maiores e mais espirituais em consequência de nos adaptarmos a ela.

Mesmo quando ele retinha sua *catexis* para a realidade perceptual, entretanto, o ilusionismo era rejeitado pelos primeiros modernistas em sua questão de autodefinição e, obviamente, a perspectiva seria a primeira coisa a ir embora; sua ausência na obra de Van Gogh e de Rousseau dificultou a compreensão da obra dos dois, até que se descobriu qual era a importância de sua ausência, e suponho que, até que ela tivesse sido abandonada pelos artistas, não poderia ter ocorrido a Panofsky que a própria perspectiva não era senão uma forma simbólica; porque em certo sentido sua ausência ou sua distorção tinha se tornado para eles uma forma simbólica carregada, levando à inelutável visão de que o modo como o artista ordena o mundo depende muito dele próprio. As estruturas do segundo modelo de história da arte, em suma, se tornaram visíveis somente com o abandono do primeiro modelo. E nós hoje estamos vivendo as consequências desses modelos nos pluralismos que não caracterizam apenas projetos de fatura de arte: eles definem a cultura contemporânea ou pós-moderna em moralidade, política, teorias da história, até mesmo ciência, se endossarmos as mais radicais filosofias da ciência em circulação atualmente. Adentramos o território intelectual da Cocanha, onde, como Hegel o descreveria, todos são livres.

Sinto que em lugar nenhum essa licenciosidade é mais evidente do que na prática da crítica, onde mal precisamos que a frase "fazer crítica" corresponda a "fazer arte". Há não muito tempo, um importante teórico causou um escândalo ao sugerir que a crítica estava onde a criatividade deveria ser realmente encontrada, e que a arte, de certo modo, existia para tornar a crítica possível. Mas, de fato, a distinção entre arte e crítica ganha espaço quando o crítico é livre para dizer absolutamente qualquer coisa, tal como parece ser o caso em grande parte da crítica. Mas isso é apenas um dos limites apagados no pós-modernismo; outros são aqueles entre artista e *marchand*, *marchand* e crítico, galeria e rua, para não mencionar as antigas divisões genéricas entre as artes. Adentramos um período de arte tão absoluto na sua liberdade que a arte parece não ser mais do que um nome para um jogo infinito com o seu próprio conceito – como se o pensamento de Schelling de um estado final da história como "um oceano universal de poesia" fosse uma predição que se tornou verdade. O fazer artístico é o seu próprio fim em ambos os sentidos do termo: o fim da arte é o fim da arte. Não há mais para onde ir.

Não há mais para onde ir, isto é, com a própria arte, para a qual não há agora mais do que uma infindável Whitney Biennial. No entanto, uma coisa é jogar com um conceito e outra é analisá-lo, e o que a arte fez, trazendo-nos para esse estágio final da compreensão, foi demonstrar que os exemplos que se enquadram no conceito são tão variados que seria um profundo erro identificar a arte com algum deles. Tendo atingido esse ponto em que a arte pode ser mesmo qualquer coisa, a arte exauriu sua missão conceitual. Ela nos trouxe a um estágio de pensamento essencialmente *fora* da história, no qual finalmente podemos contemplar a possibilidade de uma definição universal de arte e evocar com isso a aspiração filosófica das eras: uma definição que não será ameaçada pela derrota histórica. Pluralismo e relativismo são filosofias que tiram o seu estímulo da variedade estonteante de casos. Uma definição universal de arte, uma teoria fechada, deve permitir uma abertura na classe dos casos e deve explicar essa abertura como uma de suas consequências. O pós-modernismo é a celebração da abertura. O fim do pós-modernismo está na explicação.

Para o futuro indefinido, a arte será a fatura pós-histórica de arte. Seria inconsistente com esse *insight* em relação à história procurar uma história ulterior para ele. Mas a história ulterior deve ser tomada pela filosofia e, diferentemente da arte, a filosofia é algo que não terá uma fase pós-histórica, porque, quando a verdade é encontrada, não há nada mais para ser feito. Nenhum outro pensamento seria mais cruel do que o filosofar sem fim, que é um argumento de que filosofia não é arte e que o pluralismo é uma má filosofia da filosofia.

Meu objetivo foi mostrar como a arte tem sido o meio para a filosofia em ambas as extremidades de sua história, mas aqui, especialmente, ao se transformar em seu próprio objeto, ela transformou o todo da cultura, tornando possível uma filosofia final, ela serviu como um meio evolutivo do tipo mais elevado. Se me perguntassem qual artista deveríamos reproduzir, minha resposta seria: os artistas com um senso de ação necessário para a sobrevivência no mundo artístico atual. A questão mais importante é: quais filósofos deveriam ser reproduzidos? Minha resposta é: aqueles que podem nos dar a filosofia que a arte preparou para nós. Não sou mais do que o profeta deles.

Coleção Filô

Gilson Iannini

A filosofia nasce de um gesto. Um gesto, em primeiro lugar, de afastamento em relação a uma certa figura do saber, a que os gregos denominavam *sophia*. Ela nasce, a cada vez, da recusa de um saber caracterizado por uma espécie de acesso privilegiado a uma verdade revelada, imediata, íntima, mas de todo modo destinada a alguns poucos. Contra esse tipo de apropriação e de privatização do saber e da verdade, opõe-se a *philia*: amizade, mas também, por extensão, amor, paixão, desejo. Em uma palavra: Filô.

Pois o filósofo é, antes de tudo, um amante do saber, e não propriamente um sábio. À sua espreita, o risco sempre iminente é justamente o de se esquecer daquele gesto. Quantas vezes essa *philia* se diluiu no tecnicismo de uma disciplina meramente acadêmica, e até certo ponto inofensiva? Por isso, aquele gesto precisa ser refeito a cada vez que o pensamento se lança numa nova aventura, a cada novo lance de dados. Na verdade, cada filosofia precisa constantemente renovar, à sua maneira, o gesto de distanciamento de si chamado *philia*. A coleção FILÔ aposta nessa filosofia inquieta, que interroga o presente e suas certezas; que sabe que as fronteiras da filosofia são muitas vezes permeáveis, quando não incertas.

A coleção FILÔ pretende recuperar esse desejo de filosofar no que ele tem de mais radical, através da publicação não apenas de clássicos da filosofia antiga, moderna e contemporânea, mas também de sua marginália; de textos do cânone filosófico ocidental, mas também daqueles textos fronteiriços, que interrogam e problematizam a ideia de uma história linear e unitária da razão. Além desses títulos, a coleção aposta também na publicação de autores e textos que se arriscam a pensar os desafios da atualidade. Isso porque é preciso manter a verve que anima o esforço de pensar filosoficamente o presente e seus desafios. Afinal, a filosofia sempre pensa o presente. Mesmo quando se trata de pensar um presente que, apenas para nós, já é passado.

Este livro foi composto com tipografia Bembo e impresso
em papel Off-White 80 g/m² na gráfica Rede.